Breve historia de los judíos

BREVE HISTORIA DE LOS JUDÍOS

Juan Pedro Cavero Coll

Colección: Breve Historia
www.brevehistoria.com

Título: Breve historia de los judíos
Autor: © Juan Pedro Cavero Coll
Director de colección: José Luis Ibáñez Salas

Copyright de la presente edición: © 2011 Ediciones Nowtilus, S. L.
Doña Juana I de Castilla 44, 3º C, 28027 Madrid
www.nowtilus.com

Diseño y realización de cubiertas: Nicandwill
Responsable editorial: Isabel López-Ayllón Martínez

Reservados todos los derechos. El contenido de esta obra está protegido por la Ley, que establece pena de prisión y/o multas, además de las correspondientes indemnizaciones por daños y perjuicios, para quienes reprodujeren, plagiaren, distribuyeren o comunicaren públicamente, en todo o en parte, una obra literaria, artística o científica, o su transformación, interpretación o ejecución artística fijada en cualquier tipo de soporte o comunicada a través de cualquier medio, sin la preceptiva autorización.

ISBN-13: 978-84-9967-144-4

Printed in Spain

*A todos,
y especialmente a los míos.*

Índice

Introducción 13

Capítulo 1. Desde los comienzos
(h. s. XIX a. C. - s. I a. C.) 23
    La época de los Patriarcas y la
    formación de Israel 23
    Esplendor monárquico: Saúl,
    David, Salomón 32
    Dos reinos hasta la dispersión de
    las tribus 38
    Bajo otros imperios: Asiria, Babilonia,
    Persia, ptolomeos y seléucidas 45
    Macabeos y asmoneos, una saga familiar
    de intereses diferentes 51

Capítulo 2. Súbditos molestos del Imperio romano
(s. I a. C. - s. V d. C.) 57
    Israel, protectorado de Roma 57
    Por lo menos, peculiares 60
    Jesús y sus primeros seguidores 65
    Tras luchar contra Roma 73

Capítulo 3. Los judíos en la Edad Media: mundo
islámico, Ashkenaz y Sefarad (s. V - s. XV) 85
    Visión general 85
    Una nueva situación 88
    Mundo islámico: tolerancia y represión 91
    Ashkenaz y otras tierras europeas 99
    En los reinos cristianos de Sefarad 106

Capítulo 4. El tortuoso camino hacia la igualdad
ante la ley. Múltiples escenarios y situaciones
(s. XVI - ppios. del s. XX) 117
    Intolerancia religiosa y antisemitismo
    en Sefarad 117
    Contextos cambiantes en Europa 127
    El Imperio otomano, tierra de acogida 139
    Consecuencias de la *Haskalá* ('Ilustración') 143
    Opresión y muerte en la Rusia de los zares 148

Capítulo 5. Reacciones ante la extensión del
antisemitismo (fines del s. XIX y ppios. del XX) 155
    Un esfuerzo frustrado 155
    Europa central y occidental 161
    Europa oriental 169
    El sionismo político 175
    América y Palestina, tierras de escape 180

Capítulo 6. El Holocausto (1933-1945) 187
    El racismo, punto de partida 187
    La legitimación del antisemitismo 194
    El exterminio sin planificar: hambre,
    enfermedades, trabajos forzosos, tiros y gas 203
    El exterminio planificado: esclavitud,
    experimentos y gas 214
    Supervivientes, culpables, inocentes
    y justos 228

Capítulo 7. Dentro y fuera de Israel
(desde 1945 hasta nuestros días) 243
    Israel, casa propia..243
    El conflicto árabe-israelí: guerra y paz 253
    El lento camino hacia la paz entre Israel
    y el pueblo palestino...273
    Israel y la diáspora 287

Capítulo 8. Excepcional influencia
en la historia universal..297
    Geoestrategia, proyección política,
    económica y cultural 297
    El vigor de las religiones monoteístas:
    judaísmo, cristianismo e islamismo 303
    Excelencia en las ciencias, en las técnicas
    y en las artes..310

Epílogo 325

Bibliografía...329

Introducción

Pronto comenzaremos un viaje a través de distintas épocas, que nos llevará por muy diversos lugares de la Tierra. Nuestro objetivo es conocer la historia del pueblo judío, desde sus comienzos hasta la actualidad. Un recorrido de varios milenios que, como podremos comprobar, guarda multitud de sorpresas por el camino. Aunque puedan parecer marginales, estas páginas introductorias se han escrito para facilitar la comprensión de todo lo que vendrá después. Aconsejamos vivamente, por tanto, su lectura, confiando en que contribuya a valorar mejor el extraordinario patrimonio humano que constituye la historia del pueblo judío.

Buena parte de esa historia repleta de peripecias resulta familiar a cualquier persona medianamente formada e informada. Con frecuencia, medios de comunicación nacionales e internacionales ofrecen reportajes u otras informaciones sobre la vida y las tradiciones del pueblo judío, sobre alguno de sus miembros y, especialmente en los últimos tiempos, sobre el Estado de Israel, patria judía por excelencia y auténtica fábrica de noticias. Faltan, sin embargo, una visión global y un tratamiento divulgativo de esa historia que, con rigor y sencillez, aporten la claridad imprescindible para entender hechos a menudo complejos y de especial trascendencia. Eso es lo que hemos pretendido con este libro.

Antes de nada y para evitar confusiones, conviene precisar al máximo el lenguaje. Por eso, basándonos en las definiciones que en su *Diccionario* ofrece la Real Academia Española, y teniendo también en cuenta el intrincado proceso histórico, nos será de utilidad conocer desde ahora el significado de una serie de términos que pueden emplearse indistintamente como sustantivos o adjetivos —*hebreo, israelita, judío, israelí*— para comprender el uso que haremos de cada uno de ellos. Aunque la precisión pueda al principio añadir confusión, conforme avancemos la lectura del libro será más sencillo distinguir las acepciones, al habituarnos a ver cada palabra en su adecuado contexto.

Hebreo (del latín *hebraeus*, este del hebreo *'ibrī* y este quizá del acadio *ḫapiru [m]*, 'paria') se dice del pueblo semítico de procedencia mesopotámica que conquistó y habitó Canaán; ancestros de los judíos, en la actualidad a los hebreos se les confunde con ellos. El término designa hoy también la lengua semítica hablada en Israel y en otras comunidades judías del mundo, empleándose igualmente para calificar o designar a quien profesa la Ley de Moisés.

Israelita (del latín bíblico *israelīta*) era todo habitante del antiguo reino de Israel, a diferencia de *israelí*, que es el gentilicio del moderno Estado de Israel. En la historia bíblica era *israelita* cualquier descendiente de alguno de los doce hijos del patriarca Jacob quien, como afirma el Génesis, recibió de Dios el nombre de Israel ('el que luchó con Dios').

Judío (del latín *iudaeus* y este del hebreo *yĕhūdī*) era todo descendiente de Judá (uno de los hijos del patriarca Jacob) y originario, por tanto, del territorio que a Judá le correspondió y que poblaron sus hijos y los hijos de sus hijos. Del término procederá *Judea*, la montañosa zona meridional de la bíblica *Tierra de Israel*. Como veremos, tras el exilio impuesto por los asirios a diez de las doce tribus de Israel (720 a. C.), que acabó provocando la desaparición de las tribus desterradas, la palabra *judío* se aplicó tanto a los miembros de las dos tribus restantes (Judá y Benjamín) como a su religión. También desde entonces, *Israel* quedó constituido por los descendientes de Judá y de Benjamín.

Vemos, pues, que la sangre es un rasgo distintivo de identidad judía, aunque no el único. Según numerosos autores, el principal vínculo de unión es de carácter religioso, como muestra la historia bíblica y van confirmando estudios de los abundantes hallazgos arqueológicos. Dada, sin embargo, la complejidad del tema, las pasiones que desde hace siglos despierta y la diversidad de opiniones que suscita en la actualidad, ofrecer un panorama completo de la cuestión exige dejar constancia de esa variedad de criterios. No piensan lo mismo los seguidores de las distintas corrientes del judaísmo actual que los agnósticos, los ateos, los judíos bautizados, los escasos judíos que se han hecho musulmanes, los que reniegan de su identidad judía, los sionistas, muchos de los que hoy viven en Israel o tantos y tantos de la diáspora. ¿Quién es, por tanto, judío?

Según las leyes rabínicas tradicionales, aceptadas por judíos ortodoxos y conservadores, la condición judía se transmite por vía materna o a través de un acto religioso. Son, pues, judíos, los hijos de madre judía (y de abuela, bisabuela, tatarabuela y otros ascendientes maternos judíos) con independencia de su religión u otras opciones vitales. A falta de ascendencia judía materna, sería imprescindible la incorporación formal al judaísmo, por considerarse insuficiente el mero asentimiento a su contenido teológico o un compromiso exclusivamente interior. Los que aceptan esas normas rabínicas creen que los fieles de otra religión que descienden de padre judío, deben convertirse al judaísmo para ser judíos ellos también, como ocurre con quienes carecen de ascendientes judíos. En definitiva: según los judíos ortodoxos y conservadores, sólo son judíos de nacimiento los hijos de madre judía, aunque practiquen otra religión, sean agnósticos o ateos; sin embargo, si estos son hijos de padre judío, pero de madre no judía, deben incorporarse formalmente al judaísmo para ser judíos.

Los rabinos reformistas y sus seguidores, sin embargo, también reconocen la condición judía a los hijos de padre judío y, por supuesto, a quienes se convierten al judaísmo con los ritos aprobados por ellos mismos, que los ortodoxos impugnan. De todos modos, a lo largo de la historia, también en la actualidad, no han faltado personas que siendo judíos según la legislación rabínica ortodoxa, conservadora o reformista, desconocen esa identidad o, por las más variadas razones, se desinteresan por ella, la ocultan o la rechazan.

Al tratar la cuestión demográfica, constataremos que persiste la disparidad de criterios para definir quién es y no es judío. Sigue siendo un asunto complicado. Por eso tantos judíos pueden fácilmente hallar razones de peso para afirmar o negar ese aspecto de su identidad, según aconsejen la prudencia o el interés. Y por eso también, algunos admiten aceptar como judíos a quienes así se reconozcan. ¿Motivos para hacerlo? Muy variados: religiosos, familiares, históricos, lingüísticos, políticos, artísticos u otros. De todos modos, pensamos nosotros, alguna base habrán de tener.

El debate trasciende la mera especulación, pues, por ejemplo, cualquier judío del mundo puede alegar determinados derechos ante el Estado de Israel. Por lo demás, en no pocos países occidentales —donde vive casi la totalidad de la diáspora judía— ser judío sigue despertando ciertos recelos entre la población, quizá por la dificultad que tenemos los seres humanos para aceptar la diversidad con naturalidad. En todas partes —también en nuestra avanzada civilización occidental—diferenciarse de la mayoría social suele generar brotes de desconfianza. Hace años Edward W. Said, palestino y profesor en varias universidades norteamericanas, afirmaba que el concepto *Oriente* era una de las imágenes europeas —reflejada en toda una cultura material— más utilizadas para referirse a «lo otro» y consideraba al orientalismo en su rama islámica y al antisemitismo dos manifestaciones de la aspiración «occidental» por controlarlo todo en beneficio propio.

En cualquier caso, es parcial limitar la «identidad judía» a quienes profesan los preceptos del judaísmo, pues abundan los judíos que no los practican y aumentan los que se han declarado agnósticos, ateos, o han creído en la divinidad de Jesús y se han hecho cristianos, o han optado por otros credos. Tampoco es válido el concepto de raza para aglutinar a los judíos, ya que no todos descienden de la misma estirpe —aunque escasos, desde siempre ha habido conversos al judaísmo— y basta conocer a unos cuantos miembros de algunas de las comunidades judías extendidas por los cinco continentes para advertir las diferencias físicas entre ellos. No hay una *fisonomía* o un *físico* judíos, aunque pueda pensarse lo contrario. Es igualmente incorrecto identificar a los judíos como una nación, pues ni todos viven en un mismo territorio, ni están regidos por un único gobierno, ni sus tradiciones culturales son lo suficientemente homogéneas para agruparlos de esa forma.

¿Qué son, pues, los judíos? Desechados los conceptos anteriores, no nos queda más remedio que recurrir a un término muy general que, precisamente por su falta de determinación, es ideal para englobar a personas tan heterogéneas: los judíos son un *pueblo*.

Ciertamente, como se ha escrito, los judíos no comparten una lengua común, rasgo fundamental para identificar a un pueblo. Sin embargo, bastantes son conscientes de compartir un patrimonio histórico, cultural y/o religioso común. Así lo prueba, como veremos, el insistente apoyo al Estado de Israel —que no siempre a las controvertidas decisiones políticas de sus gobernantes— de tantas comunidades judías de la diáspora. Por todo ello y por la indeterminación antes mencionada, pensamos que el término *pueblo* designa con propiedad a ese conjunto de personas que, por una u otra razón, podemos identificar como judías.

Especulando sobre las causas de las contrariedades sufridas por los judíos a lo largo de la historia o de su preferente dedicación a ciertos oficios, algunos autores han concluido que existen determinadas «actitudes» y «mentalidades judías». En la misma línea, otras tradiciones hablan de una mayor disposición física a padecer ciertas enfermedades. Son estos temas extremadamente complejos, cuyas conclusiones dependen de investigaciones médicas, psicológicas e incluso antropológicas sobre las que aún queda mucho por avanzar. Lo más probable es que si alguna vez se llega al final de ese camino se concluya que no existen tales «actitudes», «mentalidades» y «predisposiciones físicas» judías.

El antropólogo estadounidense Melvin J. Konner calificó hace años de *mito* considerar a los judíos como un pueblo calmado y dado al estudio, que rehúye luchar, así como la idea del judío siempre lamentándose y sollozando. El mencionado profesor recuerda que el antiguo Israel, el judaísmo del Templo y la *Torá* nacieron con violencia y que, a pesar de sus grandes sufrimientos, cada generación judía ha sabido festejar la vida. De todos modos, añadimos nosotros, las reacciones de las comunidades judías a lo largo de la historia —como las de sus propios miembros en particular—

han variado continuamente y sería quimérico establecer un modelo único de comportamiento.

Para algunos, el rechazo social que los judíos han sufrido en distintos períodos de la historia occidental les diferencia de otros grupos humanos y constituye, por tanto, una nueva razón para agruparlos. Esa exclusión sería además fundamental para explicar los vínculos que, a pesar de su dispersión geográfica, mantienen tantos judíos. Es más: según esta opinión, el desprecio que soportaron sus antepasados sigue siendo un rasgo de identidad que comparten quienes se consideran judíos «de cabeza» (educación judía) pero no «de corazón» (rechazo del judaísmo y de la historia de su propio pueblo), quienes lo son de corazón pero no de cabeza, quienes lo son de cabeza y de corazón y quienes, no siéndolo de corazón ni de cabeza, son judíos según la Ley judía (hijos de madre y/o padre judíos, en función de las corrientes religiosas judías), al margen e incluso en contra de sus propios deseos. A juicio de quienes defienden esta teoría, el antisemitismo es una fábrica de desprecios hacia todo lo judío que además de caracterizar a sus víctimas, ha favorecido un sentimiento de interdependencia entre ellas y ha contribuido a su supervivencia.

Ser judío sigue siendo un inconveniente en buena parte del mundo, porque la identidad judía aún arrastra prejuicios negativos en no pocas sociedades. Y esa carga, que puede resultar insoportable si las circunstancias empeoran, no es fácil de aligerar. ¿Quién tiene la culpa de que, hasta cierto punto, el rechazo haya continuado a lo largo de la historia? Por desgracia, no siempre las grandes civilizaciones se han mostrado tolerantes con sus minorías y esa puede ser una de las causas de tales recelos.

Pero cabe plantearse también, como hizo Bernard Lazare ya en 1894 (fecha de la aparición de su estudio sobre el antisemitismo), si esa animadversión es consecuencia de la insociabilidad de los propios judíos. Esta, siguiendo su razonamiento, podría deberse de un lado al exclusivismo político-religioso de la Ley judía, por estimular el orgullo y el deseo de aislamiento; otro motivo sería la preocupación por los intereses mundanos que, según Lazare, constituye un aspecto del carácter hebraico y que generaría envidias en sus perseguidores. El problema de esta explicación es su punto de partida, por basarse en la existencia de un carácter hebraico que, en realidad, no existe.

Los prejuicios antijudíos persisten cuando falta información, cuando se conocen parcialmente los hechos y se emiten como consecuencia juicios confusos y erróneos. Además, el intento por alcanzar la verdad resulta imposible cuando personas o instituciones no quieren admitir o asumir desaciertos históricos o cuando, por ejemplo, injusticia y arbitrariedad han conducido a representantes de algunos gobiernos israelíes —bandera de «lo judío» ante la opinión pública internacional— a tomar decisiones que repelen en casi todo el mundo. La posibilidad de aclarar malentendidos seculares o de encontrar una paz que beneficie a todos se torna imposible cuando fanáticos de las tres grandes religiones monoteístas, nacionalistas políticos radicales, sectarios racistas o materialistas intransigentes no quieren escuchar, reconocer las culpas y pedir perdón y sólo encuentran en la violencia del tipo que sea el único camino para imponer sus criterios a los demás.

En los próximos capítulos recordaremos, trazando una línea de continuidad y basándonos en material ya publicado, eventos y avatares que han marcado la historia del pueblo judío. La estructuración del libro por períodos históricos o, como al final, por temas concretos, no ha impedido la introducción de aspectos colaterales que, ajenos en apariencia al propósito de la obra, complementan datos e interpretaciones y están presentes en la trama de fondo.

Conviene detenernos brevemente para recalcar la importancia que en este recorrido tienen la religión y sus consecuencias vitales, a las que hemos dedicado un epígrafe específico y que, por plantearse de una u otra forma en todas las vidas, se manifiesta en todas las épocas. Desde los tiempos de la Ilustración, la sociedad occidental ha sufrido una crisis progresiva en su relación con Dios. Aunque multitud de ciudadanos occidentales han procurado y procuran vivir con perspectiva sobrenatural, es obvio que en estos dos últimos siglos se ha producido una creciente secularización en nuestra área cultural, que se aleja de valores judeocristianos que han constituido su fundamento.

Sin embargo, cualquier ciudadano occidental que intente descifrar o analizar nuestra civilización debe conocer esos valores, aceptar su influencia pasada y su fuerza presente, además de preguntarse por su proyección futura. La visión sobrenatural o, al menos, la capacidad para comprender la importancia de la religión en la historia, resulta imprescindible para entender la vida de los judíos, cristianos y musulmanes practicantes desde su nacimiento hasta su muerte. Son hoy por hoy, en total, muchos cientos de millones de personas, con una historia multisecular, un gran porvenir y creciente influencia mundial.

La relación con Yahvé fue desde el principio «señal fuerte» de identidad del pueblo judío. Insistimos en ello: no puede comprenderse a fondo dicha identidad sin conocer ese vínculo sobrenatural, y sin reconocer su trascendencia en la milenaria vida cotidiana de los judíos antes y después de dispersarse por el mundo. Este requisito es indispensable también para los propios judíos, con independencia de que uno crea o no en la existencia de Dios y en su relación especial con Israel. En este caso, negar, restar importancia o ridiculizar la existencia misma de un pacto entre Dios y su pueblo —al margen, vuelvo a repetirlo, de que uno se lo crea o no— impide entender la propia historia, en cuanto descendiente de ancestros que vinculan a un grupo concreto. Y eso porque la unión con Yahvé se reflejó desde el primer momento en leyes y costumbres, mantenidas desde milenios hasta hoy y, también, porque la religión ha sido hasta hace nada, y sigue siendo para muchos, la causa principal del nexo multisecular de los judíos entre sí y con una tierra determinada: Israel.

Como tantas otras iniciativas que surgen a diario en el mundo, es también propósito de esta obra contribuir a mejorar el conocimiento entre los seres humanos y a fomentar la mutua ayuda, con independencia de las legítimas diferencias que hay. Consideramos la pluralidad de razas, etnias, pueblos, culturas, civilizaciones, continentes, países y regiones una mera circunstancia, siempre accidental por comparación con esa igual dignidad que compartimos por nuestra condición de *personas*, que nos capacita para salir de nosotros mismos y entrar en comunicación con los demás.

Por razones de espacio y ajuste en la colección *Breve Historia*, el texto tratará de ofrecer con rigor y carácter divulgativo una visión global de la historia del pueblo judío, sin extenderse en excesivos detalles ni profundizar en debates teológicos, historiográficos o políticos. Confío en que, al acabarlo, el lector haya logrado esa síntesis que el libro pretende, despejando de una vez por todas las numerosas dudas que surgen sobre la historia de un pueblo que ha tenido, y sigue teniendo, tanta influencia universal. Remitimos, por tanto, a la bibliografía especializada al lector que desee ampliar la información.

Acabo agradeciendo su continuado apoyo y estímulo a mi familia y amigos y, especialmente, su paciencia, amabilidad y sabios consejos a José Luis Ibáñez Salas, director de la colección *Breve Historia*.

1

Desde los comienzos (h. s. XIX a. C. - s. I a. C.)

LA ÉPOCA DE LOS PATRIARCAS Y LA FORMACIÓN DE ISRAEL

Conocer el pasado requiere disponer de fuentes que aporten información sobre lo que sucedió. Suele ocurrir que, cuanto más lejos en el tiempo están los eventos que deseamos conocer, menos son los testimonios conservados que permiten arrojar luz sobre lo acontecido. De hecho, para reconstruir los períodos más largos de la vida humana (Paleolítico, Mesolítico y Neolítico, este último aproximadamente y variando según los lugares, del 6000 al 3000 a. C.), sólo contamos con restos materiales. Precisamente a fines del Neolítico surgieron los poblados que dieron origen a las primeras civilizaciones (c. 3000 a. C.).

El escenario geográfico de estos importantísimos cambios fue el Creciente Fértil, así denominado por el arqueólogo estadounidense del siglo pasado James Henry Breasted, debido a la forma de luna creciente del territorio. Un área situada entre mares y desiertos y bañada por los ríos Tigris y Éufrates (Mesopotamia), Jordán (Canaán) y Nilo (Egipto) que, al seguir una evolución distinta al resto del mundo puede considerarse también una específica *región histórica*. Siglos antes había empezado a usarse el cobre en Europa y Asia, dando comienzo una nueva etapa en la evolución tecnológica que denominamos Edad de los Metales (subdividida a su vez, según se utilizan nuevos materiales, en Edad del Cobre, Edad del Bronce y Edad del Hierro).

Pero mientras la mayor parte del mundo seguía en plena Edad de Piedra —con la excepción de una Europa prehistórica que usa ya el metal— el empleo del cobre en el Creciente Fértil coincidió con el desarrollo de la escritura y, por tanto, con el comienzo de la Historia. En efecto, fue en esta zona donde se desarrollaron las primeras representaciones de palabras o ideas, con signos trazados en una superficie. Y gracias a ello y a lo avanzado de estas primeras civilizaciones, para conocer su pasado milenario disponemos de fuentes más numerosas y variadas que en otras áreas: una rica *cultura material* (restos óseos humanos y animales, vestigios de flora silvestre y de especies vegetales cultivadas, ruinas de construcciones, tumbas, representaciones artísticas o de culto, herramientas de trabajo, objetos suntuarios, armas, monedas, utensilios domésticos y otras piezas de barro, piedra, metal y marfil) y, además, fuentes escritas (inscripciones en lápidas, sellos de piedra, fragmentos de cerámica escrita y cientos de tablillas con diversos sistemas de escritura).

Interesa mucho tener todo esto en cuenta porque el Creciente Fértil fue escenario de la constitución y consolidación del pueblo hebreo, del que nos ha llegado más información que de muchos otros pueblos de la Antigüedad. Siendo no pocos los testimonios indirectos encontrados en excavaciones mesopotámicas, cananeas y egipcias, disponemos sobre todo de una fuente excepcional para conocer a los israelitas: la Biblia. Formada esta, como veremos, por distinto número de libros según preguntemos a judíos o a cristianos (también difieren católicos y protestantes), la Biblia es considerada principalmente palabra de Dios por los creyentes de esas religiones y portadora, por tanto, de un mensaje trascendente. Pero además, la mayoría de los especialistas piensan que la Biblia es un magnífico instrumento para reconstruir el pasado del pueblo judío y coinciden en tres afirmaciones básicas de gran importancia: los fundamentos teológicos y jurídicos de la Biblia son muchos siglos anteriores a su puesta por escrito; los textos muestran una gran continuidad, como consecuencia de la consistencia y raigambre de las creencias de los judíos; y es casi segura la inclusión de relatos posteriores a los hechos narrados y a las circunstancias en que se expusieron las enseñanzas.

La Biblia es, pues, una fuente excelente —teniendo en cuenta la variedad de géneros literarios que utiliza y los principios arriba indicados— para conocer la historia antigua, especialmente la de los israelitas. Y a pesar de que libros bíblicos históricos como los del Pentateuco (Génesis, Éxodo, Levítico, Números y Deuteronomio) fueron redactados en fechas muy posteriores a los hechos que narran, reflejan fielmente la *memoria colectiva* y custodian la identidad de un pueblo que, considerando las calamidades sufridas desde hace milenios, a nadie extrañaría que ya hubiera desaparecido. Todos, también los más desconfiados, tenemos una prueba excelente de la fidelidad de los escribas judíos al transcribir sus textos sagrados: los manuscritos bíblicos del mar Muerto, fechados entre los siglos II a. C. y I d. C. y descubiertos en cuevas cercanas a Qumrán (Israel) en 1947, son muy parecidos a escritos posteriores que se conocían hasta entonces. De hecho, y con gran diferencia, hay muchas más garantías de autenticidad sobre la Biblia que sobre cualquier otro escrito de la Antigüedad.

¿Y qué dice la Biblia de aquellos tiempos? Ya su primer libro, el Génesis, tras dedicar los 11 capítulos ini-

La mayor importancia del hallazgo de Qumrán es que hay textos bíblicos encontrados que concuerdan con los más antiguos conocidos hasta entonces (ss. IX y X d. C.) de la versión hebrea de la Biblia —usada también en la traducción cristiana del Antiguo Testamento— y prueban, por tanto, la milenaria fidelidad de su transmisión.

ciales a cuestiones fundamentales sobre la historia universal (creación del mundo inanimado y animado, creación del hombre y la mujer, aparición del mal y sus primeras consecuencias, genealogía de patriarcas antediluvianos, diluvio, repoblación de la Tierra y comienzo de la diversidad de lenguas, genealogía de Abrán), se centra desde el capítulo 12 en la historia de quien cambiará su nombre de Abrán por Abraham (h. s. XIX a. C. - h. s. XVIII a. C.), origen del pueblo hebreo. Esa particular atención que merece el futuro patriarca tiene, según el Génesis, una razón de ser: su especial elección por Yahvé o, dicho de otro modo, su *vocación*.

Abrán había marchado con su padre desde la ciudad caldea de Ur hasta la ciudad de Harán. Allí,

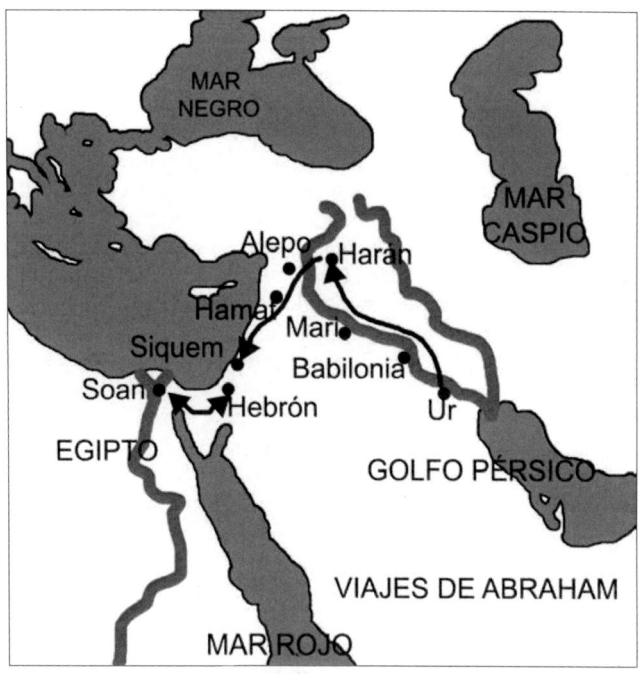

Tras marchar de Ur con su padre y muerto este en Harán, cuenta el Génesis que Yahvé dijo a Abrán: «Vete de tu tierra, de tu patria y de la casa de tu padre a la tierra que yo te mostraré». Y así lo hizo Abrán, patriarca venerado por los fieles de las tres religiones monoteístas.

nacido ya su hijo Ismael, fruto de la unión con su esclava egipcia Agar, Abrán oyó de Dios unas palabras que, por su trascendencia para comprender la historia del pueblo judío, hemos de transcribir:

> Yo soy El Sadday [nombre divino de época patriarcal], anda en mi presencia y sé perfecto. Yo establezco mi Alianza entre nosotros dos y te multiplicaré sobrema-

> nera. [...] Por mi parte esta es mi Alianza contigo: serás padre de una muchedumbre de pueblos. No te llamarás más Abrán, sino que tu nombre será Abraham, pues te he constituido padre de una muchedumbre de pueblos. Te haré fecundo sobremanera, te convertiré en pueblos y reyes saldrán de ti. Y estableceré mi Alianza entre nosotros dos y con tu descendencia después de ti, de generación en generación: una Alianza eterna, de ser Yo tu Dios y el de tu posteridad. Te daré a ti y a tu posteridad la tierra en la que andas como peregrino, todo el país de Canaán, en posesión perpetua y Yo seré el Dios de los tuyos.

La señal de tal Alianza fue, por orden divina, la circuncisión de los varones. Así se hizo con Ismael y con el pequeño Isaac, nacido de la anciana Sara, esposa de Abraham. Según el Génesis, la continuidad de ese pacto especial recayó precisamente en Isaac. Y tras prometer Yahvé a Abraham que haría de su hijo mayor un gran pueblo, la egipcia Agar e Ismael —de quien descienden los ismaelitas y el propio Mahoma, según el fundador de la religión musulmana— fueron despedidos.

La vida continuó, cambiando de sitio según se agotaban los pastos para el ganado y aparecían otros nuevos. Isaac engendró a Jacob, que suplantó a su hermano mayor Esaú durante la bendición paterna y a quien, como sabemos, se llamó *Israel* tras luchar contra un ser misterioso, «porque has sido fuerte contra Dios y contra los hombres y le has vencido». Llevado por el hambre, Jacob/Israel y su familia se trasladaron a Egipto, donde el patriarca acabó sus días. De sus descendientes surgieron las llamadas *doce tribus de Israel*.

Parece que la estancia de los israelitas en Egipto se prolongó durante varios siglos (h. XVII a. C. - h. XIII o XII a. C.). De la esclavitud que sufrieron —al menos en las últimas centurias— en el país de los faraones fueron liberados por Moisés, quien, según el conocido relato

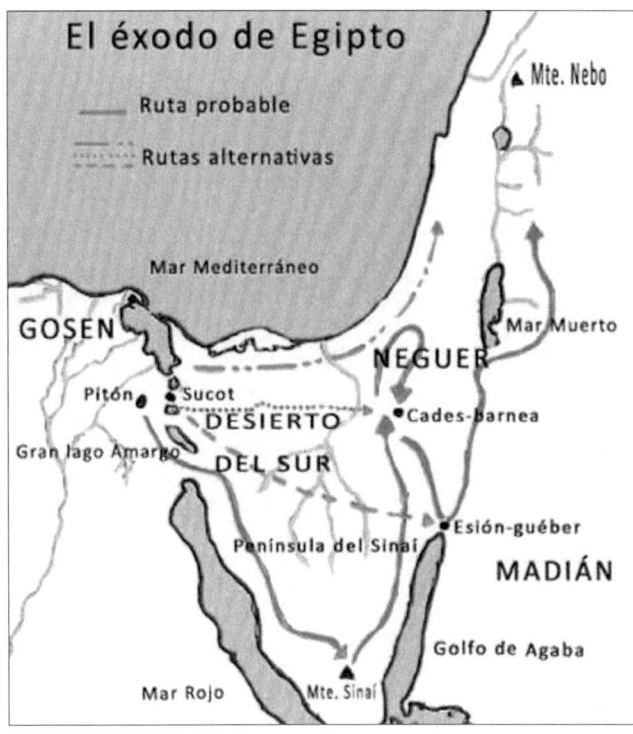

Las duras plagas enviadas por Yahvé a los egipcios acabaron forzando al faraón a autorizar la salida de Egipto de Moisés y de los esclavos hebreos. Durante la larga travesía por el desierto rumbo a Canaán tuvo lugar, entre otros hechos extraordinarios, la Alianza entre Yahvé y los israelitas.

del Éxodo, contó con ayuda divina para lograrlo. Diez plagas soportaron los egipcios. Tras la décima, que acabó con sus primogénitos, los israelitas obtuvieron su liberación, como sigue recordándose durante la Pascua judía. Moisés cumplía libre y fielmente su misión, aunque la Biblia revela que el éxito estaba siendo posible por contar con el favor de Yahvé. La figura de Moisés constituye un hito decisivo tanto en la creación de la vida nacional de Israel, como en su inseparable identidad religiosa. El hecho clave fue la teofanía ('manifestación divina') que tuvo lugar en el monte Sinaí, fuera ya de Egipto. Allí, según los textos bíblicos, se estableció una Alianza especial y Yahvé reveló el Decálogo.

Aunque alcanzara a sus descendientes, el pacto de Yahvé con Abraham había sido personal y su señal se limitaba a la circuncisión. Pero la Alianza del Sinaí, ratificada por los israelitas, auténtico *contrato vinculante* entre dos partes, les convirtió en «propiedad» de Yahvé, «nación santa y pueblo consagrado», comprometiéndoles de lleno al recibir una ley de origen divino que aceptaron cumplir: el Decálogo, es decir, los Diez Mandamientos. Esta ley, desarrollada después con el llamado Código de la Alianza y ampliada posteriormente con nuevas prescripciones, constituye desde entonces el núcleo esencial del judaísmo. En adelante, Yahvé pudo exigir la observancia a esos mandatos, algunos similares a preceptos de otros pueblos y otros completamente novedosos («no tendrás otros dioses, ni harás esculturas o imágenes de la divinidad, santificarás el sábado…»). Contando a menudo con intermediarios (jueces, sacerdotes, profetas...), Yahvé recordará continuamente a los israelitas que deben cumplir su voluntad e intervendrá constantemente para manifestar su amor a sus elegidos, protegerles y liberarles de sus enemigos. La Biblia rebosa de tales ejemplos.

Moisés había iniciado la ocupación de la tierra prometida y, a su muerte, ocurrida hacia el siglo XIII a. C., Josué fue elegido por Yahvé para dirigir a las tribus israelitas en su conquista de Canaán, habitado entonces por poblaciones heterogéneas. El objetivo se conseguirá. Como estos hechos son más cercanos en el tiempo que los relatos bíblicos de la época patriarcal, disponemos ya de restos arqueológicos que evidencian ciudades cananeas destruidas en los estratos correspondientes a los siglos XIII y XII a. C., aunque aún care-

Breve historia de los judíos

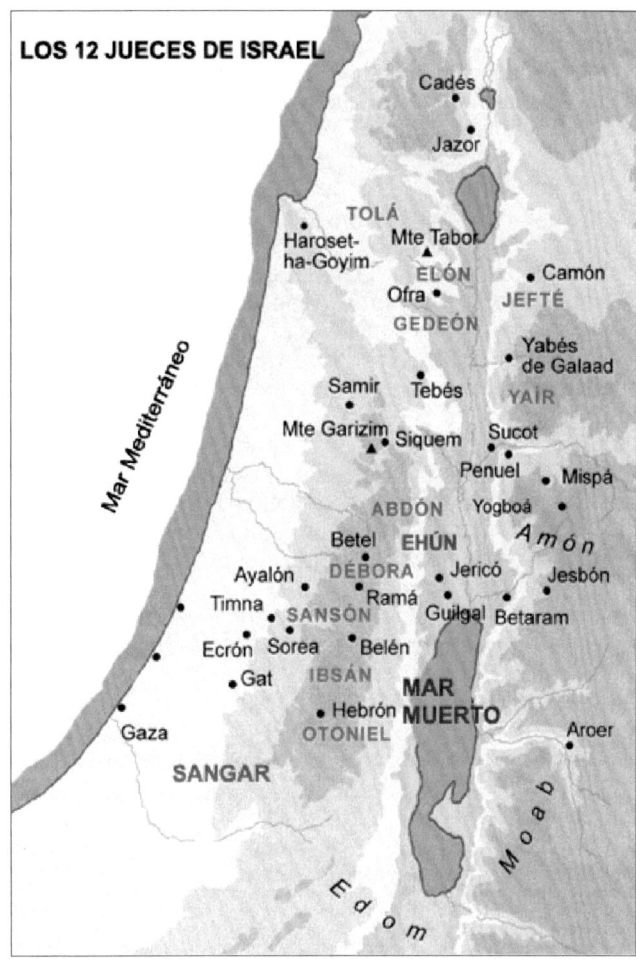

Establecidas las tribus en Canaán y, a pesar de los reiterados pecados de los israelitas, Yahvé suscitó jueces carismáticos para ayudar a su pueblo. Este, bajo un gobierno todavía tribal, se encuentra rodeado de enemigos.

cemos de base material suficiente para demostrar una clara diferenciación entre las culturas cananeas e israelita. Esta es una de las razones por las que se piensa que algunos israelitas no marcharon a Egipto y siempre permanecieron en Canaán o que unas tribus llegaron mucho antes que otras.

El territorio conquistado fue repartido en tres etapas (la primera en vida de Moisés) entre las tribus formadas por descendientes de la mayoría de los hijos de Jacob (Rubén, Simeón, Judá, Dan, Neftalí, Gad, Aser, Isacar, Zabulón, José y Benjamín), con dos excepciones: por una parte, los clanes constituidos por los descendientes de Efraín y Manasés, hijos de José y nietos por tanto de Jacob, recibieron tierra por separado (por eso no consta la tribu de José en el reparto); por otra, la tribu de Leví, dedicada al sacerdocio y sin autonomía política, sólo obtuvo residencia en ciudades esparcidas entre todo el pueblo (asegurando así a los demás el servicio sacerdotal) y derechos sobre los pastos circundantes.

La historia israelita comenzó entonces una nueva época, la de los Jueces (h. 1200-1000 a. C.), relatada en el libro bíblico de ese nombre. Una vez más, Yahvé volvió a solucionar los problemas que ahora surgieron durante el asentamiento de las tribus en Canaán. Para vencer a moabitas, madianitas y filisteos, entre otros, y a pesar de la fragilidad del monoteísmo del pueblo y de sus flaquezas morales, Yahvé suscitó la aparición de unos personajes de especial autoridad denominados *jueces* (los principales, Otniel, Ehúd, Débora, Gedeón, Jefté y el famoso Sansón). Los israelitas, sin embargo, carecían todavía de unidad política.

ESPLENDOR MONÁRQUICO: SAÚL, DAVID, SALOMÓN

Nos detendremos a continuación en el período monárquico; y, en aras de la claridad expositiva, indicaremos para comenzar varios hitos cronológicos que convendrá tener en cuenta:

- h. 1020 a. C.: comienzo del período monárquico: Saúl, primer rey.
- h. 1000 a. C.: Jerusalén, capital del reino de David.
- h. 960 a. C.: primer Templo en Jerusalén, en tiempos del rey Salomón.
- h. 930 a. C.: división en dos reinos: Judá e Israel.
- 722-720 a. C.: el reino de Israel es vencido por los asirios. Exilio de 10 tribus.

Samuel, intercesor ante Yahvé, juez y jefe guerrero contra los filisteos, protagoniza en la Biblia la transición entre la etapa de los jueces y el período monárquico. El cambio político se narra de dos maneras: la primera explica el origen de la monarquía como consecuencia de una petición popular, mientras que en la segunda se muestra como resultado del deseo divino: Saúl, primer rey, fue designado a suertes, pero había recibido antes la unción de Samuel por voluntad de Yahvé.

Saúl estableció su corte en Gueba, cerca de Jerusalén, y durante su breve reinado (1020-1010 a. C.) se enfrentó a los enemigos del pueblo. Venció a los amonitas y luchó contra los filisteos, pero fue rechazado por Yahvé por no destruir completamente a los amalecitas. A su séquito se incorporó David, quien por sus éxitos (venció al filisteo Goliat) y virtudes, despertó la envidia del monarca y tuvo que huir. El propio David dio muestras de fidelidad al rey cuando, estando este a su merced, cortó parte de su manto pero le perdonó la vida. Al saberlo, Saúl rompió a llorar y aseguró a David que reinaría sobre Israel.

A Saúl le sucedió, por tanto, David (1010-970 a. C.), también ungido por Samuel. Miembro de la tribu de Judá y ascendiente del Mesías según judíos y cristianos,

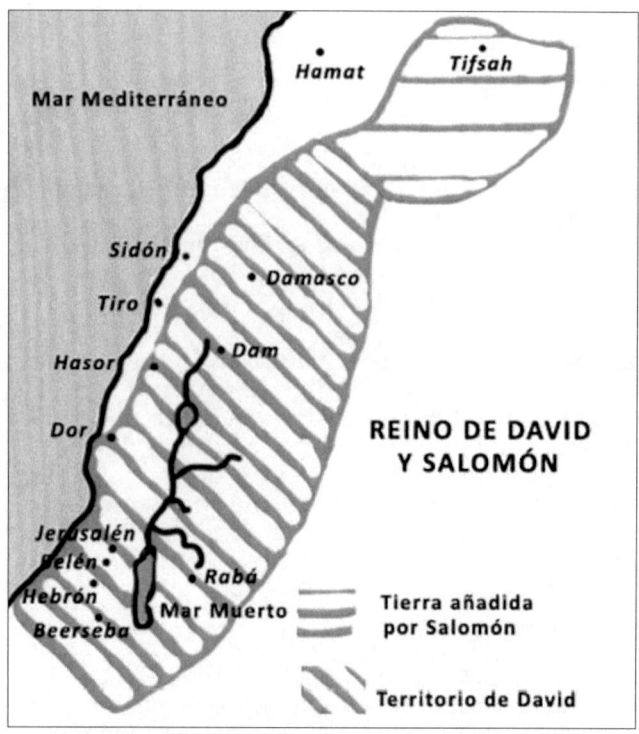

Los reinados de David y de su hijo Salomón fueron un tiempo glorioso para Israel. Se acabó la división política de las tribus, Jerusalén se convirtió en capital del reino y agradó a Yahvé el regalo del templo que Salomón quiso hacerle.

David es un personaje apasionante, versado en éxitos y fracasos, dechado de virtudes y escarmentado sin cesar por sus defectos. Rey, guerrero, poeta y músico, David ha dejado en la Biblia una huella indeleble: su vida y obra aparecen de uno u otro modo en los libros Samuel, Reyes y Crónicas, atribuyéndosele, además, la autoría de decenas de salmos.

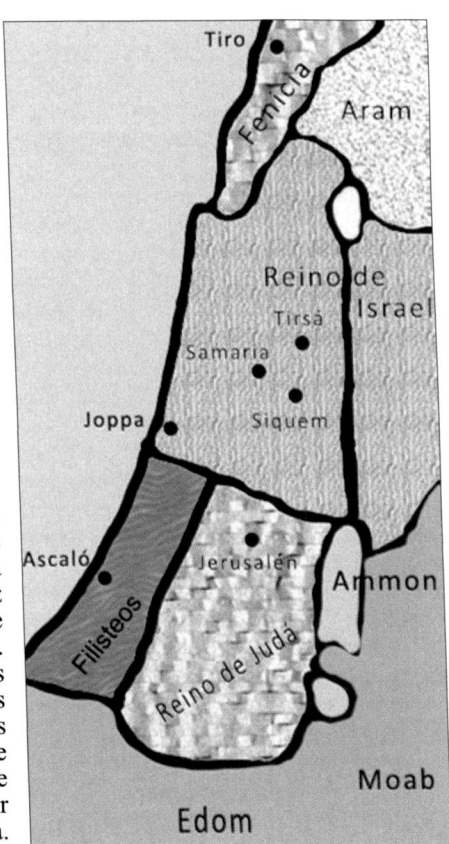

Hacia el 930 a. C. los israelitas vuelven a dividirse, esta vez en los reinos de Israel y Judá. Destacados profetas recordarán a los habitantes de ambos reinos que deben mantener la Alianza.

Aparte de su particular relación con Yahvé y de la importancia teológica que le asignan las religiones monoteístas, David destacó igualmente como político: elegido al principio rey de Judá y después también de las tribus de Israel, unificó en su persona —que no institucionalmente— los reinos meridional y septentrional en que se habían dividido los clanes al morir Saúl, y amplió y consolidó sus territorios. Gracias a su habilidad militar, los israelitas se extendieron hacia el norte y el este de Canaán y conquistaron Jerusalén, a la que el monarca convirtió en capital del reino. Al ordenar instalar en ella el Arca de la Alianza, símbolo de la presencia divina fabricado en tiempos de Moisés, hizo de la ciudad el centro del culto a Yahvé para todas las tribus. Estas, además, en época de David y de sus sucesores, fueron diluyéndose —a pesar de perdurar en la memoria colectiva— en clanes asentados en territorios, al tiempo que el nomadismo dio paso a una vida más sedentaria.

Ciertamente, el reino de David no era equiparable a grandes imperios de la Antigüedad como el hitita, el egipcio, el asirio o el babilónico; pero, junto con el de su hijo y sucesor Salomón, fue el más extenso y fuerte de la historia de Israel. Sin embargo, este relativo esplendor fue considerado secundario por los cronistas bíblicos, una y otra vez empeñados en destacar la suprema importancia de permanecer fieles a la Alianza con Yahvé. Tal recordatorio, persistente e insólito por comparación con las costumbres vecinas coetáneas, distinguió a los israelitas de los pueblos circundantes y contribuyó a conformar su peculiar identidad.

El rey Salomón (970-931 a. C.) aprovechó la buena herencia de su padre David. También predilecto de Yahvé, afirma el libro segundo de las Crónicas, Salomón recibió además el don de la sabiduría, que sin duda empleó para lograr ventajosos tratados con naciones extranjeras. Será precisamente Salomón quien lleve a cabo la aspiración paterna de construir un Templo en Jerusalén. Erigido en lo alto de una colina, de estructura rectangular y dividido en tres partes (pórtico, lugar santo y pequeño santuario oscuro para custodiar el Arca de la Alianza), el Templo daba a un amplio patio y estaba rodeado por un muro que también cercaba otros edificios importantes, como el palacio real. A pesar del esfuerzo que implicó, el Templo constituyó todo un acontecimiento en la historia de los israelitas y reforzó el culto a Yahvé, aunque parte del pueblo siguió celebrando ceremonias idolátricas.

Breve historia de los judíos

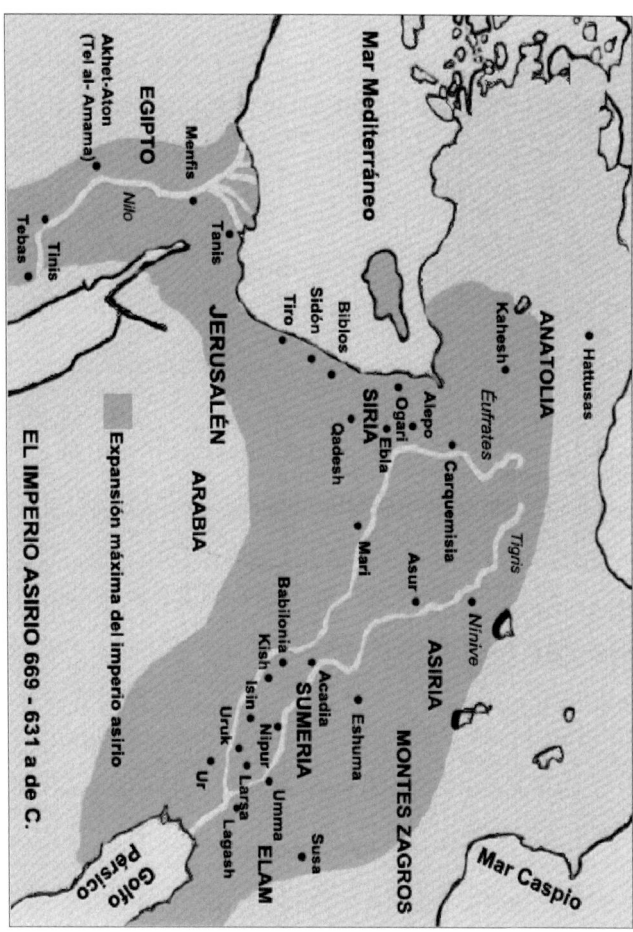

Las disciplinadas infantería y caballería del ejército asirio infligieron un duro golpe al pueblo de Yahvé: desapareció el reino de Israel, se dispersaron sus diez tribus y el reino de Judá hizo lo que pudo para contentar a la poderosa monarquía asiria.

Sucedió a Salomón su hijo Roboán, quien negó a los clanes del norte reducir los trabajos y tributos impuestos por su padre. Tal actitud acentuó las diferencias culturales y geográficas entre los territorios y provocó la división del reino en dos: Israel o reino del norte, más grande pero también más inestable, y el reino de Judá, al sur. Hemos de tener en cuenta, sin embargo, que aunque la denominación de *Israel* se haga coincidir con el reino del norte, por acoger a un mayor número de descendientes de Jacob/Israel, dicho nombre engloba también a todos los habitantes del reino del sur, por ser igualmente *israelitas*, es decir, herederos del patriarca y miembros por tanto de esa Alianza especial con Yahvé de la que todos participan. Por eso en ambos reinos los profetas recordaron la necesidad de ser fieles a la Alianza, aunque la partición política pronto contribuyera a aumentar las diferencias religiosas.

Considerando los acontecimientos históricos que fueron sucediéndose, el escritor estadounidense Howard Fast reconoció hace décadas la importancia de los buenos tiempos de la monarquía en la idiosincrasia del pueblo judío, al tiempo que reivindicaba la trascendencia del fracaso posterior en la forja de su identidad:

> David es parte del espíritu judío y de su viabilidad. Pero si el grande y vasto imperio construido por él y su hijo Salomón hubiese durado más de lo que duraron sus vidas, no habrían existido judíos como tales, como la historia los conoce. Los imperios que perduran producen romanos, no judíos.

DOS REINOS HASTA LA DISPERSIÓN DE LAS TRIBUS

Conocemos la historia de los reinos de Judá y de Israel hasta la conquista asiria de este último (entre el 930 a. C., aprox., y el 720 a. C.) gracias a varias fuentes, unas israelitas —libros bíblicos de los Reyes, Crónicas, Amós, Oseas y Jeremías— y otras asirias y babilonias. Contamos además con descubrimientos arqueológicos de importancia, como la estela inscrita por orden de Mesa, rey de Moab, o el obelisco del rey asirio Salmanasar III —ambos de mediados del s. IX a. C.— que aportan datos que verifican y complementan informaciones de la Biblia.

Los escritos afirman —y otros materiales confirman— que durante casi dos centurias, Israel y Judá permanecieron como entidades políticas diferenciadas, aunque sus habitantes siguieran formando un único pueblo. Sabemos también que el hierro llevaba usándose varios siglos y que la mayoría de los israelitas vivía de la agricultura, algunos menos de la ganadería y sólo unos pocos del escaso comercio. ¿Cómo evolucionaron ambos reinos?

Varias fueron las dinastías que gobernaron Israel, donde los descendientes de Efraín, hijo de José y, por tanto, nieto del patriarca Jacob, alcanzaron mayor preponderancia que los de otras tribus. La inestabilidad fue casi constante y, durante buena parte de su existencia soberana, el territorio dependió de influencias exteriores. El primer monarca, Jeroboam I, acabó fijando en Tirsá la capital, prohibió peregrinar a Jerusalén y rechazó el culto a Yahvé. Tras un período de rápida sucesión de reyes, subió al trono Omrí (885-874 a. C.), que rigió con mayor fortaleza. Sin embargo, no le faltaron dificultades y, aunque derrotó a los moabitas, fue vencido por los sirios, continuos enemigos de Israel, cuando no aliados obligados para rechazar las embestidas de Asiria, la potencia superior. Omrí mandó construir la ciudad de Samaria, trasladó allí su capital y fundó una dinastía que al menos consiguió perdurar varias décadas (hasta el 841 a. C.).

Los reyes de la nueva dinastía de Yehú (841-748 a. C.) se enfrentaron a los arameos tras derrotas que recortaron ampliamente el territorio e, incluso, arremetieron contra Judá, llegando a poseer temporalmente Jerusalén. Con Jeroboam II (784-744 a. C.) el reino septentrional extendió sus fronteras a costa de los sirios y logró su mayor prosperidad material. Sin embargo, en las postrimerías de su gobierno, el país comenzó a debilitarse y así continuó con sus sucesores. Pronto tuvo que someterse a la poderosa Asiria, a la que llegó a pagar tributo, y no tardó en sucumbir por completo ante sus implacables ejércitos.

Judá, reino del sur con capital en Jerusalén, alcanzó menos relevancia que Israel. Roboán, hijo de Salomón, siguió reinando sobre la zona asignada décadas antes a la tribu de Judá y sobre la mayor parte del espacio adjudicado a los descendientes de Benjamín. En general, podemos afirmar que en Judá fueron sucediéndose reyes sin brillo político alguno, que no pocas veces hubieron de luchar contra Israel. En la valoración posterior que se ha hecho del período, se destacan sin embargo tres aspectos que diferencian a Judá de Israel, su vecino septentrional: Judá mantuvo su independencia un siglo y medio más, fue regido ininterrumpidamente por monarcas de la dinastía de David y logró perpetuar la Alianza con Yahvé a pesar de transgredirla en ocasiones. Y es que entre las tentaciones sincréticas religiosas que vivió Judá cabe citar el culto temporal a Baal, deidad venerada por los pueblos semitas, a la que se levantó un templo en Jerusalén, como lo tuvo también en Samaria, capital del reino del norte.

Una vez más, los acontecimientos se interrelacionan. Desde su formación como pueblo, el mero transcurrir del tiempo había contribuido a forjar en los israelitas una identidad común, esto es, un conjunto de rasgos propios que les caracterizaba frente a otros grupos coetáneos y vecinos. Pero, de vez en cuando, el *fuego* se avivaba con hechos o personajes clave que conferían una especial intensidad a ese proceso. Precisamente, la peculiar evolución de los reinos del norte y del sur propició el comienzo de la actividad profética, fundamental para comprender tanto la posterior historia judía como el judaísmo y el cristianismo, que interpretarán las revelaciones de distinta manera.

En la Biblia, la palabra *profeta* (llamado en hebreo *nabí*, 'inspirado', y a veces *roéh*, 'vidente') pronto se reservó para designar al que hablaba en nombre de Yahvé. En realidad, el don de la profecía no era nuevo, pues ya lo disfrutaron Abraham y Moisés. Y, mientras el reino se mantuvo unido, también habían surgido notables profetas, como Samuel y Natán. Pero tras la división política la actividad profética se hizo especialmente intensa, primero en el territorio independiente del norte (Elías, Eliseo, Amós, Oseas) y desaparecido este, como veremos, en Judá. En los textos bíblicos, el inspirado se considera instrumento cualificado para conocer la voluntad divina en el presente, interpretar o descifrar hechos del pasado y, en otras ocasiones, para avisar o informar sobre acontecimientos futuros destinados a salvar o a sancionar.

Varios son los mensajes proféticos que deseamos destacar. Para el político y escritor israelí Abba Eban, la idea mesiánica es la más revolucionaria de todas. A diferencia de las culturas griega y romana, y de tantas otras, que sitúan en el pasado sus épocas doradas de perfección, generando así pesimismo ante el futuro, la concepción judía de la historia es esperanzadora y optimista, pues marcha hacia adelante y hacia arriba, ascendiendo a la perfección. En efecto, según los profetas que vivieron en época de la división de los reinos, los mejores tiempos estaban por llegar.

Ello no obsta para que reconocieran, y este es otro aspecto que conviene recalcar, que tantas veces hubiera de rectificarse el rumbo. De hecho, fueron frecuentes las críticas y condenas proféticas a Israel por apartarse de la Ley divina, tanto adorando a falsos dioses como practicando

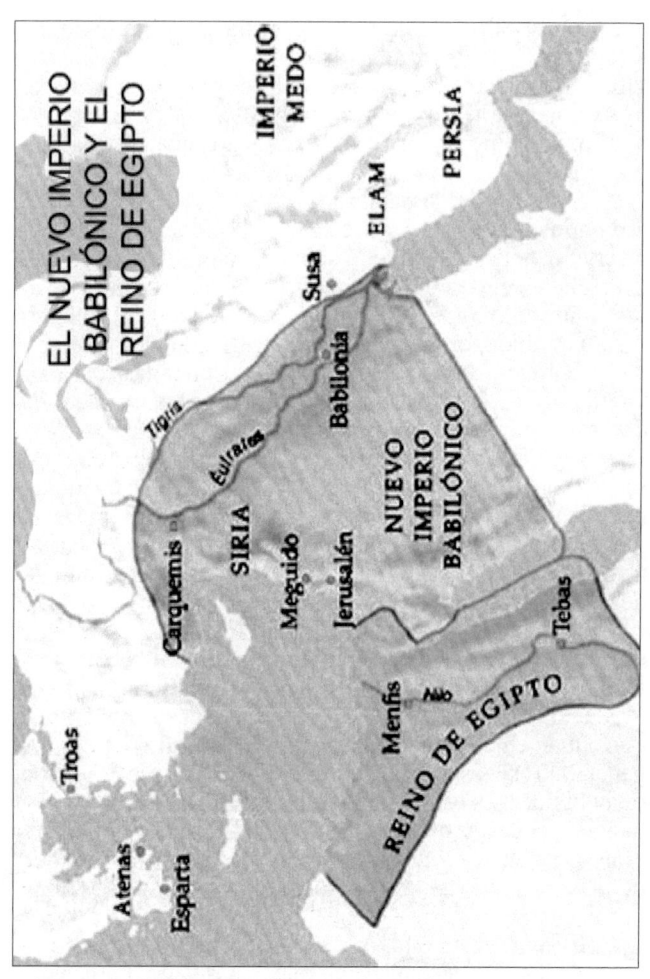

El ansia expansiva del rey babilonio Nabucodonosor conllevó la destrucción del primer Templo de Jerusalén y la deportación de muchos israelitas a Babilonia. El salmo 137 revela la añoranza causada por aquella pérdida.

una religiosidad completamente artificial. Abundan las acusaciones, exhortaciones y amonestaciones a Israel por sus pecados. Y ante el cúmulo de sacrificios vanos y de ritualismo hipócrita que sólo servía para autojustificarse y continuar obrando iniquidad, Yahvé respondió con esas memorables palabras que puso en boca del profeta Amós:

> Yo detesto, aborrezco vuestras fiestas, no me aplacan vuestras solemnidades. Si me ofrecéis holocaustos... no me complazco en vuestras oblaciones, ni miro vuestros sacrificios de comunión de novillos cebados. ¡Aparta de mí el ronroneo de tus canciones, no quiero oír la salmodia de tus arpas! ¡Que fluya, sí, el derecho como agua y la justicia como arroyo perenne!

Poco tiempo le quedaba al reino del norte. Los asirios, pueblo mesopotámico ducho en combates, habían resurgido con fuerza tras una larga decadencia y, durante su Imperio nuevo (934-610 a. C.), llegarían a sojuzgar a numerosos pueblos. La tremenda eficacia del ejército asirio facilitó su expansión por Oriente Próximo, incluyendo Siria y varias poblaciones fenicias. Como a sus predecesores, el afán imperialista caracterizó también al cruel Salmanasar V, que en el 722 a. C. comenzó la conquista del reino de Israel. Tras ser asesinado, acabó la invasión su sucesor, el usurpador Sargón II (721 a. C.). Y siguiendo una exitosa tradición iniciada décadas antes, el rey asirio procedió a disgregar a la población del territorio conquistado, para evitar resistencias. Los intentos de sublevación que surgieron meses después no hicieron más que intensificar esa estrategia.

Los israelitas que continuaron viviendo en su tierra se mezclaron con los extranjeros que llegaron. Surgió así la nueva etnia de los *samaritanos*, quienes, a pesar de admitir progresivamente el monoteísmo, no fueron aceptados por el clero de Jerusalén. Pero la mayoría de los

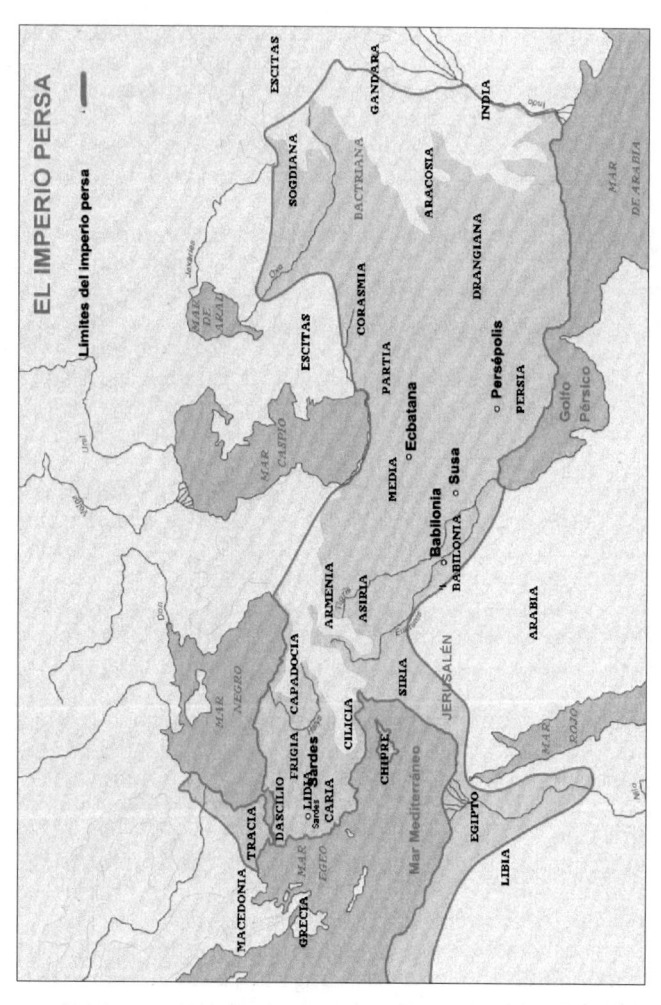

El rey persa Ciro II el Grande fue condescendiente con el pueblo judío: permitió a los deportados volver a Judea, pudiéndose construir un nuevo Templo en Jerusalén.

habitantes del reino del norte fueron exiliados a otras tierras controladas por Asiria, donde se unieron y asimilaron con otros pueblos, perdiendo su fe, su lengua y sus costumbres. Son las llamadas *tribus perdidas de la casa de Israel*, que casi todos los historiadores consideran desaparecidas y algunos siguen buscando. Hay quien asegura que ciertos grupos residentes en Uzbekistán, en India y en otros países asiáticos descienden de los expulsados. Más notorio es el caso de la población etíope que, tras siglos practicando los preceptos básicos del judaísmo, fue reconocida en 1975 por el Rabinato Central de Israel como *Beta Israel* ('casa de Israel'). Gracias a ello, desde 1977, el Gobierno israelí decidió emprender varias acciones (entre ellas, la secreta Operación Moisés de 1984) para transportar a miles de esos etíopes desde África al Estado judío, donde actualmente residen.

Bajo imperios extranjeros: Asiria, Babilonia, Persia, ptolomeos y seléucidas

Conforme fue asimilándose la nueva situación, la palabra *Israel* redujo progresivamente su significado anterior para limitarse de hecho a designar a los descendientes de Judá y de Benjamín, que se salvaron de la debacle. De todos modos, sí se conservaron tradiciones y documentos del reino del norte, quizá llevados al sur por israelitas que escaparon a tiempo de los asirios. Este material sería más tarde utilizado por el desconocido recopilador del Libro de los Reyes, quien para escribir su obra seleccionó eventos ocurridos en ambos reinos, registrándolos así para la posteridad.

La desaparición del reino del norte dejó una profunda huella en su vecino meridional, que en tiempos del rey Ajaz (736-716 a. C.) se hizo vasallo de Asiria para preservar su independencia. Su hijo y sucesor Ezequías (716-687 a. C.), iniciador de una reforma religiosa que acabó con ídolos y prácticas paganas, trató en vano de resistir el poderío asirio: buena parte de Judá fue devastada, aunque Jerusalén se libró. Tras acceder a la demanda asiria de pagar tributos, Judá logró preservar su relativa independencia, aunque rodeada por territorios controlados por la potencia mesopotámica. Así continuaría décadas.

A lo largo de este tiempo (ss. VIII-VII a. C.) Judá fluctuó entre la fidelidad a la Alianza (reinados de Ezequías y Josías) y la adopción de dioses y cultos paganos (reinados de Manasés y Joaquim). La Biblia muestra a destacados profetas, como Isaías y Jeremías, recordando a Judá la necesidad de adorar y ser dóciles al único Dios. Unas veces escuchados y otras rechazados, los profetas transmitieron a Judá variados mensajes divinos de ánimo ante ataques exteriores, así como palabras de esperanza o de amenaza y también lamentos y críticas por la hipocresía de una vida tan llena de piedad externa como vacía de virtudes.

Mientras, en Oriente Próximo cambiaba el escenario político. Muerto el rey asirio Asurbanipal, que acabó la conquista de Egipto iniciada por su padre pero no pudo mantenerla, el cada vez menos poderoso Imperio mesopotámico sufrió un rápido proceso de decadencia: buena parte de Babilonia se independizó (626 a. C.) y Media dejó de tributar. En el 612 a. C. las tropas del monarca babilonio Nabopolasar y del rey medo Ciaxares conquistaron Nínive, capital de Asiria, y acabaron definitivamente con el reino dos años después. Los vencedores se repartieron el desaparecido imperio: los medos optaron por regiones que facilitaran su expansión al Cáucaso, mientras los babilonios escogieron territorios pensando controlar las grandes rutas comerciales del Creciente Fértil.

A la vez, Egipto se recuperaba. Interesados el faraón Samético y después su hijo Neco en extender su influencia por el Mediterráneo, lucharon contra Josías, rey de Judá.

Derrotado el monarca en Meggido (609 a. C.), donde murió, Judá pasó a depender de Egipto, que impuso como rey al despótico Joaquim, hijo de Josías pero fiel servidor del faraón. Poco duraría gobernando. En el 605 a. C. los babilonios, al mando de Nabucodonosor, lograron una importante victoria sobre los egipcios en Karkemish. El resultado pronto afectó a Judá: Jerusalén fue conquistada (597 a. C.) y el rey y tres mil habitantes del reino —entre los que se encontraba el profeta Ezequiel— fueron desterrados a Babilonia. Lo peor, sin embargo, estaba por llegar.

Durante 10 años, en Judá permaneció como regente Sedecías, hermano del monarca preso, que había jurado fidelidad al emperador babilonio. Pero mientras el profeta Jeremías le aconsejaba sobrellevar con paciencia ese dominio, buena parte de sus cortesanos le incitaban a lograr una autonomía total. Por fin, el monarca decidió dejar de pagar tributos al emperador babilonio, proclamando así la independencia efectiva. De inmediato, Nabucodonosor se puso al frente de sus ejércitos y en poco tiempo invadió la mayoría de las poblaciones de Judá, hasta llegar a Jerusalén, que se había pertrechado para defenderse. Pero poco podía hacer una pequeña urbe frente a las poderosas huestes babilonias y, meses después, cayeron los muros de Jerusalén, produciéndose una gran matanza (586 a. C.). Entre los edificios incendiados se encontraba el Templo construido en tiempos de Salomón, cuyos sacerdotes acabaron asesinados. Como castigo, una parte importante de la población fue deportada a Babilonia y Godolías fue nombrado gobernador de Judá, donde permanecieron los más pobres. Cuando Godolías fue asesinado, Nabucodonosor envió nuevas tropas de castigo, que destruyeron, en el 584 a. C., lo poco que quedaba en pie.

En tal situación, sólo cabía esperar la desaparición de los judíos. Fuera de su patria y dispersos por los extensos territorios de Babilonia, los expatriados de

Judá aprovecharon el margen de libertad concedida por Nabucodonosor y decidieron no mezclarse con los paganos que les rodeaban, seguir viviendo según sus costumbres y permanecer fieles a su religión. Despertó en ellos un sentido tan fuerte de *lo propio*, que la cautividad en Babilonia constituye una época fundamental en la historia judía.

En esos años de destierro, el judaísmo perdió su base territorial y la independencia política y la residencia en una misma tierra dejaron de ser vínculos de unión. Se compartía precisamente la falta de territorio propio y, sobre todo, la religión. Otra de las grandes novedades del exilio fue la aparición de una institución comunitaria que, en el futuro, llegaría a ser fundamental: la sinagoga. Faltos de un templo donde reunirse, surgió con naturalidad un lugar alternativo para rezar juntos y fortalecer el espíritu de la Alianza. Profetas como Ezequiel procuraron mantener en el pueblo la fidelidad a Yahvé.

Desde la segunda mitad del siglo VI a. C. el Imperio neobabilónico dio muestras de debilidad, mientras se fortalecían pueblos vasallos y antiguos aliados. En Persia, la dinastía meda fue vencida hacia el 570 a. C. por Aquemenes, un jefe local. Nació así la dinastía aqueménida, cabeza del Imperio persa (550-330 a. C.). A ella perteneció Ciro II el Grande (559-529 a. C.) que, al incorporar Babilonia a sus dominios, se convirtió en el mandatario de los cautivos desterrados de Judá. Considerado generalmente un monarca benevolente con los nuevos vasallos que ganaba con sus conquistas, en el 538 a. C. Ciro dictó un beneficioso edicto para los hebreos, al permitirles regresar a Judá y edificar un nuevo Templo en Jerusalén.

La mayoría, sin embargo, optó por continuar viviendo donde ya estaba. Los más de 40.000 que volvieron, denominados por los samaritanos *judíos* (originalmente, 'miembros de la tribu de Judá'), encontraron su gran motor de cohesión social en la reconstrucción de Jerusalén y en la reedificación de su Templo, consagrado el 515 a. C. Comenzó

Breve historia de los judíos

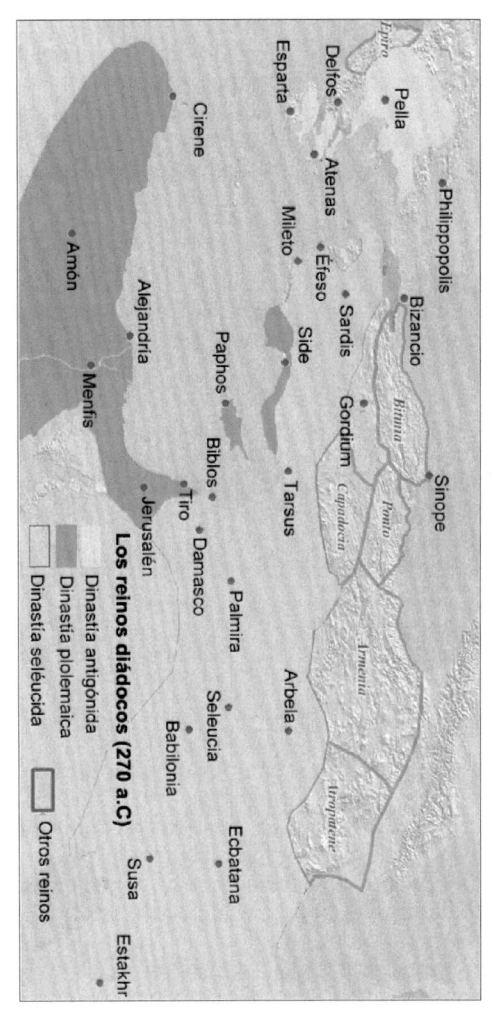

Muerto Alejandro Magno, sus generales (diádocos) se repartieron sus dominios y fundaron nuevas dinastías. Judea quedó bajo el poder de la dinastía ptolemaica.

así el llamado *Período del Segundo Templo*, nueva etapa en la historia del judaísmo. Ante un pueblo que volvía a mezclarse con otros, el escriba Esdras fue uno de los encargados de mantener la ortodoxia; para ello, emprendió una revitalización espiritual, consiguiendo hacer de las leyes religiosas la norma de conducta sancionada por la autoridad civil. Una auténtica teocracia que, sin embargo, fue aceptada por los persas.

Esta autonomía vigilada continuó en Judea durante la posterior dominación griega (332-167 a. C.). Vencido el rey persa Darío en Issos y de camino hacia Egipto, el macedonio Alejandro Magno (357-323 a. C.) se apoderó de Siria y ocupó Judea, sin entrar en Jerusalén. El joven monarca extendió su poder en Egipto, donde fundó Alejandría, y partió hacia Persia, que también sometió. Pero su pronta muerte causó la desmembración del imperio que, tras años de luchas, acabó dividiéndose entre sus generales Ptolomeo (Egipto), Seleuco (Asia anterior) y Antígono (Macedonia), cabezas de nuevas dinastías helenísticas (ptolomeos o lágidas, seléucidas y antigónidas, respectivamente).

Para entonces, podemos hablar ya de la existencia de una auténtica diáspora —término procedente del griego *diaspeiro*, 'dispersión'— entre otras razones porque muchos judíos habían decidido permanecer donde estaban tras el decreto de Ciro. Había judíos en Mesopotamia (más o menos el actual Iraq), Persia (Irán) y, cada vez más, en las colonias seléucidas de Asia Menor (hoy Turquía). En general, el encuentro con la próspera y cosmopolita civilización griega benefició a muchos judíos y abrió su mente, pero planteó la conveniencia o no del proceso de *asimilación cultural*. ¿Podrían los judíos aprovechar los avances griegos y rechazar lo que, desde el punto de vista religioso, muchos consideraban un claro retroceso? ¿Tenían ellos además algo relevante que ofrecer a ese mundo?

Desde luego, el hechizo helénico originó en la diáspora nuevas manifestaciones culturales: la lengua hebrea y la aramea fueron progresivamente sustituidas por la griega, variaron temas y enfoques filosóficos y se filtraron prácticas religiosas sincréticas. Sin embargo, hubo también intercambio y difusión de ideas judías, como lo prueba la traducción al griego de los textos bíblicos originales. Conocida como *Septuaginta* o *Versión de los setenta* y escrita, según parece, por petición del rey Ptolomeo II en el siglo III a. C., esta Biblia ha ejercido enorme influencia: enriqueció la lengua griega con términos teológicos nuevos, fue usada por comunidades judías de la diáspora y los evangelistas la emplearon para citar el Antiguo Testamento que, a su vez, fue traducido de ella al latín vulgar en el siglo V d. C. (*Vulgata*); la *Septuaginta* es, además, el texto veterotestamentario que actualmente sigue reconociendo la Iglesia ortodoxa.

Por lo que respecta a Judea, quedó asignada al reino de Egipto tras la división del Imperio de Alejandro Magno. El territorio estuvo entonces bajo control de los ptolomeos (321-200 a. C.), aunque después fue incorporado por los seléucidas (200-164 a. C.). La concentración de población judía, la pervivencia de hábitos familiares y la lejanía de las principales ciudades griegas, facilitaron que Judea preservara las costumbres tradicionales. Aun así, crecieron las tensiones entre los judíos helenizantes y los *hassidim* ('piadosos'), fieles a un judaísmo sin mezclas. Y, mientras, prosiguió la redacción de variados textos —Eclesiastés, Eclesiástico, Ester, parte de Proverbios, quizá algunos salmos, Libro de Enoc, Daniel— que, con posterioridad y según los casos, se incluyeron en los cánones judíos y/o cristianos de Escrituras Sagradas.

Macabeos y asmoneos, una saga familiar de intereses diferentes

Conocemos esta nueva etapa de la historia del pueblo judío gracias a fuentes como los cuatro libros denominados Macabeos, ninguno de los cuales forma parte del canon judío, mientras los dos primeros están incluidos en el canon cristiano de la Biblia. De todos modos, la información más completa del período procede de los escritos de Flavio Josefo, historiador judío del siglo I d. C., matizada y ampliada con material arqueológico y con textos como los encontrados en algunos manuscritos del mar Muerto. La gran novedad respecto a la época anterior es que, tras siglos de dominación extranjera y como consecuencia de una rebelión, Israel disfrutó de independencia política durante casi un siglo.

Antes de nada y para evitar confundirse, resulta conveniente hacer algunas aclaraciones. Desde el comienzo de la insurrección que dio origen a la liberación del yugo seléucida (h. 166 a. C.), hasta el inicio de la intervención romana (63 a. C.), en Judea el protagonismo político y religioso perteneció a la familia sacerdotal asmonea. Sin embargo, en estos años se establece una división entre el tiempo de los macabeos (166-134 a. C.) y la dinastía asmonea (134-63 a. C.): la primera etapa abarca, pues, la revuelta del sacerdote Matatías y de sus tres hijos contra los reyes seléucidas; la segunda comienza con Juan Hircano —hijo de Simón Macabeo y nieto, por tanto, de Matatías— que, aun sin coronarse rey, gobernó como un auténtico monarca y cuyos descendientes, la mayoría tiranos, se interesaron más en ampliar los límites del país que en cuestiones religiosas. Precisamente por eso, los libros I y II Macabeos —incluidos, como hemos indicado, en la Biblia cristiana— refieren la historia de Matatías y de sus hijos, mientras que, para conocer la historia de la dinastía asmonea, hemos de recurrir a otras fuentes, especialmente a Flavio Josefo.

El giro violento que experimentó Judea durante la primera mitad del siglo II a. C. fue consecuencia de la agresiva política helenizante emprendida por

Breve historia de los judíos

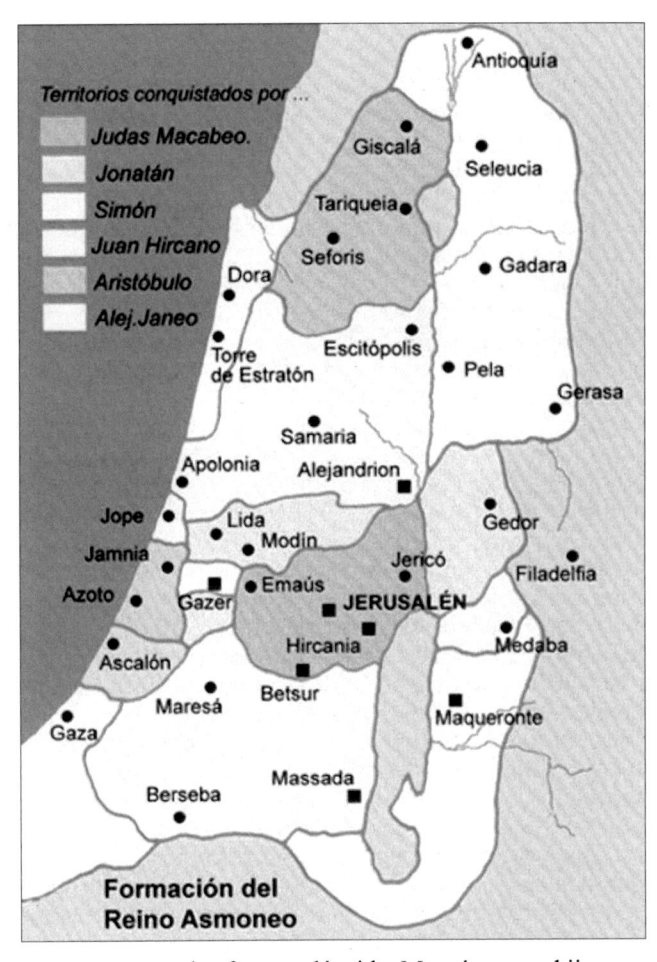

Territorios conquistados por ...
- Judas Macabeo.
- Jonatán
- Simón
- Juan Hircano
- Aristóbulo
- Alej. Janeo

Formación del Reino Asmoneo

En respuesta a la afrenta seléucida, Matatías y sus hijos se rebelaron contra los opresores extranjeros. Ocupó el lugar del padre su hijo Judas, llamado Macabeo, a quien elogia el libro I de los Macabeos (3, 3-4). Otros miembros de la misma familia continuarían las conquistas.

los seléucidas. Estos monarcas no pudieron —o no supieron— sopesar los riesgos que entrañaba forzar en Judea todo un cambio existencial. El judaísmo y el helenismo diferían completamente en cuestiones básicas, como el concepto de Dios, la noción del ser humano, la idea del orden moral, el significado de la libertad... Quien quisiera imponer en el pueblo judío nuevas creencias sobre todo aquello considerado fundamental, estaba condenado al fracaso. Y empeñarse en el intento suponía, desde luego, desconocer por completo la *identidad judía*, que a esas alturas de la historia mostraba ya nítidos rasgos propios.

La puesta en práctica de las órdenes del rey Antíoco IV, encaminadas a unificar culturalmente a Judea con su entorno y que implicaban establecer cultos paganos, provocó en el territorio fuerte oposición interna (169-168 a. C.). El sacerdote Matatías y sus hijos encabezaron entonces una gran revuelta popular contra la política seléucida (h. 166 a. C.). Muerto el padre pocos meses después, su hijo Judas, apodado Macabeo ('el martillo') dirigió un ejército de judíos disidentes que, gracias a sus tácticas de guerrilla y aprovechando la muerte de Antíoco IV, entró triunfante en Jerusalén y purificó el Templo, como se sigue conmemorando durante la fiesta judía de *Hanuká*. Judas fue nombrado sumo sacerdote y gobernador y, a su muerte, le sucedieron sus hermanos Jonatán y Simón, último de los macabeos (hasta 134 a. C.).

Juan Hircano, hijo de Simón, inició la dinastía asmonea en el año 134 a. C. Y contando con la aprobación de Roma, emprendió una eficaz política expansionista que tuvo como resultado la anexión de Idumea y de Samaria (en el sur y en el norte de Judea, respectivamente). Continuaron esa estrategia de ampliar fronteras sus hijos Aristóbulo I y especialmente Alejandro Janneo, a quien sucedió su viuda Alejandra durante unos años. Muerta esta, estalló una guerra civil entre los partidarios de sus hijos, Hircano II, sucesor natural, y Aristóbulo, quienes acudieron al arbitraje de Roma, que acababa de anexionarse Siria. La poderosa potencia mediterránea tuvo que derrotar al hermano pequeño e Hircano fue nombrado etnarca ('gobernante') y restablecido como sumo sacerdote. De hecho, Israel pasó en el 63 a. C. a depender de Roma.

2

Súbditos molestos del Imperio romano (s. I a. C. - s. V d. C.)

ISRAEL, PROTECTORADO DE ROMA

Como en tantos otros casos, también al recorrer la historia del pueblo judío es imprescindible tener en cuenta la evolución de la antigua Roma. En sus comienzos, Roma no era sino una modesta ciudad-estado que, con el tiempo, amplió espectacularmente sus territorios y llegó a conocer, en circunstancias ya distintas a los inicios, sistemas políticos tan variados como la Monarquía (753-509 a. C), la República (509-27 a. C.) y el Imperio (27 a.C. - 476 d. C.). El modo de vida romano, convertido en auténtica civilización, extenderá su influencia —decreciente, conforme pasaron los siglos— al Imperio romano oriental o Imperio bizantino (395-1453), surgido precisamente de las transformaciones generadas en la capital imperial y en las zonas por ella gobernadas.

Muchos fueron los estados, naciones y pueblos —civilizados o bárbaros— que Roma hubo de subyugar a lo largo de su amplia historia expansionista. En Oriente Próximo, por ejemplo, los romanos tardaron años (88-66 a. C.) en vencer la feroz resistencia de Mitrídates, rey del Ponto (norte de Asia Menor), cuyo ejército luchó contra los invasores coaligado con tropas armenias. La victoria final de Roma animó a esta a continuar extendiendo su soberanía en Oriente Próximo, pero la dura oposición que encontraron sus huestes indujo al Senado romano a perfilar un plan específico para Asia, que elaboraron finalmente el general Pompeyo y una comisión senatorial. Según dicho plan, aprobado en el 64 a. C., esos grandes territorios orientales quedarían constituidos en unidades administrativas de distinta categoría y autonomía: cuatro *provincias* (Asia, Bitinia, Cilicia, Siria) gobernadas directamente por Roma; diversas *polis* de administración autónoma, pero también sometidas a Roma; y varios *reinos* (o principados) *asociados*, en teoría soberanos pero funcionando de hecho en régimen de protectorado, a los que se encomendaba alertar frente a posibles injerencias enemigas.

Tras la intervención romana en la guerra civil entre los distintos partidarios de los hermanos asmoneos (Hircano y Aristóbulo), Israel fue obligado a tributar a Roma y quedó convertido, en el 63 a. C., en uno de sus estados vasallos, encargados de vigilar la frontera con los partos (miembros de una tribu persa especialmente hostil a dominios externos) y de contribuir a defenderla si hiciera falta. En ciertas cuestiones, los gobernantes de esos países dependían del procónsul de Siria, a quien además se asignó —en el caso de Israel— el gobierno directo de las ciudades costeras y de la Decápolis, confederación creada por Roma de 10 urbes de origen griego situadas al este y sureste del mar de Galilea; el resto del territorio quedó dividido en las circunscripciones de Judea, Galilea, Idumea y Perea.

Confirmado sumo sacerdote y nombrado etnarca ('gobernante'), Hircano Asmoneo tuvo sin embargo que renunciar a la realeza y dejar las cuestiones militares al idumeo —y por tanto no judío— Antipas. Éste pronto colocó a sus hijos Fasael y Herodes en puestos clave. Aristóbulo, el otro asmoneo aspirante al trono, fue enviado preso a Roma, donde el general Pompeyo llevó también a numerosos judíos. Vendidos estos como esclavos y redimidos después por parientes, o liberados por los amos debido a los inconvenientes que causaban cumpliendo la Ley mosaica, dieron origen a la primera colonia judía en Roma.

Allí comenzó, precisamente, una guerra civil que acabó con la victoria de Julio César y la muerte de Pompeyo en el 48 a. C. Antipas pronto ganó el favor de César y consiguió que este firmara varios decretos muy beneficiosos para los judíos: reconoció —diáspora incluida— su condición de *ethnós*, es decir, de comunidad diferenciada por su religión; Judea pudo dejar de tributar a Roma y concluyó su deber de aportar soldados a las tropas romanas y de alojar a estas. Todo cambió tras el asesinato de César (44 a. C.). El descontento creció entre los judíos y la revuelta, encabezada por Antígono Asmoneo, hijo de Aristóbulo, empezó con el asesinato del idumeo Antipas (43 a. C.). De inmediato, sus hijos Fasael y Herodes obtuvieron el favor romano y fueron elegidos gobernadores de Judea y de Galilea respectivamente, con poderes de procónsules. Los hermanos no consiguieron sin embargo frenar una coalición formada por partos, romanos descontentos y seguidores de Antígono. La heterogénea alianza entró en Jerusalén, Antígono fue nombrado rey de Judea (40 a. C.) y, según el historiador Flavio Josefo, Fasael se suicidó.

Herodes había huido rápido a Roma. Y allí, por acuerdo de un Senado deseoso de recuperar los territorios perdidos, fue nombrado el 40 a. C. rey de los judíos, recibiendo el encargo de recuperar Judea. Pero Herodes —a quien los romanos apodarían más tarde «el Grande»— tenía una larga tarea por delante y mucho esfuerzo le costó lograr su objetivo. Tres años de duros enfrentamientos tardaron el nuevo monarca y las tropas romanas en vencer al ejército de Antígono y reconquistar el territorio. El balance final de la guerra fue desastroso: Antígono fue decapitado y miles de judíos murieron en la contienda. A pesar de todo, Herodes había conseguido su principal propósito: lograr el poder efectivo, aunque fuera odiado por la inmensa mayoría de sus nuevos súbditos y llegara a Jerusalén bañado en sangre ajena.

POR LO MENOS, PECULIARES

Herodes el Grande, un idumeo superficialmente convertido al judaísmo, trató de combinar durante su reinado en Israel (37-4 a. C.) la crueldad temperamental, el acecho constante para evitar conspiraciones y levantamientos y el intento persistente por contentar tanto a sus protectores romanos como a sus distintos súbditos. Entre estos se encontraban también, por deseo de Roma, numerosos judíos de comunidades establecidas por motivos comerciales en amplios territorios controlados por la potencia mediterránea (Asia Menor, Grecia) y, especialmente, en los grandes puertos de Alejandría y Antioquía.

Difícil propósito el de Herodes: lograr a un tiempo pasarse sin reprimirse, reprimirse sin pasarse, vigilar a todos, mantener el orden con un ejército propio, encandilar a los políticos romanos, emprender una aculturación por tantos rechazada, enriquecerse, promover un vasto programa constructivo, complacer a monoteístas con guiños constantes al politeísmo (divinidad imperial incluida), administrar un heterogéneo reino de nueve provincias (Panías, Gaulanítide, Traconítide, Gadara, Galilea, Samaria, Perea, Judea e Idumea) y, quizá su mayor problema, gobernar a los judíos.

Las provincias de su reino se llenaban de fortalezas, templos a deidades, teatros, anfiteatros, hipódromos... Pero lo que a muchos encantaba, chirriaba a los judíos. Sabedor de que así ocurriría, Herodes pretendió desde el principio dominar la situación, combinando el control férreo con una política destinada a ganar adeptos. Para conseguir lo primero, el monarca redujo los poderes del Gran Sanedrín —asamblea de 71 miembros presidida por el sumo sacerdote, que siglo y medio antes había sustituido al Consejo de Ancianos—, relegándolo a un cuerpo decisorio en cuestiones sólo religiosas; en adelante, las medidas políticas serían tomadas por el propio rey y por un grupo de colaboradores nombrados «a dedo».

Pero el astuto Herodes comprendía también que un esfuerzo especial en Jerusalén, capital del judaísmo, podría atraerle el favor de bastantes judíos. De ahí su empeño en el que llegó a ser uno de los más grandes conjuntos edilicios de la Antigüedad: la renovación total del hasta entonces pequeño Templo de la ciudad. La nueva construcción, conocida en el presente como Templo de Herodes, exigió la previa ampliación de la explanada donde se levantó el enorme edificio, que fue rodeado de una muralla almenada. Pensado para que los sacerdotes se turnaran las 24 horas del día ofreciendo sacrificios a Yahvé, así como para acoger a los judíos de la región y a decenas de millares de peregrinos de la diáspora que acudían a Jerusalén en las festividades, el magnífico Templo tardó décadas en realizarse. En la actualidad, prohibidas desde hace siglo y medio las excavaciones en la explanada donde se alzó —por ser lugar sagrado para las tres religiones monoteístas— el Templo ha podido ser reconstruido virtualmente gracias al trabajo de arqueólogos y a las extensas descripciones que de él ofrece Flavio Josefo.

A pesar de la grandiosidad del Templo que se estaba construyendo, Herodes tenía difícil contentar a los judíos, a quienes no comprendía. También esas gentes resultaban peculiares a los no judíos de Israel, a los habitantes de los territorios colindantes y a todos los vecinos de las comunidades judías dispersas, con indepen-

Maqueta del Templo de Jerusalén, magna obra iniciada por orden de Herodes el Grande el 20 a. C. y terminada el 62 d. C., décadas después de morir su promotor (4 a. C.).

dencia de su grado de romanización. Esos monoteístas vivían de forma completamente distinta a sus coetáneos y su concepto de la existencia propia y ajena nada tenía que ver con las sociedades circundantes. Educados en su entorno familiar y en las sinagogas en una fe del todo extraña al politeísmo de los demás, los judíos constituían casi un mundo aparte, una cultura paralela, que ya habían demostrado estar dispuestos a defender.

La mayoría de los judíos de Israel, de lengua aramea (desde hacía siglos, el hebreo se reservaba al culto litúrgico), cumplía los preceptos religiosos básicos y llevaba por tanto cierta vida piadosa. Con más o menos presencia de Yahvé en su existencia y una formación religiosa superficial, el mayor afán diario del grueso de la población consistía en conseguir comida suficiente para poder volver a obtenerla al día siguiente. La jornada se resumía en aguantar a los romanos, pagar cuando tocaba y trabajar en el campo cercano, en sencillos oficios artesanales, en pequeños puestos de comercio o en alguna de las enormes construcciones del cruel Herodes. No había tiempo ni ganas para complejas disquisiciones teológicas.

Pero el judaísmo de entonces no era monolítico, porque durante el reinado de los asmoneos habían surgido grupos diferenciados por su forma de vivir o de concebir la religión: saduceos, fariseos, esenios y zelotes. Los primeros constituían la casta sacerdotal, gozaban de buena situación económica y su interpretación acomodaticia de la ley (*Torá*) llegaba hasta el extremo de negar la vida eterna para el alma humana. Enfrentados a los anteriores, los fariseos eran laicos, algunos de piedad sincera y otros muy rígidos y escrupulosos. Los piadosos y caritativos esenios aparecieron en el siglo II a. C., vivían el celibato, compartían sus bienes y destacaban por su formación religiosa. Los zelotes, surgidos de una escisión del fariseísmo, defendían la obediencia exclusiva a Dios, porque pensaban que acabaría instaurando un reino terrestre; su nacionalismo radical les impulsaba a enfrentarse continuamente a Roma.

Muerto en el 4 a. C. Herodes el Grande, su voluntad testamentaria se vio sólo ligeramente reformada por el emperador romano Augusto, interesado tanto en dividir el reino como en asegurar el control militar de cada zona. Varios hijos del fallecido heredaron el gobierno de los territorios: Herodes Antipas (4 a. C. - 39 d. C.), de carácter parecido a su padre, obtuvo Perea y la fértil Galilea; Filipo II (4 a. C. - 33/34 d. C.), pacífico y amante de grandes obras, recibió en herencia Gaulanítide, Auranítide, Batanea, Traconítide y el distrito de Panías, que a su muerte se agregaron a la provincia romana de Siria; y Judea, Idumea y Samaria quedaron sometidas al cruel Arquelao (4 a. C. - 6 d. C.), quien tras las quejas judías en Roma, pronto fue depuesto y enviado al exilio por el emperador.

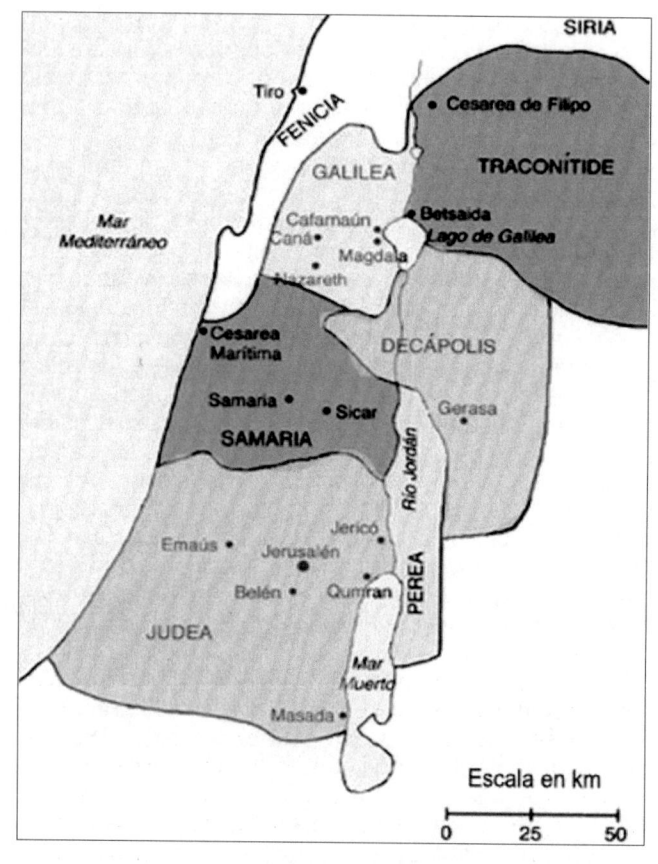

La muerte de Herodes el Grande el 4 a. C. conllevó un reparto de los territorios entre sus hijos que contó con la aquiescencia de Roma. Las quejas judías contra Arquelao condujeron a que el emperador Augusto ordenase incorporar a la provincia de Siria el territorio de Judea, gobernado primero por prefectos (6-41 d. C.) y, tras un breve período de sometimiento a Herodes Agripa I (41-44 d. C.), administrado por procuradores (44-70 d. C.). Uno de los prefectos fue Poncio Pilato (26-36 d. C.), que sentenció a Jesús a morir en la cruz.

Desde entonces, la situación de Judea cambió, incorporándose a la provincia romana de Siria (que elevó su rango a imperial). Judea pasó a ser gobernada por prefectos (6-41 d. C.) o por procuradores (44-70 d. C.) nombrados por Roma. Entre ambos períodos (41-44 d. C.), por deseo del emperador Claudio, Herodes Agripa I (nieto de Herodes el Grande), que gracias a Calígula gobernaba las antiguas posesiones de su difunto tío Filipo II, reinó también sobre Judea, Samaria e Idumea.

Jesús y sus primeros seguidores

En tiempos de Herodes el Grande nació Jesús de Nazaret. Signo de contradicción desde entonces, Jesús es según la fe cristiana el Hijo único de Dios hecho hombre, nacido por obra del Espíritu Santo de una virgen judía llamada María; además, es considerado uno de los más importantes profetas por los musulmanes, quienes le conocen con el nombre de Isa. Dada la enorme trascendencia histórica de Jesús, en un libro como este resulta imprescindible recordar, a grandes trazos, la vida del judío más célebre y mencionar algunas de sus consecuencias más duraderas.

La principal fuente para conocer a Jesús son los llamados cuatro Evangelios (en singular, término de origen griego que significa 'buena noticia'), que desde el principio la tradición cristiana atribuyó, respectivamente, a Mateo, Marcos, Lucas y Juan. Todos los evangelistas eran judíos a excepción de Lucas, que no fue testigo ocular de la predicación de Jesús y acompañó a Pablo de Tarso en varios viajes apostólicos. Mateo y Juan sí formaron parte del grupo de Doce Apóstoles escogidos por Jesús. Y aun sin pertenecer a ese grupo, también Marcos conoció directamente a Jesús, siendo años después colaborador en la tarea apostólica de Pedro y de Pablo.

En el siglo VI, el monje Dionisio el Exiguo puso fecha al nacimiento de Jesucristo, situándolo además como centro de la historia. Esta cronología sigue en vigor y es la más usada internacionalmente. Dionisio calculó que ese nacimiento tuvo lugar el año 753 de la fundación de Roma, señalando el 754 como el primero de la era cristiana. Pero hoy sabemos que el monje erró en sus cómputos y que deben restarse al menos seis años a esa fecha para situar cronológicamente el nacimiento de Jesús, que habría sido, por tanto, el 748 de la fundación de Roma. Como mucho, pueden calcularse dos años más (746 de Roma u 8 antes de la era cristiana), pues el evangelista Lucas afirma que Jesús tenía unos 30 años (quizá 32 ó 33) cuando comenzó su actividad pública, tras ser bautizado por Juan que, a su vez, empezó a bautizar el año decimoquinto del imperio de Tiberio César (780 ó 781 de Roma y 27-28 de la era cristiana).

Aunque nacido en Belén (Judea), Jesús pasó la mayor parte de su vida trabajando en Nazaret (Galilea). Su predicación y los hechos que narran los Evangelios tuvieron lugar por tanto, principalmente, en las regiones de Galilea y de Judea, en cuya capital, Jerusalén, murió. Durante la vida de Jesús fueron emperadores romanos Augusto (27 a. C. - 14 d. C.) y Tiberio (14-37 d. C.) y, tras morir Herodes el Grande, en Galilea ejerció el poder Herodes Antipas (4 a. C. - 39 d. C.), gobernando en Judea primero Arquelao (4 a. C. - 6 d. C.) y después los prefectos Coponio (6-9 d. C), Marco Ambivio (9-12 d. C.), Annio Rufo (12-15 d. C.), Valerio Grato (15-26 d. C.) y Poncio Pilato (26-36 d. C.).

Según la doctrina cristiana es imprescindible la fe para conocer a Jesús, cuya vida muestra esos conocidos misterios que relatan los Evangelios: encarnación del Hijo de Dios en María, una virgen judía que acepta libremente el designio divino; infancia (Navidad o nacimiento y manifestación a las gentes sencillas de Israel, Epifanía o manifestación de Jesús a los gentiles como Mesías de Israel y salvador del mundo, presentación del pequeño en el Templo de Jerusalén, huida a Egipto y matanza de los inocentes); vida oculta en Nazaret (existencia ordinaria con su familia y décadas de trabajo y, entre esos años, pérdida y hallazgo del niño en el Templo); vida pública (bautismo en el Jordán, tentaciones en el desierto, predicación, milagros, llamamiento de los discípulos); y Pascua (Pasión, Muerte, Resurrección y Ascensión a los cielos).

Los Evangelios afirman que Jesús fue consciente de que su Padre Dios quería que sufriera para redimir del pecado a los seres humanos. Varias veces expresó esa misteriosa necesidad de padecer. Jesús, que exhortaba con frecuencia a tratar a Dios con sinceridad y sencillez, proclamaba la preeminencia de amar a Dios con todo el ser y a los demás como a uno mismo. Este mensaje exacerbó a los fariseos, ahogados en un ritualismo que Jesús tachó de hipócrita. La progresiva oposición entre una y otra concepción de la religión, la envidia de los enemigos de Jesús ante su creciente número de seguidores, el recelo que provocaban sus milagros y, especialmente, el rechazo a su vida y a su doctrina por buena parte de los fariseos, los escribas, los príncipes de los sacerdotes y los ancianos del pueblo, llevaron a Jesús al sufrimiento extremo y a la muerte.

Los Evangelios muestran a un Jesús muy tranquilo durante su Pasión, a pesar del frenético ritmo de los acontecimientos que fueron sucediéndose y que tuvo que sufrir: traición de Judas, última cena con los discípulos y conversión del pan en su cuerpo y del vino en su sangre, hematidrosis (sudor de sangre) en el huerto de Getsemaní, conducción de noche a casa de Anás (sumo sacerdote anterior) y después ante un grupo del Sanedrín reunido en casa de Caifás (sumo sacerdote ese año), quien le interroga y condena a muerte por blasfemia (hacerse *Hijo de Dios*), ultrajes

La crucifixión de Doménikos Theotokópoulos, El Greco (1597-1600), Museo Nacional del Prado, Madrid. Al realizar esta obra maestra el célebre pintor se inspiró, entre otros, en los versículos 16 al 22 del capítulo 19 del Evangelio de San Juan.

(escupitajos, bofetadas, burlas), negaciones del apóstol Pedro, nuevo consejo del Sanedrín, de mañana, y decisión de llevar al reo ante la autoridad competente para decidir y ejecutar sentencias de muerte, remordimientos y suicidio de Judas.

El proceso civil de Jesús se realiza ante el prefecto romano, Poncio Pilato, quien trata de eludir el asunto enviando al preso a Herodes Antipas, por entonces en Jerusalén. A continuación se producen los ultrajes de Herodes Antipas y la devolución de Jesús a Pilato. Seguidamente, los hechos prosiguen su imparable desarrollo. El prefecto ofrece indultarle pero la muchedumbre, soliviantada por los príncipes de los sacerdotes, elige liberar al preso Barrabás y matar a Jesús: flagelación, coronación de espinas, nuevas burlas y presentación al gentío que exige crucificarle. Pilato intenta soltar a Jesús, pero la multitud, instigada de nuevo por los principales sacerdotes, insiste en que le condenen. Pilato se lava las manos pretendiendo justificar su cesión y entrega a Jesús para que sea crucificado. Jesús carga con la cruz camino del Gólgota, a las afueras de Jerusalén; el inculpado es despojado de sus vestiduras y le someten a la crucifixión. Sobre la cruz, un letrero ordenado por Pilato muestra en hebreo, latín y griego el título de la condena («Jesús de Nazaret, rey de los judíos»). Una de las veces que habla desde la cruz, Jesús pide a su Padre que perdone a quienes le hacen sufrir; el condenado prueba el vinagre que le ofrecen y tras decir: «Padre, en tus manos encomiendo mi espíritu», da una fuerte voz y muere. Se oscurece el sol y se rasga por medio el velo del Templo de Jerusalén. Un soldado traspasa con una lanza el costado del crucificado, brotando al instante sangre y agua. Después, Jesús es envuelto en una sábana y puesto en un sepulcro nuevo excavado en roca, que se cierra con una piedra. Pilato acepta custodiar el sepulcro con guardias durante unos días, presionado por los príncipes de los sacerdotes y los fariseos, que sellan la entrada al mismo.

Los Evangelios ofrecen informaciones adicionales sobre lo que pasó después. En resumen, se afirma claramente la Resurrección de Jesús, la manifestación de su divinidad, con pruebas como el hallazgo de su sepulcro vacío y, sobre todo, sus repetidas apariciones, en las que es reconocido por distintas personas (mujeres, Apóstoles, otros discípulos). Importantes en sí mismas, algunas de estas apariciones tienen extraordinaria trascendencia para el cristianismo: Jesús otorga a Pedro el primado sobre los demás Apóstoles (preeminencia del papa sobre los obispos), confiere a los Apóstoles el poder de bautizar (institución del bautismo) y de perdonar los pecados (sacramento de la penitencia) y les encarga extender sus enseñanzas por todo el mundo (misión apostólica universal y, por tanto, fin de la predicación exclusiva al pueblo judío). Finalmente, tras prometer su compañía hasta el fin del mundo, Jesús ascendió al cielo.

Las consecuencias de estos hechos y de los que siguieron después fueron sorprendentes. Por amor y obediencia a Jesús, un pequeño grupo de judíos comenzó a vivir y a transmitir sus enseñanzas, de tanta influencia posterior. La principal fuente para conocer los primeros tiempos de la incipiente iglesia (del griego *ekklēsía*, 'asamblea') cristiana es el libro de los Hechos de los Apóstoles, atribuido al evangelista Lucas y fechado en los años ochenta del siglo I de nuestra era. Tras el prólogo que describe la Ascensión de Jesús, su contenido puede dividirse en dos partes. La primera —capítulos 1 al 12— narra los comienzos de la comunidad cristiana: Pentecostés, proselitismo de Pedro en Jerusalén, primeras conversiones, modo de vida, incomprensiones iniciales y expansión desde Jerusalén a otras ciudades de Judea y de Samaria. La segunda parte —capítulos 13 al 28— relata principalmente las incidencias del apóstol Pablo en los viajes que, para difundir el cristianismo, emprendió por el Mediterráneo oriental hasta llegar a Roma.

El mensaje de Jesús fue extendiéndose por todos los rincones del Imperio romano, explicándose tanto entre judíos (incluyendo al Sanedrín) como entre gentiles (también en foros culturales como el Areópago de Atenas). A la predicación seguía el bautismo de quienes se convertían, organizándose después comunidades integradas por cristianos procedentes indistintamente del judaísmo y de la gentilidad. La ordenación de presbíteros se realizaba mediante la imposición de las manos de los Apóstoles.

El año 49 tuvo lugar en Jerusalén una reunión que, por analogía con otras posteriores, se considera el primer concilio eclesiástico. Aunque en ella los Apóstoles proclamaron la independencia de la Iglesia respecto de la Sinagoga, no faltaron después presiones de algunos judeocristianos para que los gentiles bautizados cumplieran preceptos judíos. Pero los mayores problemas de los comienzos de la Iglesia fueron causados por las autoridades judías y, especialmente, por numerosos emperadores romanos entre los siglos I y principios del IV (entre otros Nerón, Domiciano, Trajano, Marco Aurelio, Septimio Severo, Maximino el Tracio, Decio, Valeriano, Aureliano y Diocleciano). Cada vez más procedentes de la gentilidad que del judaísmo, muchos primeros cristianos —bastantes canonizados por la Iglesia— pagaron la fidelidad a su religión con el martirio: lanzarlos a las fieras fue, por ejemplo, uno de los espectáculos romanos más populares.

Sin embargo, las persecuciones no frenaron la expansión del cristianismo, que progresivamente fue calando en la población romanizada durante esas primeras centurias de la vida de la Iglesia. El llamado Edicto de Milán, del año 313, proclamado por el que más tarde acabaría por convertirse en el primer emperador

Relieve del arco erigido en honor a Tito el 81 d. C., quien participó, con su padre Vespasiano, en la Primera Guerra Judeo-Romana y dirigió el asedio a Jerusalén. Tras arrasar la ciudad y destruir su Templo, los romanos se hicieron con un cuantioso botín, parte del cual se representa en el relieve.

romano convertido al cristianismo, Constantino I el Grande, y por Licinio (por entonces emperadores romanos de Occidente y Oriente, respectivamente) facilitó la ya consolidada cristianización, al reconocer la libertad religiosa entre los súbditos imperiales. Quizá la mejor prueba de ello se produjo en el 391, cuando el emperador Teodosio I declaró al cristianismo religión oficial del imperio. A esas alturas, la Iglesia ejercía ya una influencia espiritual decisiva en muchos miembros de todas las capas de aquella sociedad.

Tras luchar contra Roma

Trasladémonos ahora casi a mediados del siglo I de la era cristiana, y recordemos la situación de los judíos. Muerto en el año 44 Agripa I, nieto de Herodes el Grande, los romanos ampliaron su dominio directo en tierras de Israel y en zonas colindantes: Judea, Idumea y Samaria volvieron a depender de un funcionario imperial, que extendió sus poderes a Galilea y Perea. Numéricamente menores, otras comunidades judías se concentraban en núcleos urbanos de provincias del imperio como Egipto (Alejandría), Siria (Antioquía) y Cirene (con capital del mismo nombre), así como en Asia Menor (Mileto, Éfeso), en Grecia (Atenas, Corinto, Tesalónica, Filipo) y hasta en la propia Roma. Fuera ya de los dominios de esta, grupos judíos habitaban también en tierras mesopotámicas.

Una serie de conflictos en Alejandría agudizó la animadversión hacia los judíos en los emperadores Calígula (37-41), Claudio (41-54) y especialmente Nerón (54-68), bajo cuyo mandato estalló, en el año 66, una rebelión de judíos alejandrinos reprimida con miles de asesinatos. También en Judea y en Galilea la situación se hizo más tensa. Si las concesiones de Roma jamás habían satisfecho a un pueblo tan celoso de su independencia como comprometido con su monoteísmo, los continuos abusos de los representantes romanos provocaron el aumento de los zelotes. Cuando el procurador Gesio Floro recurrió a la violencia tras serle denegado el dinero del Templo que había solicitado, estalló una sublevación popular que acabó convirtiéndose en una guerra contra Roma. Desde Jerusalén, el conflicto pronto se extendió al resto de Judea y a otras zonas entre los años 66 y 74.

En Roma, el poder cambió de manos en poco tiempo: a la muerte de Nerón siguió el rápido asesinato de Galba y de Vitelio. Finalmente Vespasiano, que en

Los habitantes del conjunto fortificado de Masada, situado en la cumbre de una montaña del desierto de Judea, prefirieron asesinarse unos a otros (evitando así el suicidio, prohibido por el judaísmo) antes de caer en poder de los romanos en el año 74. Para entonces, en la diáspora se encontraba la comunidad judía más numerosa.

Egipto había sido proclamado emperador meses antes de morir Vitelio, en diciembre del 69, consiguió en Roma el triunfo de su causa. El nuevo gobernante delegó el arreglo del problema judío en su hijo Tito, que entró en Jerusalén en el verano del 70. Del Templo, incendiado por los legionarios romanos, sólo quedó el

Muro Occidental (también llamado *Muro de los Lamentos* o *de las Lamentaciones*) que hoy sigue en pie. La ciudad fue arrasada, millares de judíos masacrados y cerca de cien mil apresados para ser esclavizados o morir en los sangrientos espectáculos romanos. Otros muchos fueron dispersados. La fortaleza de Masada, último reducto de la resistencia, cayó en el 74. La gran victoria de Tito se conmemoró levantando a la entrada del foro romano un arco de triunfo, cuyo intradós muestra todavía un relieve que representa el traslado de la Menorá o Candelabro de los siete brazos desde Jerusalén a Roma. Aún en auge, el imperio proclamaba a su modo que no estaba dispuesto a admitir oposición alguna. Tampoco de los judíos.

Las represalias por la insurrección se extendieron a todas las comunidades judías del imperio, al implantarse por orden de Vespasiano el *fiscus iudaicus* ('impuesto judío'), que desde el 70 siguió aplicándose hasta el 236. Por decisión del emperador, el donativo voluntario (2 dracmas anuales) antes destinado al Templo de Jerusalén se convirtió en tributo obligatorio para el templo de Júpiter Capitolino. Verse forzados a sostener lo que para un observante de la Ley mosaica sería el sacrílego culto de uno de los inventados fantoches del absurdo sistema de creencias de los crueles romanos... ¡qué humillación para los judíos!.

Al menos, Vespasiano y sus sucesores siguieron permitiendo la «peculiaridad» religiosa judía y su rechazo al culto oficial. También reconocieron a la comunidad que permaneció en Israel, dirigida espiritualmente por un Sanedrín —muy distinto del anterior— presidido por el *nasi*, al que los romanos llamaron *patriarca*. Quienes detentaban este cargo se atribuyeron la máxima autoridad religiosa sobre todos los judíos, incluyendo a los de la diáspora (excepto sobre la comunidad mesopotámica, donde esa función era ejercida por el *exilarca*, título que recibía el dirigente laico de los judíos residentes en el Imperio

El Coliseo, anfiteatro con capacidad para 50.000 espectadores, construido en Roma (entre los años 70 y 72 hasta el 80) por orden del emperador Vespasiano. Una inscripción de la época hallada en el lugar ha llevado a algunos autores a afirmar que el Coliseo se sufragó con el tesoro robado por los romanos tras acabar con la rebelión de los judíos del año 70.

persa gobernado por la dinastía sasánida). Mientras duraron, estos patriarcas fueron un factor de unidad entre los judíos.

Pero el judaísmo acababa de recibir un gran golpe y resulta aventurado asegurar que esa religión mantuvo todo lo que hasta entonces se había considerado esencial. Destruido el Templo de Jerusalén y transformado el Sanedrín, cambió la relación pública entre el pueblo y Yahvé. Desapareció el culto sacrificial y con ello el sacerdocio, al igual que el partido político-religioso de los saduceos. Jerusalén se convirtió en anhelo espiritual y, como en la diáspora, la práctica religiosa comenzó a centralizarse en sinagogas. Los maestros de Israel se

Durante la represión contra los judíos en el año 70, los romanos destruyeron el Templo de Jerusalén. De este sólo quedó un muro, que el vencedor Tito quiso dejar para recordar su triunfo. Considerado por muchos judíos el cumplimiento de una promesa divina de mantener parte del Templo para recordar la Alianza, el Muro Occidental del Templo o Muro de las Lamentaciones ha sido testigo desde entonces de millones de plegarias.

dispersaron y, en las nuevas sinagogas, el hebreo de los textos bíblicos empezó a traducirse a la lengua vernácula de cada comunidad judía. Como los contenidos se parafraseaban, porque el intérprete añadía su propia exégesis, cabía el grave peligro de corromper la tradición y de cambiar el sentido original de las Escrituras. ¿Iba a alterarse el significado de la Alianza con Yahvé?

Al menos, tal contingencia se había previsto y, antes del sitio de Jerusalén del año 66, un grupo de sabios (*tannaim*) se refugió en la cercana población de Yabne. Los allí reunidos (entre ellos Akiva ben Iosef, gran conocedor de la tradición judía) asumieron la doble función de tribunal —sin poderes políticos— y de escuela de maestros (*rabíes* o, como se dirá desde la Edad Media, *rabinos*) en el estudio y exégesis de la Ley (*Torá*). Al continuar en Yabne este consejo-academia (70-132), el judaísmo consiguió adaptarse a las circunstancias que surgieron tras la destrucción del Templo.

Explicar y comentar los textos sagrados se convirtió en la gran tarea de los rabinos, como décadas antes había preconizado el maestro Hillel, fundador de una escuela de exégesis flexible de las Escrituras. Ya sin sacrificios ni sacerdocio, en Yabne se consolidó la primacía del judaísmo rabínico y, por tanto, la preeminencia de la Ley, de su enseñanza y de su interpretación; los cristianos, sin embargo, se centraron en el sacrificio de la Eucaristía para identificarse con Jesucristo sacerdote. En Yabne se regularon también las relaciones con los judíos bautizados: considerados apóstatas, sobre ellos recayeron unas duras palabras que, al tener que recitarse como bendición, ayudaban a identificar a los desertores del judaísmo que aún no habían abandonado la sinagoga. Conforme pasaba el tiempo, las dos religiones monoteístas se distanciaban en temas fundamentales cada vez más.

La mayoría de los rabíes de Yabne murieron combatiendo contra los romanos durante el levantamiento de Simón Bar Kojba, que tuvo lugar desde el 132 hasta el 135, o en las duras persecuciones posteriores. Ese fallido intento de recuperar la independencia de Judea, apoyado por muchos de la diáspora, costó la vida a decenas de miles de judíos y causó grandes bajas a los romanos. Exasperado, el emperador Adriano vertió su odio en crueles represalias. Aldeas enteras de Judea fueron arrasadas. Y excepto un día al año para llorar las penas ante el solitario muro del derruido Templo, se prohibió a los judíos entrar en Jerusalén, que cambió su nombre por *Aelia Capitolina*; la ciudad

Las afrentas de los romanos provocaron, en el año 132, una nueva sublevación judía contra el imperio, dirigida por Simón Bar Kojba. Se acuñaron entonces monedas como esta, cuyo anverso representa una hoja de viña con la inscripción «Año dos de la libertad de Israel». Tal situación sólo duró un año más.

pronto se pobló con soldados retirados y con extranjeros que erigieron construcciones romanas, incluyendo templos y estatuas de dioses. Algo parecido ocurrió en toda la región: Judea pasó a llamarse *Syria Palaestina* en recuerdo de los filisteos (*philistia*), pueblo desaparecido siglos atrás. Con el tiempo, esta denominación se generalizó entre la población no judía para designar al territorio (sobre todo desde que en el año 358 el Imperio romano oriental creó la provincia *Palestina Tertia*), hasta que casi un milenio más tarde la fundación de un Estado judío, en 1948, hizo conveniente diferenciar *Israel* de *Palestina*.

Tras la represión de Adriano, casi todos los judíos se sumaron a la diáspora. Desde entonces, y durante muchas centurias, poder regresar al hogar Israel se convirtió en ardiente deseo. Con familiares y amigos asesinados, huyendo de la tortura y de la ruina y buscando un lugar donde ganarse la vida, millares de judíos partieron de Israel en los años 30 y 40 del siglo II.

Los menos arriesgados se dirigieron a Siria y a Asia Menor, cuyas comunidades judías aumentaron espectacularmente; pero otros eligieron zonas con poca o ninguna población judía, como los asentados en barrios nuevos de ciudades de las provincias romanas de *Africa Proconsularis*, *Numidia* y *Mauretania* (actuales Túnez, Argelia y Marruecos).

Esta extensa dispersión facilitó la dedicación al comercio de más judíos, que aprovecharon sus contactos para crear amplias redes de intercambio. A la vez, la separación intensificó las diferencias entre las comunidades, amenazando de nuevo el peligro de perder la identidad común. El riesgo pudo evitarse gracias a la eficacia del principal vínculo de unión, la Alianza con Yahvé. Muy pronto, además, el judaísmo se vio reforzado como consecuencia del trabajo de los sabios que continuaron en Galilea la labor iniciada en Yabne.

Judas ha Nassi, el más importante de estos maestros, dirigió la creación de la *Misná* ('repetición'), es decir, la compilación definitiva de la instrucción oral del judaísmo (*Halajá*) existente hasta entonces. Escrita en hebreo a finales del siglo II y principios del III y dividida en seis órdenes temáticos, la *Misná* reunió la profundización de los sabios judíos en la riqueza de la *Torá*. Según las autoridades religiosas judías, el verdadero sentido de la antiquísima ley escrita —fuente primaria— y su correcta aplicación en circunstancias cambiantes, sólo podía encontrarse en las explicaciones orales dadas durante siglos por los maestros que conocían la historia del pueblo, sabían la Ley y procuraban vivirla. Aun siendo más que probable que no todos los maestros cumplieran tales condiciones, redactar y ordenar esa tradición se juzgó imprescindible. De hecho, resultó un acierto. La *Misná*, completada con un apéndice (*Tosefta*) y varias colecciones de comentarios textuales (*Baraitot*), preservó para la posteridad la enseñanza religiosa oral que había perdurado y facilitó su fiel difusión entre las comunidades de la diáspora, que de inmediato la aceptaron gracias al prestigio moral de sus redactores, los *tanaítas* ('estudiosos').

No tardó en comprobarse una vez más que el judaísmo, falto de templo y de sacerdotes, se aferraba a cuanta riqueza pudiera extraer de la Palabra de Yahvé (incompleta y en parte equivocadamente interpretada según los cristianos, por rechazar el Nuevo Testamento). Prueba de la importancia que había alcanzado ya la exégesis en el judaísmo es que el método rabínico —profundizar en la Biblia y aplicar la Ley a situaciones cambiantes— pronto se empleó también con la *Misná*: surgió así un complemento (*Guemará*) formado por escritos que aclaraban el sentido de las compilaciones y añadían interpretaciones, además de aportar nuevas enseñanzas. Pues bien, a la unión de ambos trabajos (*Misná* y *Guemará*) se denominó *Talmud* ('enseñanza').

Como la labor de exégesis fue realizada por grupos de *amoraítas* ('intérpretes') en dos períodos y lugares distintos, existen dos «Talmudes». El *Talmud de Jerusalén*, escrito en arameo, se completó hacia el 395 tras siglo y medio de trabajo de *amoraítas* residentes en localidades de Israel (Cesárea, Tiberíades y Séforis). El *Talmud de Babilonia*, más extenso e importante que el anterior, a pesar de llegarnos incompleto, fue iniciado en la ciudad de Sura por Ashi, un gran maestro de la tradición judía, y acabado el año 500, muerto ya Rabina, otro gran conocedor de la enseñanza oral judía. En esta obra fundamental del judaísmo también participaron maestros de las academias establecidas en las ciudades babilónicas de Nehardea y Pumbedita. A pesar del dominio persa de Mesopotamia desde la tercera década del siglo III hasta el VII, el *Talmud de Babilonia* fue posible porque los judíos disfrutaron allí de una relativa paz hasta el siglo V, cuando tuvieron lugar las presiones de los reyes Jesdegerd II (438-457) y Peroz I (459-484), influidos por los fanáticos jerarcas del culto fundado por Zaratustra (el mazdeísmo). Será el momento elegido por bastantes judíos para marcharse a Arabia, optando otros por un camino que acabó en la India.

¿Qué había ocurrido entre tanto con las comunidades dependientes de Roma? Tras las duras décadas que siguieron a la represión de Adriano (117-138), un decreto de Caracalla del año 212 mejoró la situación, al otorgar a todos los habitantes del imperio la ciudadanía romana. Los emperadores Decio (249-251), Valeriano (253-260) y Diocleciano (284-305) prolongaron esa relativa tolerancia con el judaísmo. Constantino (306-337) firmó el ya mencionado Edicto de Milán del 313, por el que reconoció la libertad religiosa de todos los ciudadanos. Respirando por fin tranquila, la Iglesia siguió empeñándose en precisar su doctrina y, al igual que las autoridades judías, se esforzó por evitar confusión y relación —señal de que existía— entre los fieles de ambas religiones. Una muestra de la creciente influencia eclesiástica es que Jerusalén, abandonado ya su nombre pagano, pronto se llenó de edificios cristianos.

Bajo Constancio II (337-361) las leyes antijudías se hicieron frecuentes y, aunque el emperador Juliano II (361-363) se ensañó con los cristianos y restituyó los derechos de los judíos, la situación de estos volvió a empeorar con Teodosio (379-395), que como sabemos hizo del cristianismo en el 391 la religión oficial del Estado. Décadas después de este acontecimiento de tanto alcance histórico, sucedieron otros menos relevantes pero muy significativos: en el 425 el emperador Teodosio II ordenó ejecutar al *nasi* Gamaliel VI, suprimiendo posteriormente el maltratado patriarcado judío; la Iglesia, por su parte, llevaba más de un siglo creando sus propios patriarcados en las diócesis u obispados fundados por los Apóstoles; por eso, el Concilio de Calcedonia del año 451 decidió elevar a Patriarcado la diócesis de Jerusalén, fundada por el Apóstol Santiago el Menor y considerada sede de especial relevancia para el cristianismo. Para entonces, pocos recuerdos de la presencia judía quedaban en Jerusalén, convertida ya en una urbe cristiana.

3

Los judíos en la Edad Media: mundo islámico, Ashkenaz y Sefarad (s. V - s. XV)

Visión general

A la muerte del emperador Teodosio en el 395, el ya decadente Imperio romano se dividió entre sus hijos Arcadio y Honorio, que heredaron la parte oriental y la occidental respectivamente. La historia posterior de estos territorios fue muy distinta: mientras el Imperio romano oriental o Imperio bizantino, con capital en Constantinopla, persistió hasta su conquista total por los turcos otomanos en 1453, el Imperio romano occidental, con capital en la ciudad italiana de Rávena desde el 404, se extinguió definitivamente el 476 al ser depuesto el emperador Rómulo Augústulo.

Mucho tiempo después, el alemán Cristóbal Cellarius (1638-1707) dividió la historia para su estudio en las edades Antigua, Media y Moderna. Tras ampliarse con nuevas etapas, perdura el consenso académico para usar esta periodización, a pesar de las críticas que ha recibido (entre otras, ser aplicable sólo a Europa occidental). Siguiendo este criterio hay, pues, una Edad

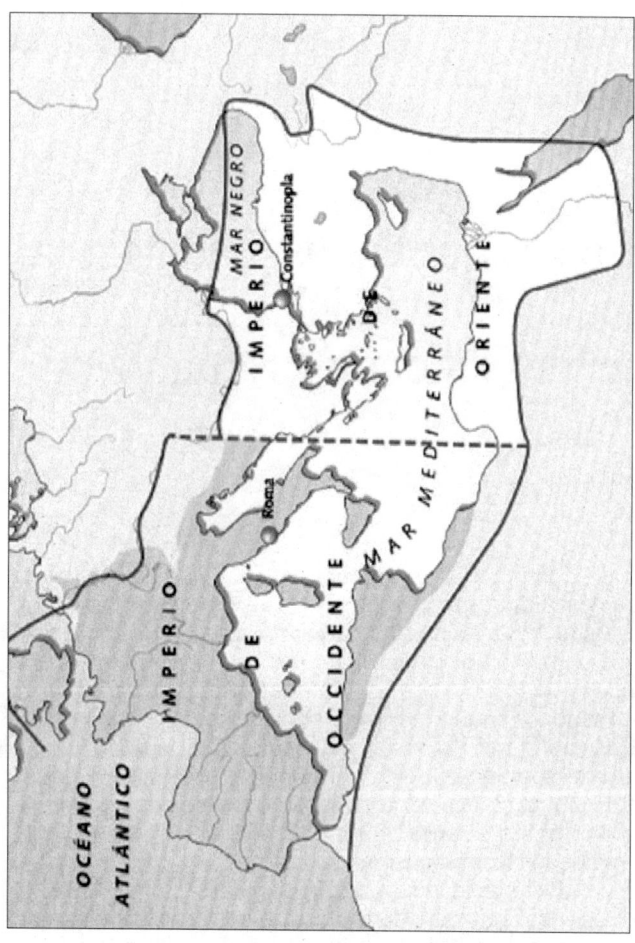

Las dos partes en que se dividió el Imperio romano en el 395 caminaron por rumbos distintos. La diáspora judía, asentada en ambas zonas, tuvo que aguantar en Occidente las consecuencias de la inestabilidad política y en Oriente la marginación jurídica.

Media (siglos V al XV), que convencionalmente comienza con la caída del Imperio romano occidental, el año 476, y acaba con la desaparición del Imperio bizantino en 1453 o con la llegada de Colón a América en 1492.

También es posible reconocer, a grandes rasgos, la existencia de una Edad Media judía. En los años veinte del siglo pasado, el historiador judío bielorruso Simón Dubnow acertó al encontrar dos significativas fechas en la historia del pueblo judío coincidentes con el inicio y el fin convencional de la Edad Media: por una parte, la conclusión del *Talmud de Babilonia* (500) y por otra, la expulsión de los judíos de España (1492). Además, Dubnow dividió ese milenio del Medievo en dos períodos: en el primero (ss. VI-X) la mayoría del pueblo judío vivió en Oriente (Babilonia, Persia, Arabia, Siria, Palestina y Egipto) y una minoría en Occidente (Península Italica, Imperio bizantino, Península Ibérica, Francia, Alemania, Rusia). En el siguiente período (ss. XI-XV) ocurrió al revés: la mayor parte de los judíos vivían en ese Occidente antes mencionado y en tierras orientales sólo residió una minoría. Algunos historiadores han elegido otros acontecimientos y una cronología diferente al fijar la Edad Media judía, que no pocos niegan. Sin embargo, pensamos que ayuda a comprender la historia judía que en parte coincida con la periodización occidental.

Un itinerario temporal que, atendiendo a la diáspora más numerosa, comienza en el siglo V con una todavía bien asentada comunidad judía en Persia, aunque debilitada por las migraciones a la Península Arábiga e incluso a la India, debido a la perversa influencia de los magos mazdeístas sobre los monarcas persas. Sin embargo, la conquista por los musulmanes de Persia y de tantos otros territorios durante el siglo VII contribuyó a dispersar a muchos judíos por toda la civilización islámica, que los toleraba. Gracias a ello, numerosas familias judías llegaron a al-Ándalus. También las rutas marítimas mediterráneas y el Imperio bizantino constituyeron vías de acceso a Europa, que contaba ya con comunidades fundadas durante el esplendor imperial romano.

En Ashkenaz (originalmente el norte de Francia y Alemania occidental y después también Polonia-Lituania) y en Sefarad (la Península Ibérica) nacieron y se consolidaron dos culturas judías fundamentales, que experimentaron distintos vaivenes. Siguiendo al ya citado Simón Dubnow, en la historia medieval de los judíos europeos pueden distinguirse dos etapas: una primera de relativa tranquilidad y otra de persecuciones y expulsiones. Según el mismo historiador, las Cruzadas, iniciadas en el 1096, constituyen un hito de importancia suficiente para delimitar —siempre sin rigideces, añadimos nosotros— ambos períodos.

Una nueva situación

La desintegración del Imperio romano de occidente en el siglo v tuvo como consecuencia la fragmentación de Europa en nuevos Estados, gobernados por pueblos germánicos que tiempo atrás habían penetrado en el territorio imperial acosados por el avance de los hunos, confederación de tribus de origen euroasiático. La ruptura de la unidad política romana constituye una novedad, que debe conocerse para comprender la historia de los judíos en las siguientes centurias.

A comienzos del siglo vi la cuenca del Mediterráneo y los territorios colindantes eran un hervidero de naciones, donde unos grupos étnicos luchaban por sobrevivir y otros pretendían seguir expandiéndose. En las primeras décadas de la sexta centuria, las comunidades judías se extendían fundamentalmente por la cuenca mediterránea, aunque su distribución era heterogénea, existiendo zonas —como el

Imperio bizantino— donde su presencia alcanzaba cierta entidad. Más tarde, la población judía llegó a ser destacada en los territorios islamizados y en los reinos germánicos de Europa occidental, que recibieron inmigrantes judíos durante los siglos VI, VII y VIII.

Justiniano, emperador bizantino desde el 527 hasta su muerte, el 565, fue el gobernante más influyente de su época y un hábil político. Sin embargo, sus decisiones en relación con los judíos sólo pueden juzgarse negativamente: como hicieron algunos de sus predecesores en el Imperio romano, volvió a poner en vigor normas discriminatorias (obligación de formar parte de los consejos ciudadanos sin las ventajas inherentes a esos cargos) y se inmiscuyó en cuestiones religiosas (prohibición de recitar ciertas oraciones y de enseñar doctrina no contenida en la Biblia, como el *Talmud*). Además, la orden imperial de compilar las leyes romanas tuvo un efecto muy pernicioso para los judíos, ya que esa legislación —que tanto influyó en los estados europeos desde el siglo VI al XIX— incluía normas cuya aplicación posterior convirtió a los judíos en ciudadanos de segunda categoría.

Los judíos que vivían en Siria y en Palestina, integradas entonces en el Imperio bizantino, experimentaron esta animadversión con especial intensidad y, por ello, trataban de sublevarse con frecuencia. Así, en el 614 ayudaron a los persas a dominar Palestina, aunque en el 628 el emperador Heraclio la reconquistó. Sin embargo, poco duró esta hegemonía: desde Arabia, huestes de musulmanes enfervorizados tomaron Siria (Damasco en el 635) y Palestina (Jerusalén en el 638). Para evitar que eso ocurriera nada hicieron los judíos de esas zonas, hartos de los bizantinos a más no poder.

Al menos, un hombre importante contribuyó a contrarrestar la perniciosa influencia de las leyes aprobadas en Bizancio. El papa Gregorio I (590-604), sin dejar de considerar el judaísmo una perfidia, tenía el

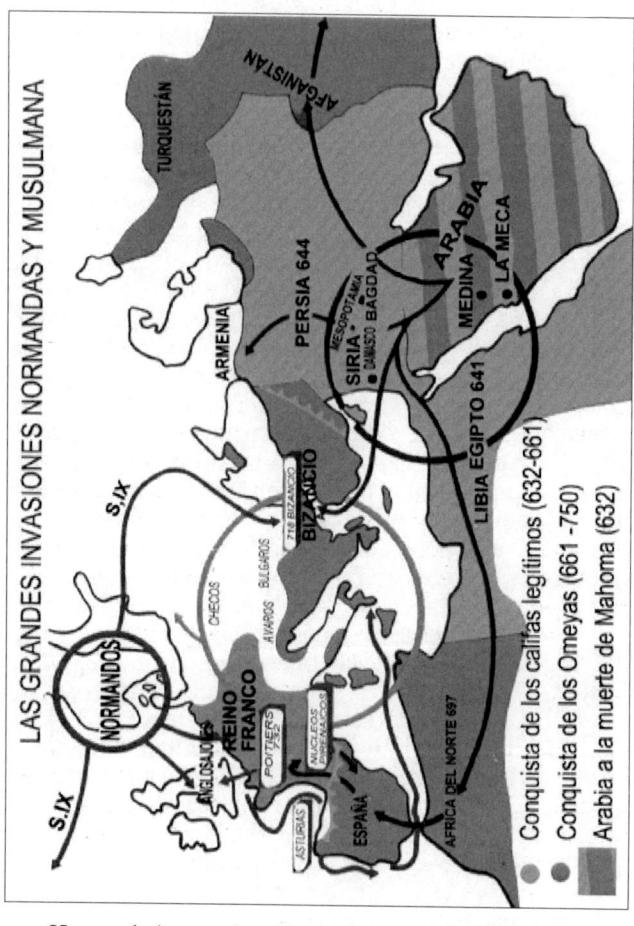

Hartos de la marginación a la que les sometieron los bizantinos, los judíos de Oriente Próximo pusieron sus esperanzas en la expansión musulmana. Algo parecido sucedió en la Península Ibérica, donde los judíos padecían las persecuciones de los visigodos.

convencimiento de que, con medios pacíficos, el pueblo judío acabaría convirtiéndose al cristianismo. Por eso, el pontífice ordenó a los obispos proteger en sus respectivas demarcaciones la presencia de los judíos y respetar sus derechos para que pudieran vivir según sus costumbres, elegir la religión que desearan —ya que el bautismo de adultos requiere la libre aceptación para su validez— y seguir practicando su fe en las sinagogas. Estas prescripciones permanecieron vigentes hasta el IV Concilio de Letrán (1215).

Los deseos de Gregorio I y de sus sucesores establecieron unas pautas de comportamiento, aunque con frecuencia fueron marginadas por algunos obispos y reyes cristianos. Lo ocurrido en los reinos germánicos (visigodo, franco, burgundio y lombardo) de Europa occidental es una buena prueba de ello. Especialmente intensas fueron las persecuciones a los judíos en la España visigoda, tras convertirse al catolicismo el rey Recaredo en el año 589. Esta situación, apoyada por sucesivos concilios toledanos, continuó con los monarcas posteriores, empeñados en aumentar el número de cristianos mediante una política de conversiones forzosas que alcanzó su punto álgido durante el período 649-711. Este último año, los musulmanes entraron en la Península Ibérica. Se creó así una situación análoga a la que décadas antes se dio en los dominios bizantinos de Siria y Palestina y la reacción fue similar: desesperados con los visigodos, muchos judíos hispanos decidieron colaborar con esos combatientes enfervorizados que, desde África, cruzaban el estrecho de Gibraltar para ampliar sus territorios.

Mundo islámico: tolerancia y represión

La vida de Mahoma (570-632) transcurrió en Arabia donde gracias a sus contactos con tribus judías y con cristianos, conoció la Biblia, el *Talmud* y los principios fundamentales del monoteísmo. Según afirmaría él mismo, a los cuarenta años tuvo una visión en la que el arcángel Gabriel le anunció, entre otras revelaciones, que había sido elegido profeta de Dios (Alá). El contenido y la predicación de este mensaje llevaron a Mahoma a fundar una nueva religión, basada en una profesión de fe —«sólo hay un Dios y Mahoma es su profeta»— y en someterse con humildad a la voluntad de Alá.

La mayoría de los judíos que vivían en Arabia rechazaron el credo de Mahoma, que respondió atacándoles y forzando a muchos a huir a otras tierras. El libro de Al-Bujari, compilador musulmán del siglo IX, cuenta que Zaynab, una de las mujeres judías que Mahoma tomó prisioneras, decidió vengarse de él sirviéndole carne envenenada, pero un allegado del profeta murió tras probarla y Mahoma escupió de inmediato el veneno, aunque padeció sus efectos hasta su muerte. Parece que tanto este incidente como el rechazo de las tribus judías a Mahoma explican la abundancia de pasajes hostiles a los judíos en el Corán, libro sagrado de los musulmanes. De todos modos, la defensa a ultranza del monoteísmo aunó a judíos y a cristianos en un grupo específico, las *gentes del Libro*, merecedoras según los musulmanes de un trato distinto al de los idólatras. Pasados, pues, los primeros años de sufrimiento, los judíos establecidos en tierras islámicas gozaron durante siglos de tranquilidad suficiente para poder vivir.

El aumento del número de creyentes musulmanes y su expansión territorial fueron espectaculares. Como ya indicamos, durante la primera mitad del siglo VII los seguidores de Mahoma asestaron un duro golpe al Imperio bizantino, al que las tropas del califa Omar (634-644) arrebataron Siria en el 635, Palestina tres años después y Egipto en el 642. Jerusalén se convirtió de inmediato en ciudad santa también para los musulmanes, que construyeron en ella la Cúpula de la Roca y la mezquita de Aqsa. Al oriente, el califa Omar alcanzó Ctesifonte, capital de Persia, en el 636. Años después, el califa Abd al-Malik ocupó Cartago en el 689 y penetró en Marruecos. Su sucesor Walid I consiguió la mayor expansión territorial al conquistar Transoxiana (en el actual Turkestán, en Asia central), la región del Indo y el reino visigodo de la Península Ibérica en el 711. Dos derrotas frenaron la expansión musulmana: en el 718 fracasó su asedio a Constantinopla y en el 732 la infantería del carolingio Carlos Martel venció en las cercanías de la ciudad centro-francesa de Poitiers a los seguidores de Mahoma, que acabaron así su avance en Europa occidental.

En pocas décadas, el islam se convirtió en una civilización cosmopolita, en cuyos territorios, según el historiador israelí Ben-Sasson, residió más del 90% de los judíos durante los siglos VII y VIII. En esa franja islamizada que se extendía desde al-Ándalus a la India, los judíos, al igual que los cristianos —que constituían entonces la mayoría de la población— fueron considerados «protegidos» (*dhimmíes*), un estatus discriminatorio que implicaba obligaciones y derechos para unos y otros pero que, al menos, mejoraba en mucho la situación de los esclavos. Los musulmanes se comprometieron a mantener las instituciones de autogobierno, la religión y el régimen judicial de los *dhimmíes*, así como su seguridad y la exención de servicio en el ejército, pero a cambio habían de pagar tributos especiales, no podían llevar armas y debían reconocer la supremacía del régimen islámico.

Con todo, a pesar de que desde el 634 los no musulmanes fueron obligados a hacerse reconocer exteriormente, los judíos lograron adaptarse a la civilización islámica. Esta situación, además, sobrevivió a la existencia de al-Ándalus (ss. VIII-XV) y a las Cruzadas (ss. XII-XIII), prolongándose durante el Imperio otomano (s. XIV - ppios. del XX). La creación del Estado de Israel en 1948 y la reaparición del fundamentalismo islámico tras la revolución comenzada en 1979 por el ayatolá Jomeini en Irán, han provocado en numerosos árabes una aversión al pueblo judío que no debe empañar una esperanzadora realidad: durante muchas centurias, los judíos han vivido sin grandes problemas entre poblaciones mayoritariamente musulmanas.

Del siglo VII al IX, los territorios de la antigua Babilonia acogieron a la principal comunidad judía en tierras islámicas. Sus miembros disfrutaban de una autonomía dirigida por un laico, el exilarca, a quien el califa Omar (634-644) reconoció como autoridad civil. La educación se recibía en el propio hogar y en las *yeshivot*, academias o escuelas talmúdicas que contaban con rabinos dirigidos por un gaón ('sabio'). Las academias de las ciudades de Sura y Pumbedita se convirtieron en los centros de referencia del judaísmo. Sus maestros, entre los que destacó Saadia (892-942), fueron aceptados como intérpretes auténticos de la Ley, labor que ejercían contestando a multitud de cuestiones sobre el *Talmud* planteadas en la diáspora.

Surgieron así las *responsa* ('respuestas'), género literario judío de gran valor religioso e histórico que, tras el progresivo declive de la autoridad de los gaones babilónicos desde el siglo XI, fue continuado en las escuelas talmúdicas que se crearon en Europa. El prestigio de los sabios babilónicos no impidió escisiones como la de los ananitas, aparecidos en el siglo VIII, que sólo aceptaron la Biblia hebrea como fuente revelada por Yahvé y rechazaron el *Talmud* y la tradición rabínica; conocidos hoy con el nombre de caraítas, son en la actualidad más de 30.000 fieles.

La decadencia de la comunidad judía de Babilonia se debió, entre otras razones, a las medidas restrictivas adoptadas a mediados del siglo IX por el califa al-

Mutawakkil (847-861), que continuaron sus sucesores. Para entonces, el centro de atracción judío era ya Sefarad. En concreto, la emigración se dirigió especialmente a los territorios en poder de los musulmanes, a los que estos denominaron al-Ándalus. Hace unos años, el historiador José María Lacalle diferenció varias etapas en la historia de los judíos en la Sefarad musulmana: la primera, de colaboración y convivencia, desde el 711 hasta 1002, durante los días gloriosos del califato cordobés; la segunda, de libre coexistencia, de 1002 a 1086, abarca los años de la descomposición del califato en reinos de taifas; y la tercera, de persecución y emigración, comienza con las invasiones de los fanáticos almorávides, perdura durante el acoso de los almohades y acaba en 1492, con la conquista del reino nazarí de Granada por los Reyes Católicos, Isabel I de Castilla y Fernando II de Aragón.

El respeto o el desprecio de los musulmanes a las creencias religiosas ajenas y la situación política —peor conforme avanzaba la Reconquista cristiana— explican las épocas de dinamismo o de decadencia cultural y económica de al-Ándalus. Aunque durante los tiempos de libertad los judíos podían poseer tierras y cultivarlas o dedicarse a la ganadería, pronto prefirieron la vida urbana a la rural. Culturalmente arabizados y muchos políglotas, bien preparados para desempeñar los más diversos oficios, algunos judíos andalusíes fueron médicos de califas, trabajaron como diplomáticos o realizaron labores administrativas; otros se dedicaron a labores artesanales y muchos optaron por comerciar.

La colaboración entre eruditos árabes y judíos en ciudades como Córdoba, Sevilla y Granada dio excelentes resultados en áreas de conocimiento como la filosofía, la teología, la gramática, las matemáticas, la astronomía, la medicina y las ciencias exactas. Y aunque la radicalización religiosa en al-Ándalus condujo al final del esplendor cultural, no impidió la aparición de judíos sobresa-

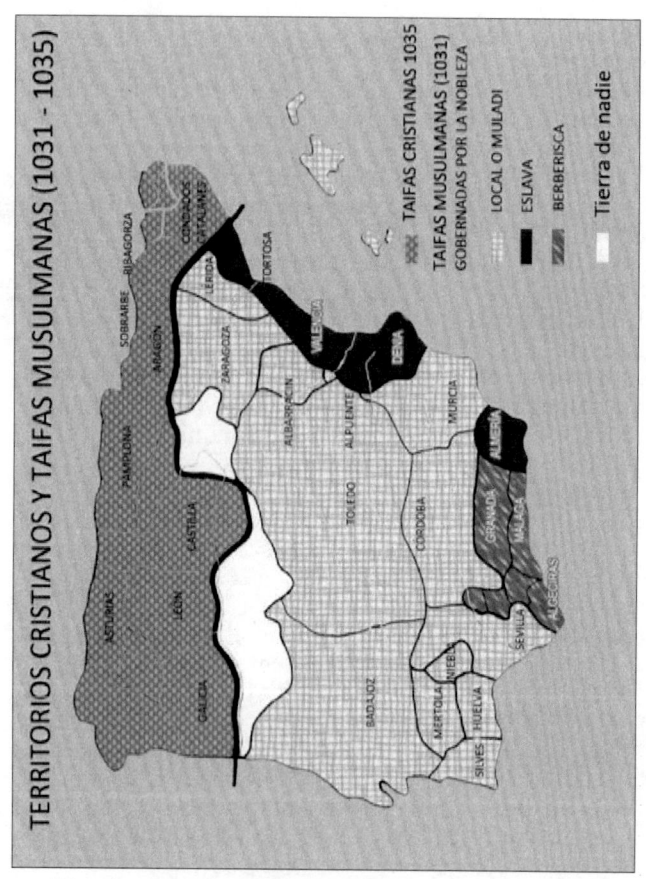

TERRITORIOS CRISTIANOS Y TAIFAS MUSULMANAS (1031 - 1035)

TAIFAS CRISTIANAS 1035
TAIFAS MUSULMANAS (1031) GOBERNADAS POR LA NOBLEZA
LOCAL O MULADÍ
ESLAVA
BERBERISCA
Tierra de nadie

A los tiempos de colaboración y convivencia del califato cordobés (711-1002) de al-Ándalus siguió la época de tolerancia de los reinos de taifas (1002-1086), a la que pertenece este mapa. Las dificultades aumentaron con los almorávides (1086-1146) y especialmente con los almohades (1163-1228). Los reinos cristianos medievales también admitieron la presencia de los judíos, que contribuyeron a dinamizar la vida urbana.

lientes durante los siglos XI y XII, época que constituye la llamada *edad de oro* de la literatura hebrea: a ella pertenecen los poetas y filósofos Salomón ibn Gabirol (1020-1058), Moisés ibn Ezra (1070-1138), Bahya ibn Paquda (h. 1040 - h. 1110), Isaac Alfasi (1013-1113), Judá ha-Levi (h. 1075 - h. 1141), Abraham ibn Ezra (1089-1167) y Judá Aljarizi (1165-1225).

Al-Ándalus se debilitó al fragmentarse en reinos de taifas, empeñados unos en emular la gloria del desaparecido califato y dedicados otros a luchar entre sí. Aumentaron los problemas y decreció el control interno. En el 1066 se perpetró en Granada la primera matanza de judíos en al-Ándalus, con miles de víctimas. Parte de la población local reaccionó así para vengarse del visir José, un judío que sucedió en el cargo a su prudente padre tras ganarse la confianza del emir de Granada y a quien faltó sabiduría suficiente para gobernar con equidad. La mayoría de los judíos supervivientes marcharon a otras taifas peninsulares.

La segmentación política no era exclusiva de al-Ándalus, ya que a mediados del siglo X la gran civilización islámica se había desmembrado en distintos estados. Aprovechando la fragilidad política andalusí, de África llegaron los almorávides (1086-1146) y después los almohades (1163-1228), los primeros más intransigentes con los cristianos que con los judíos y los segundos fanáticos y extremistas con todos. En 1147 el califa almohade Abd al-Mumin ordenó la conversión al islamismo de los cristianos y los judíos. La decisión precipitó la fuga de cristianos a los reinos septentrionales controlados por sus correligionarios y provocó que los judíos se plantearan colectivamente por vez primera, según escribió en 1996 el historiador español Fernando Díaz Esteban, la alternativa «simulación de la conversión-emigración».

¿Qué ocurrió? La disyuntiva provocó una huida masiva de judíos a los reinos cristianos peninsulares, pero

Nacido en Córdoba (España), Moisés ben Maimón ('hijo de Maimón'), conocido como Maimónides desde el Renacimiento, fue un médico y filósofo muy influyente en el pensamiento judío. Así lo refleja el proverbio: «de Moisés [el patriarca] a Moisés [Maimónides] no hubo otro Moisés». En memoria del sabio sefardí, su ciudad natal se adorna con esta escultura.

otros permanecieron en territorio almohade fingiendo ser musulmanes. Así actuó también Maimónides (1135-1204), gran comentarista del *Talmud*, cuando en Egipto —había emigrado a Fez y después a El Cairo— le acusaron de no ser buen musulmán. El sabio, que acabó volviendo públicamente al judaísmo, justificó su conducta con la doctrina de la conversión simulada (*taqīyya*), defendida por el Corán para ciertos casos y aceptada también por algunos rabinos sefardíes.

Mientras, los cristianos peninsulares continuaban la Reconquista y la consiguiente repoblación. La unión de fuerzas posibilitó la victoria de los cristianos en la decisiva batalla de las Navas de Tolosa (1212), hecho que facilitó extraordinariamente su avance hacia el sur.

En pocos años, Cáceres, Mérida y Badajoz fueron tomadas por Alfonso IX de León (1171-1230) y, más tarde, su hijo Fernando III (1199/1201-1252), rey de Castilla y León, conquistó Córdoba, Murcia, Jaén y Sevilla. Pronto sólo quedó de al-Ándalus el reino nazarí de Granada (1238-1492), donde a diferencia de los duros tiempos sufridos bajo los almorávides y los almohades, los pocos judíos que allí permanecieron pudieron vivir en paz.

ASHKENAZ Y OTRAS TIERRAS EUROPEAS

Además de Sefarad, la otra gran zona de asentamiento judío en la Europa de la Edad Media estuvo integrada por las tierras del norte de Francia y del oeste de la Alemania actual, denominadas *Ashkenaz* en hebreo medieval (y sus habitantes judíos, *ashkenazim* o *ashkenazíes*). También había grupos judíos dispersos por otras tierras europeas. No obstante, conviene tener en cuenta que, en plena Edad Media, los judíos residentes en la Europa cristiana eran muy pocos en comparación con sus correligionarios de Oriente: mientras los primeros rondaban los 300.000 en el siglo XI, la población judía oriental alcanzaba entonces los 4,5 millones, según el economista e historiador francés contemporáneo Jacques Attali.

¿Cuál era el escenario político europeo a principios del período medieval? Acabada la dominación romana, Europa occidental y central se había disgregado en multitud de Estados y los intentos de unificación llevados a cabo por el emperador Carlomagno (768-814) no perduraron. La dinastía carolingia, linaje de reyes francos que gobernaron parte de Europa occidental y central entre los siglos VIII y X, no mantuvo la unidad política y sus territorios fueron fragmentándose en distintos reinos. En general, los

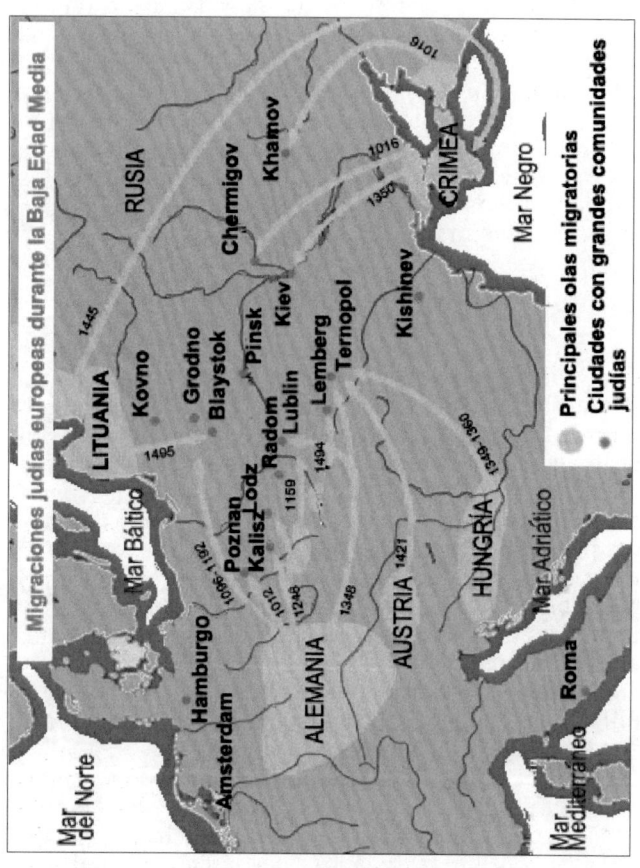

Además de la sefardí, la otra gran cultura judía europea ha sido la ashkenazí. Originada en el siglo X en la zona septentrional de Francia y sobre todo en Alemania, adquirió después mayor especificidad con la centenaria presencia judía en Europa central (principalmente en Polonia) y oriental. Multitud de restos materiales ashkenazíes fueron destrozados durante el Holocausto y la Segunda Guerra Mundial.

monarcas carolingios facilitaron la convivencia entre cristianos y judíos, pues concedieron a estos seguridad, independencia judicial y libertad de religión y de comercio. Gracias a ello, se consolidó la presencia judía en Ashkenaz, donde a partir de la segunda mitad del siglo X empezó a formarse una cultura propia, mientras algunas familias judías se establecían en Flandes y en ciudades del valle del Rin. En las dos centurias siguientes la expansión continuó hacia Inglaterra, el este y el sudeste de Europa y, ya en el siglo XIII, a tierras polacas.

Las comunidades ashkenazíes adquirieron progresivamente personalidad propia. Cada una se organizaba de forma autónoma y, a diferencia de los judíos orientales y de los sefardíes, la gran distancia entre los territorios musulmanes y Ashkenaz impidió en sus habitantes la influencia islámica. Caracterizó también a los ashkenazíes su alto grado de alfabetización, que facilitó su empleo en actividades públicas de carácter administrativo. Otros se dedicaban al comercio y, cada vez más, a partir de los siglos XII y XIII, a vivir de rentabilizar el préstamo de dinero. La especialización de algunos judíos en el crédito fue consecuencia, entre otros factores, del hermetismo excluyente de los gremios, asociaciones de artesanos que, al no admitir a los judíos, obligaron a estos a buscar nuevos oficios para subsistir; otra razón fue la casi inexistencia de cristianos dedicados a prestar con interés, ya que la Iglesia católica condenó esta actividad en varios concilios, cuando aún resultaba difícil distinguir el rédito (compensación lógica por un servicio económico) de la usura (interés excesivo en un préstamo).

En el siglo X empezó a formarse el *yiddish* o yídico, lengua surgida de dialectos alemanes medievales con préstamos del arameo y del hebreo, cuyo alfabeto emplea. Su base léxica inicial, enriquecida después con términos eslavos e incluso ingleses, según las regiones donde fue desarrollándose, originó un medio de comunicación peculiar y sincrético. A partir del siglo XVIII decreció la importancia del yídico, aunque en las primeras décadas del siglo XX aún era empleado con más o menos asiduidad por muchos judíos —las estimaciones oscilan entre 11 y 13 millones— principalmente en Europa central y oriental. El Holocausto y, en menor medida, las normas restrictivas sobre su uso adoptadas en las primeras décadas de la Unión Soviética, asestaron un duro golpe al yídico. Hoy en día es una lengua marginal, conocida por grupos minoritarios —unos tres millones, en total— en Israel, Estados Unidos, Rusia, Canadá y otros países.

Al igual que los judíos orientales y los sefardíes, los ashkenazíes preferían la ciudad al campo y vivían agrupados en barrios de curvadas callejas, entre cuyas casas se construían una o varias sinagogas, según el número de miembros de cada comunidad. El tiempo se repartía entre el trabajo, la vida familiar y los rezos privados y comunitarios. Por desgracia, pocas sinagogas ashkenazíes han llegado hasta nuestros días, debido a los estragos perpetrados por los nazis y a los destrozos ocasionados durante la Segunda Guerra Mundial, pero estas casas de oración contribuyeron decisivamente a preservar la identidad judía. Y es que, como tantas otras veces, la religión constituyó el principal nexo de la diáspora, incluso entre comunidades muy alejadas: las dudas religiosas de los rabinos ashkenazíes eran consultadas a los gaones babilónicos —hasta que declinó la autoridad de estos en el siglo XI— quienes, tras resolver las cuestiones planteadas, enviaban las respuestas a sus correligionarios europeos.

En el tránsito del siglo X al XI aparecieron las primeras escuelas talmúdicas en Europa central, presididas por maestros influidos por la sociedad cristiana circundante que, en algunos casos, ejercieron un gran predominio en el judaísmo posterior. Una norma atribuida al rabino

El viejo cementerio judío de Praga, en la República Checa, fue utilizado entre los siglos XV y XVIII. Faltos de espacio para ampliar el cementerio y prohibido por la Ley judía destruir las tumbas, las sucesivas generaciones judías fueron amontonando miles de cadáveres hasta en 10 capas.

Gershom ben Judah (c. 960-1028), por ejemplo, condujo al progresivo abandono de la poligamia entre los judíos occidentales y orientales, y otra obligó al mutuo consentimiento de la pareja para obtener el divorcio. El rabino francés Salomón ben Isaac (1040-1105), conocido con el nombre de Rashi, es uno de los sabios más destacados del judaísmo: su exégesis del *Talmud* babilónico siguió usándose tras su muerte y continúa apareciendo en las ediciones talmúdicas actuales, que también incluyen comentarios denominados *Tosafot* ('adiciones') elaborados en los siglos XII y XIII por los tosafistas, rabinos de origen mayoritariamente francés.

La paz de las comunidades ashkenazíes acabó con las Cruzadas, las famosas expediciones de cristianos realizadas entre 1096 y 1291 para reconquistar Tierra Santa, en poder de los musulmanes desde el 636. La primera de estas campañas fue especialmente sangrienta para los judíos establecidos en el valle del Rin y en Bohemia, muchos de los cuales acabaron siendo asesinados por fanáticos. La protección de emperadores, reyes y altos jerarcas de la Iglesia impidió continuar las matanzas durante las restantes Cruzadas, pero persistieron los abusos.

Desde el siglo XII se extendió por Europa el antijudaísmo, es decir, el rechazo a la religión judía y a sus practicantes. Este error, fruto de la intolerancia, es muy distinto del antisemitismo, que conlleva hostilidad racial hacia los judíos y apareció con posterioridad. En la Baja Edad Media, la Iglesia estaba preocupada por el aumento de los herejes —albigenses, cátaros, maniqueos— y deseaba mantener la integridad de la fe entre sus miembros, como ocurría a los rabinos con quienes profesaban su religión. Por eso, la Iglesia combinó las medidas discriminatorias con normas favorables a los judíos, por considerarles el pueblo elegido por Dios y desear su voluntaria conversión: en 1179 el III Concilio de Letrán prohibió todo trato y conversación entre judíos y cristianos, pero veinte años después, la *Constitutio pro iudaeis* del papa Inocencio III ratificó el amparo a los judíos por los reyes cristianos; sin embargo, en 1215 el IV Concilio de Letrán retomó el espíritu del congreso episcopal precedente y decidió diferenciar a los judíos con una señal, como ya hicieron los musulmanes en el siglo VII. Tales medidas aumentaron la tensión, aunque ese no fuera su objetivo.

En 1240 la Universidad de París condenó el *Talmud*, sentencia confirmada por un tribunal de Roma. Lo mismo hicieron décadas después los papas Alejandro IV, Clemente IV y Honorio IV y, en la primera mitad del siglo XIV, Juan XXII. La condena de París tuvo, pues, gran trascendencia: la Iglesia, impulsada también por la opinión de algunos dominicos y franciscanos, abandonó la doctrina defendida por san Agustín en el siglo V que instaba no sólo a respetar a los judíos por ser voluntad de

Dios, sino también a considerar su religión como un precedente del cristianismo. Desde 1240, el judaísmo fue declarado una dañina falsificación.

Tanto antes como después de la sentencia de París, falsas imputaciones inventadas por la fantasía popular contribuyeron a propagar el antijudaísmo: a mediados del siglo XII, los judíos fueron acusados en Alemania del crimen ritual de niños, calumnia que también se difundió en Inglaterra; a partir de 1243, asimismo en Alemania, se extendió el rumor de que los judíos hacían ceremonias vejatorias contra la Sagrada Hostia y, desde 1286, que habían bebido sangre mezclada de niños. Poco a poco, se convirtió en costumbre despreciar a los judíos de religión, a quienes se acusó de casi todos los males del mundo, se les empezó a caracterizar como encorvados y nariludos y se les rechazó por considerarles sucios, usureros, perversos, hechiceros y herejes.

La presión, insostenible para los monarcas europeos, acabó plasmándose en decretos de expulsión: el de Inglaterra en 1290 y el de Francia definitivamente en 1394, tras anularse varias órdenes anteriores durante los siglos XIII y XIV. En el Sacro Imperio Romano Germánico no se dictó un decreto de expulsión, ya que en ese conglomerado de territorios la potestad del emperador siempre estuvo limitada por los numerosos poderes locales. Pero los problemas y abusos aumentaron en las últimas centurias de la Edad Media, especialmente tras la llamada «peste negra», terrible epidemia de peste que asoló Europa en 1348. Víctimas de nuevo del odio popular, los judíos fueron acusados esta vez de envenenar las fuentes y los manantiales para exterminar a los cristianos, calumnia que pronto se difundió por buena parte del continente europeo. De poco sirvió la bula del papa Clemente VI protegiendo a los judíos.

Huyendo de la violencia, muchos judíos germanos acabaron emigrando a Polonia; allí podían beneficiarse de las ventajas de un favorable estatuto promulgado en

1264 por Boleslao, duque de Kalisz, cuya aplicación el rey Casimiro III extendió en 1334 a todos los judíos polacos. En 1386, la unión de Polonia y Lituania propició la concesión a los judíos lituanos de otro estatuto beneficioso. Y aunque durante buena parte del siglo XV los judíos polacos y lituanos sufrieron injusticias, en la centuria siguiente constituían ya una numerosa y bien preparada minoría, culturalmente dinámica e imprescindible para la economía de su país.

En los reinos cristianos de Sefarad

Acabada la pesadilla de las persecuciones sufridas durante la época visigoda y hasta mediados del siglo XIII aproximadamente, los judíos establecidos en los territorios de Sefarad controlados por los cristianos disfrutaron, en términos generales, de una vida pacífica. La situación de la Península Ibérica a lo largo de la Edad Media fue excepcional, ya que a su invasión por los musulmanes el 711 siguió la inmediata respuesta de los cristianos, que emprendieron una labor de reconquista que se prolongó hasta 1492. Pero esa dura y lenta recuperación de territorios hubo de acompañarse con la repoblación de lo reconquistado, y en esa tarea también colaboraron los pocos judíos que probablemente había en el período altomedieval. El fanatismo de los almorávides hizo que, desde su llegada en 1086, el número de judíos de los reinos cristianos creciera con rapidez. Desde entonces, esa población siguió aumentando con los judíos que dejaban al-Ándalus para emigrar a unas tierras mucho menos ricas, culturalmente poco desarrolladas y de lengua para ellos extraña, pero donde al menos podían vivir en libertad.

En los reinos cristianos peninsulares la presencia de los judíos era tolerada de hecho y, con el tiempo, estuvo también legitimada de derecho. Tolerada de hecho porque se esperaba su futura conversión al cristianismo y porque los impuestos que pagaban a los monarcas ayudaban a equilibrar las cuentas de estos, haciéndoles menos dependientes de la nobleza. Y legitimada de derecho porque, tras los primeros fueros que algunos nobles concedieron para reglamentar la vida de los judíos, estos obtuvieron la protección de los reyes, quienes, en palabras del historiador francés Joseph Pérez, «acogieron a los judíos con los brazos abiertos». El principal documento legislativo que lo prueba fue la *Carta inter Christianos et Judaeos*, promulgada en 1090 por Alfonso VI, rey de Castilla y León, que vino a ser una especie de fuero —por su origen y características, único en Europa— que garantizaba los derechos de los judíos y que acabó aplicándose también en los demás reinos cristianos peninsulares. Esta relativa seguridad jurídica constituyó una de las principales diferencias entre los sefardíes de los territorios cristianos y los ashkenazíes centroeuropeos.

Gracias a esa protección y a la emigración de los que escapaban de los almorávides y de los almohades, la población judía de los reinos cristianos creció. No es de extrañar, por tanto, que cientos de localidades españolas conserven huellas de esa presencia. En algunos lugares vivían unas pocas familias, pero era más común agruparse en juderías o *calls*, es decir, en calles o en barrios de trazado irregular —como ocurría también en los barrios cristianos— que, en muchos casos, contaban con sinagogas. Las aljamas eran comunidades de régimen autónomo con mayor nivel organizativo que las juderías: además de autoridades e infraestructuras —Consejo de Ancianos, tesoreros, tasadores de impuestos, sinagoga, rabino y auxiliares de sinagoga, cementerio, *miqwé* o baño de purificación, *Talmud Torá* o escuela religiosa para los niños, carnicería, horno, hospital— disponían de estatutos propios (*taqqanot*, en hebreo) para regular la vida comunitaria. Las *taqqanot*, tras su aprobación en la sinagoga, debían

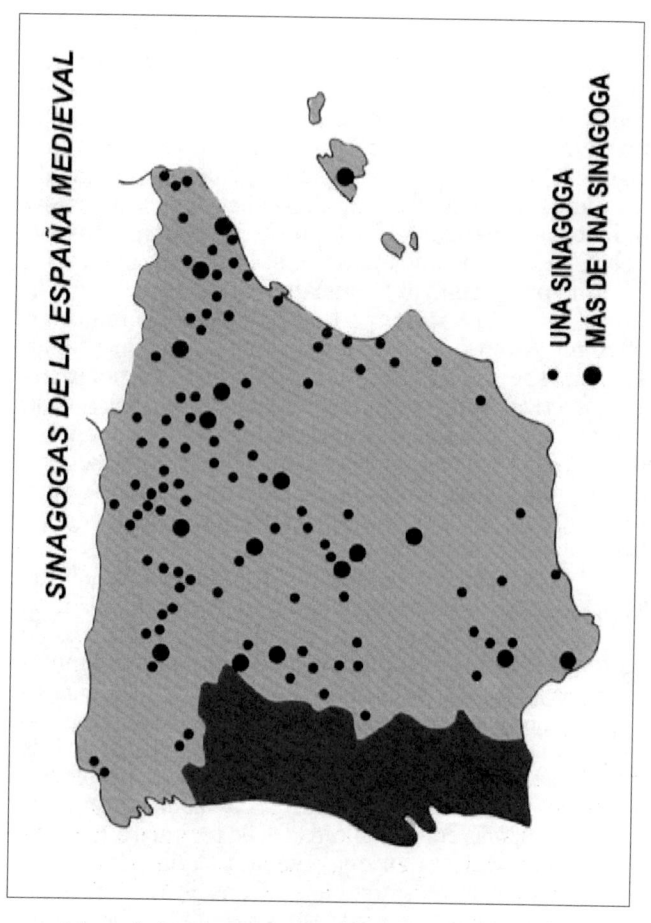

Mapa de las sinagogas hispanas medievales según
Francisco Cantera (1901-1978), destacado hebraísta español.
Las sinagogas solían estar orientadas hacia Jerusalén y
contaban con un patio previo a la sala principal, en la que se
situaban los varones. Las mujeres entraban por otra puerta y
asistían a la oración en una sala situada en un nivel superior.

Antigua sinagoga mayor de Toledo y posterior Iglesia de Santa María la Blanca, convertida en la actualidad en museo. Erigida en 1180 con permiso del rey de Castilla Alfonso VIII, financiada por la comunidad judía y realizada por maestros musulmanes, fue destruida en 1250 por un incendio y reconstruida en 1260 en tiempos del rey Alfonso X. Su estilo inspiró el de otras sinagogas de Europa y América (entre otras, la Sinagoga Central de Nueva York) en el siglo XIX.

recibir sanción real y por su cumplimiento velaban distintos responsables. A diferencia de las juderías, las aljamas carecían de significado territorial, al menos hasta fines del siglo XIII, ya que los judíos gozaban de libertad de residencia, si bien acostumbraban a agruparse en calles.

Conforme avanzaba la Reconquista, la presencia judía se extendió por los principales núcleos urbanos de la Sefarad cristiana: Barcelona, Girona y Tarragona, en Cataluña; Mallorca; Tudela y Estella, en Navarra; Burgos, Soria, Segovia, Valladolid, Medina del Campo, Palencia, Toledo, Ávila y Medinaceli, en Castilla; Cáceres, Trujillo, Coria, Plasencia, Almaraz y Badajoz, en Extremadura; Ribadavia, en Galicia; y Sevilla, Córdoba, Lucena y Jerez, en Andalucía. Los judíos desempeñaban oficios muy variados, incluyendo las labores artesanales, y desde el siglo XIII se generalizó entre los cambistas el negocio del préstamo con interés. Otros, gracias a su excelente formación, alcanzaron importantes puestos en las cortes de los reinos medievales peninsulares.

Los judíos sefardíes también dejaron su impronta en la religión que profesaban. Además de renombrados rabinos, Sefarad fue cuna de influyentes cabalistas. La *cábala*, término de procedencia hebrea que literalmente significa 'tradición' y en concreto se refiere a la tradición mística del judaísmo, fue un movimiento heterogéneo de remotos antecedentes desarrollado principalmente entre los siglos XIII y XVII, que alcanzó su apogeo en la Sefarad de las centurias XIII y XIV. Dicha corriente engloba tanto los escritos que pretenden encontrar un sentido oculto en la Biblia, como aquellos que tratan de ofrecer una interpretación del mundo o, simplemente, difundir experiencias pseudomísticas. Aunque no existe una doctrina cabalística unitaria, suele reconocerse que el *Zohar* ('resplandor'), libro escrito en el siglo XIII por el rabí sefardí Moisés de León, es la obra principal de este género.

Durante el siglo XII y especialmente el XIII, judíos bien instruidos y a veces antiguos mozárabes (cristianos que residieron en al-Ándalus) y árabes tradujeron al castellano importantes textos filosóficos, teológicos, astronómicos y médicos de origen clásico y árabe que, tras ser vertidos al latín por clérigos, se difundieron después a otras partes de Europa. La Escolástica y el Renacimiento son deudores de esta labor realizada por la que, desde el siglo XIX, se llamó Escuela de traductores de Toledo, aunque no siempre

Se ha dicho a veces que el autor del *Zohar* fue Rashbi, rabino del siglo II d. C., y que Moisés de León se limitó a copiar textos antiguos añadiendo reflexiones propias. Sea como fuere, muchos judíos consideran que los comentarios bíblicos del *Zohar* constituyen una aportación especulativo-religiosa que, sin embargo, no exime de procurar cumplir los Mandamientos de la Ley de Dios.

el trabajo se hizo en esa ciudad, ni existió una institución con ese nombre.

¿Qué ocurrió en la Sefarad cristiana tras decretar el IV Concilio de Letrán en 1215 el distintivo para los judíos? Al principio, esa y otras normas conciliares no fueron aplicadas por los monarcas peninsulares; tampoco la sentencia condenatoria del *Talmud* dictada en París en 1240 influyó de inmediato en la Península Ibérica. Pero conforme avanzaba el siglo XIII esta actitud comenzó a cambiar. En 1263 tuvo lugar la llamada *disputa de Barcelona*, un debate público entre el dominico Pablo Cristiano y el rabino Najmánides, celebrado con la intención por parte cristiana de demostrar racionalmente los errores del *Talmud*, tras el que cada interesado se atribuyó la victoria. En 1313 la asamblea de obispos celebrada en Zamora asumió las medidas adoptadas en Letrán, que se incorporaron después a la legislación civil. Además, el antijudaísmo popular, ya extendido allende los Pirineos, impregnó por contacto a Sefarad, intensificándose esta lacra tras la peste negra de 1348.

La violencia estalló en Sevilla a principios del verano de 1391, prolongándose algo más de tres meses al difundirse a otras ciudades andaluzas y castellanas, así como a Valencia, Barcelona y Mallorca. Las matanzas tuvieron importantes consecuencias. Miles de judíos fueron asesinados y numerosas aljamas desaparecieron, especialmente en Castilla y en el sur de la península. El miedo provocó una gran emigración al reino nazarí de Granada y al norte de África. Muchos de los supervivientes que permanecieron en tierras cristianas optaron por trasladarse a juderías rurales, aumentando extraordinariamente la dispersión judía. Concluía así una época de esplendor cultural de los sefardíes y comenzaba a aparecer el problema de los falsos conversos.

Hubo conversiones al cristianismo sinceras y otras no. A veces, eran los hijos de esos conversos quienes querían retornar a la primera religión paterna. La desconfianza de los *cristianos viejos* hacia los nuevos coadyuvó en la progresiva transformación del antijudaísmo en antisemitismo. Muchos recién bautizados fueron llamados *marranos*, término derivado de una palabra de origen árabe que en esa lengua significaba 'declarado anatema' o 'declarado prohibido', como lo es comer cerdo para quienes profesan el judaísmo y la religión musulmana. Tras emplearse en la lengua romance del siglo X como sinónimo del mencionado animal, tres centurias después *marrano* se usa ya para designar con desprecio a los conversos que rechazan comer carne de cerdo. Aplicado al principio a los cristianos procedentes tanto del judaísmo como del islamismo, estos empezaron a ser llamados *moriscos* y el término *marrano* acabó restringiendo su uso para referirse con desdén al converso que se pensaba que judaizaba ocultamente. El desprecio se extendió entre buena parte de las capas sociales menos cultas y, en pocas décadas, cualquier persona de sangre judía era, por el mero hecho de tenerla, indigna de respeto o al menos sospechosa.

Paralelamente, los monarcas, al igual que la Iglesia, se esforzaron por conseguir la uniformidad religiosa en sus territorios. Los millares de personas que profesaban el judaísmo en la Sefarad cristiana constituían un grupo disperso, aunque las aljamas castellanas contaron desde 1432 con una favorable legislación específica común: las Ordenanzas de Valladolid, sancionadas por el rey Juan II y vigentes casi en su totalidad hasta 1492. Pero a la sociedad le preocupaba ahora más que antes el problema de los conversos, que sufrieron persecuciones en Andalucía durante el segundo tercio del siglo XV. En 1462 el rey Enrique IV consiguió del papa Pío II el permiso para introducir en Castilla la Inquisición, una institución eclesiástica dedicada, entre otras tareas, a descubrir o inquirir los errores doctrinales entre los cristianos, sobre la que nos detendremos más en el próximo capítulo del libro. La Inquisición ya existía en Aragón desde 1242, pero su actividad, encomendada a dos obispos, era moderada.

El 1 de noviembre de 1478, cuatro años después de obtener el trono de Castilla, los Reyes Católicos consiguieron del papa Sixto IV la bula *Exigit sincerae devotionis affectus*, por la que se otorgaba a los monarcas el derecho a nombrar algunos jueces inquisidores. Tras este documento pontificio, la Inquisición española pasó a depender directamente del papado, pero quedó también supeditada a los Reyes Católicos. Dos años después, el tribunal inquisitorial empezó a actuar con severidad en Sevilla. Sixto IV trató de rectificar su decisión, pero la presión de los soberanos españoles acabó impidiendo que se retractara. Aunque entonces eran imprevisibles las consecuencias de otorgar a los reyes Isabel y Fernando la potestad de nombrar a los jueces de la Inquisición que actuaban en sus territorios, la perspectiva que ofrece el paso del tiempo justifica que, en relación a este tema, hoy no dudemos en afirmar con rotundidad: qué gran error cometió el romano pontífice al permitir que, sobre los cristianos españoles, una jurisdicción autónoma respecto a la jerarquía eclesiástica pudiera decidir en causas de fe y de moral.

Poco tardó la Inquisición en extender su campo de actuación por todos los dominios de los Reyes Católicos. La institución se consolidó con fray Tomás de Torquemada, nombrado inquisidor general en 1483, y con la creación en 1488 de un órgano específico para su gobierno, el Consejo de la Suprema y General Inquisición. Probablemente consciente de que no le faltaría apoyo popular, Torquemada impulsó una decisión ya adoptada por otras monarquías europeas, redactando el borrador que inspiró dos documentos de contenido similar: el decreto de expulsión de la Corona de Castilla de cuantos profesaran el judaísmo, firmado por la reina Isabel y por su marido el rey Fernando, y el rubricado sólo por este, dirigido a los judíos de la Corona de Aragón. Ambos decretos se firmaron en Granada el 31 de marzo de 1492, meses después de conquistar la ciudad a los musulmanes.

4

El tortuoso camino hacia la igualdad ante la ley. Múltiples escenarios y situaciones (s. XVI - ppios. s. XX)

Intolerancia religiosa y antisemitismo en Sefarad

El decreto de expulsión firmado por los reyes Isabel y Fernando el 31 de marzo de 1492, jurídicamente efectivo en los territorios de la Corona de Castilla, y el rubricado el mismo día sólo por Fernando para la Corona de Aragón, afectaron a todos sus súbditos judíos hispanos, así como a los residentes en Sicilia y Cerdeña, islas integradas por entonces en la Corona aragonesa. Seguros de su proceder, Isabel y Fernando presionaron a otros soberanos para extender la medida a los demás reinos de la Península Ibérica: lo consiguieron en 1497 en Portugal, cuyo monarca Manuel I tuvo que expulsar a los judíos para casarse con la infanta Isabel, hija de los Reyes Católicos, y en 1498 en Navarra, donde ya preocupaba a sus gobernantes —la reina Catalina de Foix y su marido, el rey consorte Juan III de Albret— la oposición de los cristianos navarros al crecimiento de las aljamas con judíos procedentes de

Además de Francia e Inglaterra, los judíos fueron también expulsados de los reinos de Castilla y de Aragón. Pero la medida adoptada por los Reyes Católicos tuvo mayores consecuencias en la historia del pueblo judío que lo acontecido en los países antes mencionados, porque su presencia en la Península Ibérica era numerosa y arraigada. No tardaron otros territorios europeos en tomar la misma decisión.

Castilla y, en menor cuantía, de Aragón. En Nápoles, incorporado a España en 1505, la orden de expulsión de los judíos se aplicó en 1540.

El mencionado edicto de 1492 daba cuatro meses para que se cumpliera, aunque con el fin de compensar el tiempo transcurrido entre su promulgación y su conocimiento público, se amplió después el plazo hasta el 10 de agosto. Durante ese período los afectados podían disponer libremente de sus bienes, a excepción de aquellos cuya salida estaba prohibida por leyes castellanas y aragonesas entonces vigentes (oro, plata, monedas, caballos y armas), que debían convertirse en mercancías o en letras de cambio.

A medida que fue conocida, la decisión de Isabel y Fernando provocó desolación en los sefardíes. Casi todos ellos habían echado raíces en Sefarad, a la que consideraban —a pesar de los sufrimientos de los últimos tiempos— una verdadera patria y no una simple morada temporal. A

La fotografía de esta calle de la judería de Hervás (Cáceres, España) puede ayudarnos a imaginar a los sefardíes saliendo de sus casas con las pertenencias que les fue permitido llevar. Otros llenarían esos huecos.

diferencia de lo ocurrido en otros lugares de la Europa medieval, la secular presencia judía en la Península Ibérica había generado un variado patrimonio cultural y originado modos de vida bien arraigados. No iba a ser fácil adoptar una decisión. Para los matrimonios judíos, especialmente fecundos, la expulsión suponía llevar a los hijos hacia un destino incierto y preocuparse por conseguir a diario medios suficientes para alimentarlos. Los ancianos tropezaron con la dificultad añadida de tener que vencer la resistencia de sus viejos cuerpos, sabiendo que de camino sufrirían más achaques y dolores. Además, el daño económico sería enorme, porque la presión por deshacerse de ciertas posesiones obligaría a malvenderlas por cantidades muy inferiores a los precios de mercado.

En muchos casos, la inquebrantable fidelidad al judaísmo ayudó a considerar la desgracia como una ocasión extraordinaria para mostrar a Yahvé la sinceridad y la firmeza de los propios compromisos religiosos, y sólo quedaba aceptar con amor y entrega la voluntad divina o, al menos, acatarla con resignación. Pero la gravedad de las circunstancias y la obligación de proceder con rapidez sumieron en la incertidumbre a numerosos judíos, especialmente a los cabezas de familia que por costumbre debían decidir. Para ellos, y para tantos otros, la disyuntiva era tan fácil de expresarse como difícil de resolverse: ¿compensaba abandonar Sefarad por fidelidad al judaísmo o convenía permanecer en ella bautizándose?

Para solventar el dilema, muchos judíos pidieron luces y fortaleza a Yahvé y muchos acudieron también a buscar consejo a quienes se consideraba que mejor podían darlo: los rabinos. Algunos de estos, sin embargo, decidieron convertirse al cristianismo: el caso más célebre fue el de Abraham Seneor, rabino mayor de las aljamas de Castilla, cuyo bautismo fue apadrinado por los propios Reyes Católicos. Pero es muy probable que la gran mayoría de los maestros espirituales judíos animara a sus correligionarios a afrontar la expulsión con dignidad. A pesar de ello, sabemos que no siempre lograron su objetivo.

Resulta difícil concretar el número de afectados por las órdenes de expulsión de 1492. Aunque las cifras redondas ofrecidas por conocidos autores oscilan entre las 50.000 y las 200.000 personas, merece mencionarse la tesis expresada en 1992 por el medievalista español Eloy Benito Ruano, basada en los cálculos de los prestigiosos historiadores —también contemporáneos y españoles— Luis Suárez Fernández y Miguel Ángel Ladero Quesada. Según tales fuentes, el número máximo de judíos sujetos a la jurisdicción de los reyes Isabel y Fernando en 1492 sería de 150.000, de los que dos tercios marcharon y unos 50.000 permanecieron en Sefarad como *cristianos nuevos*.

Los expulsados por profesar el judaísmo salieron de *su* tierra profundamente apenados. Cruzadas las fronteras, Sefarad se transformó en un anhelo y un espacio mental que ha perdurado en la memoria colectiva de buena parte del pueblo judío. En su mayoría con nombres y apellidos españoles, los desterrados llevaron consigo los conocimientos de sus oficios, una lengua que durante siglos sus descendientes siguieron empleando, las canciones y las poesías aprendidas en la patria que les echaba y un gusto gastronómico peculiar, apegado a productos tan típicos de España como los churros, el mazapán y el aceite de oliva. Según la leyenda, muchos no olvidaron coger las llaves de sus casas.

Los judíos castellanos partieron principalmente a Portugal y, en menor medida, a Navarra; los aragoneses y catalanes se dirigieron al norte de África, a los territorios del Imperio otomano y a los núcleos urbanos más dinámicos de Europa occidental (entre otros, Ámsterdam, Amberes, Hamburgo, Londres, París, Burdeos, Venecia, Pisa y Florencia). En sus nuevos lugares de residencia, los sefardíes formaron —más en unos lugares que en otros— comunidades relativamente cerradas, que favorecieron la pervivencia de sus modos de vida. Enriquecido con las costumbres adquiridas en los territorios que les acogieron, este rico bagaje cultural sigue vivo gracias al empeño de muchas familias judías y de diversas instituciones.

Al hacer en el presente una valoración de la decisión de los Reyes Católicos de expulsar a los judíos, conviene recordar que esta no fue adoptada por racismo, ya que los judíos que abrazaran el cristianismo podían seguir viviendo en sus hogares o residir en cualquier territorio regido por los monarcas. Pero sí fue una medida intolerante, porque exigía nada más y nada menos que cambiar de religión —acto que sólo puede cuajar tras una libre, sincera y profunda transformación interior— para permanecer en el país. ¿Y por qué esta injusta exigencia?

Durante la etapa de formación de los Estados modernos europeos, comenzada en el ocaso de la Edad Media y continuada en la Edad Moderna, los respectivos responsables políticos decidieron uniformizar la religión de sus súbditos, según el credo que cada gobernante consideraba verdadero. Esta peculiar simbiosis afectó a la Europa occidental católica, a Inglaterra a partir del reinado de Enrique VIII (1491-1547) y a los países europeos que apoyaron mayoritariamente la reforma protestante de Lutero (1483-1546). En el caso que nos ocupa, la expulsión de los judíos de las Coronas de Castilla y de Aragón produjo en esas tierras lo que hoy llamaríamos una *fuga de cerebros*, ya que la preparación de los judíos era muy superior a la de la mayoría de los cristianos. Por lo que respecta a los judíos que optaron por el bautismo y siguieron siendo súbditos de los Reyes Católicos, fueron conocidos, ya lo hemos dicho, como conversos o *cristianos nuevos*. Sobre buena parte de ellos pronto recayó la sospecha— muchas veces fundamentada y muchas otras no— de criptojudaísmo, es decir, de practicar ocultamente su antigua religión. Iguales recelos llevaban padeciendo miles de descendientes de los judíos bautizados tras las persecuciones de 1391.

Como es de imaginar, no faltaron los dictámenes rabínicos severos hacia los judíos que abandonaban la Sinagoga para entrar en el redil de la Iglesia, pero la compilación de juicios de rabinos sefardíes realizada por el historiador israelí Moisés Orfali prueba que, tras considerar la situación familiar y económica de los encausados, prevaleció una actitud de comprensión hacia los conversos, por aceptar los rabinos con dificultad la sinceridad de las decisiones de bautizarse. De hecho, bastantes conversos siguieron profesando a escondidas el judaísmo. Es probable que muchos permanecieran largos años dudando sobre su proceder, pues conservaron en la intimidad de su vida privada costumbres judías, mientras en público practicaban la fe cristiana.

La tarea de descubrir y perseguir a los falsos conversos que permanecieron en los dominios de los Reyes Católicos se encomendó a la Inquisición española, que no debe confundirse con la Inquisición episcopal ni con la Inquisición medieval, también llamada Inquisición romana o pontificia. La Inquisición episcopal fue creada en 1184 por el papa Lucio III, al conceder a los obispos la potestad de juzgar a los herejes cátaros. Tras comprobar la impotencia del episcopado para reprimir la heterodoxia, en 1231 el papa Gregorio IX creó la Inquisición pontificia, confiando sus tribunales a dominicos, a los que se sumaron los franciscanos décadas después. Los frailes actuaban independientemente de los obispos y sus sentencias sólo podían ser anuladas por el romano pontífice. Entre otros lugares, esta Inquisición actuó en la Corona de Aragón, donde no ocasionó excesivas perturbaciones; sin embargo, nunca llegó a implantarse en Castilla.

Como indicamos en el capítulo anterior, la Inquisición española fue instaurada en 1478 por el papa Sixto IV para asegurar la ortodoxia cristiana, que se consideraba amenazada por las prácticas judaizantes de muchos *cristianos nuevos*, entre quienes se encontraban los *chuetas*, como fueron llamados los conversos mallorquines. La Inquisición portuguesa, por su parte, fue establecida por el rey Juan III en 1536, pero sólo funcionó bajo la autoridad papal hasta 1539. Abolida por decreto de las Cortes de Cádiz en 1813, reinstaurada por Fernando VII en 1814 y suprimida finalmente en 1834, la Inquisición española actuó en las Coronas de Castilla y de Aragón, incluyendo Sicilia, Cerdeña y los territorios españoles en América. En Portugal, la Inquisición fue disuelta en 1821. Ambas inquisiciones fueron controladas —menos la portuguesa que la española—

por el poder político correspondiente, que disfrutó de la facultad de escoger a los jueces.

Los tribunales inquisitoriales que juzgaban supuestos casos heréticos (judaizantes, moriscos y luteranos) y posibles desviaciones morales estuvieron especialmente activos durante el siglo XVI y la primera mitad de la centuria siguiente, entrando en declive en la segunda mitad del siglo XVII y más aún después. Grande fue el perjuicio causado a la Iglesia por algunos de sus jerarcas, al permitir que tribunales dependientes de los monarcas españoles juzgaran cuestiones de fe y de moral de sus súbditos: lo que desde el principio debió ser un pacífico medio de reconciliación cristiana —ayudar a un bautizado a profundizar en el conocimiento de su fe y a mejorar su modo de vida y su práctica religiosa— acabó convirtiéndose no sólo en un instrumento represor, sino también en una tétrica organización —la Inquisición española— que no pocas veces actuó al servicio de los intereses políticos, religiosos, económicos y sociales del gobernante del momento.

Sobre los primeros tiempos del tribunal inquisitorial, el historiador español Antonio Domínguez Ortiz escribió en 1986 lo siguiente:

> Aunque caían bajo su competencia variados delitos, en esta primera fase fue dirigida casi únicamente contra los judaizantes y con un rigor extremado; puede calcularse que, de unos diez mil judaizantes condenados a muerte por la Inquisición en sus tres siglos largos de existencia, la mitad lo fueron en el reinado de los Reyes Católicos.

Como el procedimiento inquisitorial se abría mediante una denuncia o por una indagación o inquisición generada por una sospecha, la sociedad española de la Edad Moderna vivió en constante alerta, porque el miedo

Escudo de la Inquisición española. A su alrededor, la inscripción latina *Exsurge, Domine, iudica causam tuam* ('¡Levántate, oh Dios, a defender tu causa!') extraída, como se indica, de un salmo (73, 22). A ambos lados de la cruz se simbolizan las dos posibilidades: la paz para los herejes que se reconcilian con la Iglesia católica (rama de olivo) o la justicia con castigo para los herejes contumaces (espada).

o el deseo de venganza podían dar lugar a un juicio. La desconfianza se extendió especialmente entre la población de origen judío por la gran sensibilidad social y oficial ante el criptojudaísmo. El recelo se infiltró también en los hijos de Abraham e impregnó las relaciones entre los que antes habían rezado juntos en sinagogas. Mayor, si cabe, fue la suspicacia entre estos y quienes tenían padres, abuelos, bisabuelos, tatarabuelos u otros ascendientes sujetos a la Ley mosaica y al *Talmud*. Y es que no resultó extraño que antiguos conversos procedentes del judaísmo, o descendientes de estos, denunciaran a recién bautizados: numerosos *cristianos nuevos* pensaron —al igual que tantos *cristianos viejos*— que acusar a otro era una manifestación exterior de la propia rectitud interior y de adhesión firme al cristianismo; la delación constituyó además, tanto para el converso sincero como para el falso, un recurso eficaz para alejar de uno mismo las pesquisas inquisitoriales, conservar si era el caso la buena posición social alcanzada, cubrirse las espaldas y salvar la propia piel.

Pronto se generalizó también la marginación del cristiano nuevo. Y con ella, la mofa del pueblo llano, tan difícil de soportar, y la ironía de quienes gozaban de recursos lingüísticos para podérsela permitir. En el siglo XVII, en pleno apogeo de las letras castellanas, Francisco de Quevedo aprovechó la supuesta ascendencia judía —y tópicos anejos— del también poeta Luis de Góngora, para mostrar animadversión hacia su rival literario con unos versos que han pasado a la historia:

> Yo te untaré mis obras con tocino,
> porque no me las muerdas, Gongorilla,
> perro de los ingenios de Castilla,
> docto en pullas, cual mozo de camino. [...]
> ¿Por qué censuras tú la lengua griega
> siendo sólo rabí de la judía,
> cosa que tu nariz aun no lo niega?
> No escribas versos más, por vida mía,
> aunque aquesto de escribas se te pega,
> por tener de sayón la rebeldía.

Además del pánico a ser acusado ante la Inquisición, pronto se difundió un medio eficaz para marginar al *cristiano nuevo*: los Estatutos de limpieza de sangre, es decir, las reglamentaciones que exigían no ser converso ni descendiente de conversos para ingresar en las instituciones que los aprobaron (órdenes militares, varias congregaciones religiosas, gremios, algunas universidades). Aunque estas disposiciones aparecieron en el siglo XV, fue en la siguiente centuria cuando se difundieron en los reinos hispanos. A estas prácticas se opuso inicialmente el papado y después numerosos jerarcas de la Iglesia, porque implicaban desconfiar del bautizado o dudar de la eficacia del bau-tismo para borrar el pecado. Sin embargo, su vigencia continuó.

Un modo de probar la *limpieza de sangre* era jurar sobre el crucifijo no descender de judío ni de musulmán y dar fe de ello cinco testigos; además, el interesado debía carecer de antecedentes con la Inquisición durante unas cuantas generaciones, en número variable según el tiempo que cada institución consideraba oportuno. La proliferación de los Estatutos de limpieza de sangre acabó fundiendo de hecho antijudaísmo y antisemitismo: aunque estuviera bautizado, un judío siempre seguiría siéndolo y sobre él pesaría la desconfianza de por vida. Otra consecuencia de la multiplicación de estos estatutos fue la patológica sobrevaloración de la importancia del linaje en la sociedad española, como ocurrió también —todo hay que decirlo— con ciertos rabinos europeos obsesionados por conservar la «pureza» de las castas familiares. La aplicación en España de esas perniciosas reglamentaciones raciales y racistas —exigidas sobre todo durante el reinado de Felipe II, para caer después progresivamente en desuso— perduró en ciertos casos hasta 1865.

Contextos cambiantes en Europa

En el siglo XVI el pueblo judío no alcanzaba el millón de personas y, como tantas veces antes y después, se encontraba disperso. Las principales comunidades vivían en el Imperio otomano —que, como ya indicamos, aceptó también a los sefardíes que persistieron en el judaísmo tras la expulsión ordenada por los Reyes Católicos— y en Polonia. Pero la Europa de esta nueva centuria se vio sacudida por dos importantes novedades que influyeron en la vida de los judíos: la ruptura de la unidad cristiana provocada por la Reforma protestante y la expansión de la soberanía de la monarquía católica hispana a ciertos territorios centroeuropeos y a buena parte de la Europa mediterránea occidental.

Los factores arriba mencionados constituyen novedades respecto al Medievo y obligaron a los

Como la inmensa mayoría de los judíos no aceptaron sus doctrinas, Martín Lutero desencadenó su furia en escritos instando a la violencia contra quienes le rechazaron. Por la influencia luterana en Europa central, dichos escritos no tardaron en causar grandes perjuicios a los ultrajados.

judíos a seleccionar bien sus lugares de asentamiento, porque el protestantismo acabó mostrándose intolerante con el judaísmo y porque los reyes españoles de la Casa de Habsburgo —los llamados Austrias, en el trono desde 1516 hasta 1700— consideraron de hecho que pertenecer a la Iglesia católica era un requisito indispensable para permanecer en sus dominios. En los demás territorios regidos por otras ramas de la familia Habsburgo —Alemania, Austria, Hungría, Bohemia, Croacia y el reino centroeuropeo de Galitzia y Lodomeria— los judíos fueron en principio tolerados y de ellos se sirvieron los aristócratas para obtener dinero. A mayor libertad, como la disfrutada en la ciudad de Praga, mayor fue la comunidad judía.

La Reforma protestante, que pretendió un profundo cambio en la Iglesia católica romana, tuvo su principal promotor en el alemán Martín Lutero (1483-1546). Iniciadas ya las ansias de este teólogo de constituir un grupo organizado de fieles que siguieran su doctrina, dos son las fases que pueden diferenciarse en lo que respecta a sus opiniones sobre los judíos. Al principio, confiando en que su mensaje calara en ellos y lograra

En Venecia comenzó una segregación forzosa que pronto se extendió: el gueto. Los judíos residirían siglos en esos barrios aislados y cercados, obligados a permanecer en ellos desde la puesta del sol hasta el amanecer. Como la población de los guetos aumentaba y el vecindario no facilitaba su ampliación, las casas iban creciendo en altura.

ganárselos, el reformador adoptó una postura conciliadora y criticó la persecución a los judíos, considerándola un obstáculo para su conversión al cristianismo. Conforme avanzó el tiempo, sin embargo, al no conseguir adeptos en las comunidades judías, Lutero se percató de su fracaso y cambió de parecer. Pocos años antes de morir, en 1543, escribió el opúsculo *Sobre los judíos y sus mentiras*, considerado por numerosos historiadores el primer escrito antisemita moderno.

Ni que decir tiene que los consejos de Lutero sobre cómo tratar a los judíos contribuyeron a intensificar el antisemitismo popular en las tierras centroeuropeas donde arraigó la Reforma protestante. De hecho, durante las últimas décadas del siglo XVI y las primeras del siguiente, los judíos sufrieron persecuciones en ciudades alemanas como Colonia, Maguncia, Núremberg y Augsburgo. A falta de una normativa común sobre sus deberes y sus derechos, cualquier cambio podía afectar a los judíos. El acontecimiento de la época fue la Guerra de los Treinta Años, librada en Europa central entre 1618 y 1648, que entre otras consecuencias provocó la descentralización del Sacro Imperio Romano Germánico y su multiplicación en pequeños reinos y principados. Algunos de sus mandatarios, dispuestos a exteriorizar la viabilidad de la independencia de esos estados, no dudaron en recurrir a judíos para financiar sus aspiraciones. Esta circunstancia provocó la formación de una minoría adinerada, culta y con influencia política, denominada *judíos de corte*, cuya disponibilidad de dinero suficiente para poder prestar fue, probablemente, su mayor garantía para no ser expulsados a otros lugares.

Por otro lado, pocos judíos vivieron en la políticamente dividida Italia renacentista. Las autoridades de Venecia, una de sus repúblicas, establecieron en 1516 el *ghetto,* palabra procedente de *getare,* 'fundir', porque en ese solar existió antes una fundición. Situado en una pequeña isla entre canales y cerrado por la noche, este barrio constituyó el primer ejemplo de segregación urbana impuesto a una comunidad judía, ya que el tradicional agrupamiento en juderías había sido hasta entonces voluntario. Con el tiempo el *ghetto* creció y la falta de espacio obligó a edificar en altura, construyéndose así los primeros «rascacielos» venecianos. Poco a poco la palabra *gueto* se generalizó y pasó a designar a toda judería marginada dentro de una ciudad.

Fue en Venecia donde, con permiso del *dux* Leonardo Loredan —máxima autoridad de la república— y del papa León X, se imprimió por vez primera el texto completo del *Talmud*. Entre 1520 y 1523 y bajo la atenta mirada de

La imprenta de Daniel Bomberg, nacido en Flandes y establecido en Venecia, fue la primera en publicar completo el Talmud. *Por su calidad y claridad, la edición de Bomberg se convirtió en modélica.*

un grupo de rabinos, el editor cristiano Daniel Bomberg realizó la magna tarea de convertir en libros los millares de hojas manuscritas en hebreo que, hasta entonces, recopilaban la tradición oral del judaísmo. El interés, el cuidado y los medios puestos en el trabajo dieron como resultado una edición excelente, de enorme calidad, que durante cuatro siglos se convirtió en texto y presentación de referencia: en el centro y con letra cuadrada, los textos de la *Misná* —recopilación, como vimos, de la tradición oral judía— y de su exégesis, la *Guemará*, y alrededor y en caracteres semicursivos, los comentarios del rabino francés Rashi (s. XI) y de sus discípulos. En el *Talmud de Bomberg* se inspiraron después otros publicados en Basilea, Pesaro, Ámsterdam, Múnich, Frankfurt y Cracovia, así como el texto enriquecido con glosas rabínicas posteriores e impreso en 1880 en Vilna (Lituania), que aún se utiliza.

Fuera de Venecia, en otros territorios de la Península Itálica, el trato a los judíos dependió de las decisiones adoptadas por las respectivas autoridades. En 1559 la población judía fue expulsada de Lodi, Cremona y Pavía. Diez años después en los Estados Pontificios, mediante la bula *Hebraeorum gens*, el papa Pío V limitó la presencia judía a las ciudades de Roma y Ancona, hecho que provocó la marcha de judíos tanto a tierras otomanas, como a Mantua, Ferrara, Toscana y al ducado de Milán; mas de este último, en poder español desde 1553, los judíos tuvieron que salir en 1597.

En Europa occidental, los Países Bajos fueron, durante buena parte de la Edad Moderna, un balón de oxígeno para los judíos. Tras morir Felipe el Hermoso en 1506, el trono de los Países Bajos recayó en su joven hijo Carlos de Habsburgo, nieto de los Reyes Católicos, futuro soberano de Castilla y Aragón en 1516 y emperador del Sacro Imperio Romano Germánico en 1520. Sin embargo, aun compartiendo el monarca, la no incorporación de los Países Bajos a la corona hispana evitó que allí pudiera actuar la Inquisición. Gracias a ello, esos territorios se convirtieron en uno de los escasos destinos posibles donde acabaron estableciéndose familias sefardíes expulsadas de Castilla y Aragón en 1492; con posterioridad, además, aumentó la inmigración de criptojudíos procedentes de la Península Ibérica. Muy activos en el comercio y en las finanzas, los sefardíes no tardaron en alcanzar la prosperidad, contribuyendo activamente a dinamizar la economía de los Países Bajos.

La presión política, económica y religiosa que durante el reinado del hijo de Carlos, Felipe II, sufrieron los Países Bajos, provocó el alzamiento de sus siete provincias del norte, donde el número de protestantes era mayor. Aliados en la Unión de Utrecht en 1579, estos territorios —denominados *Países Bajos* y que, genéricamente, conocemos con el nombre de *Holanda*,

Independiente por fin de la Corona española, la dinámica sociedad de los Países Bajos acometió un extraordinario proceso de expansión económica. Los judíos establecidos en tierras neerlandesas, muchos de ellos descendientes de los expulsados de Sefarad, participaron activamente en esa transformación.

La crítica racionalista de la Biblia que realizó Baruch Spinoza, descendiente de sefardíes portugueses, condujo a su excomunión por los rabinos en 1656. Por entonces, el caso de Spinoza era una rara excepción.

una de sus provincias— lograron de hecho la emancipación al aceptar el rey español Felipe III una interrupción de las hostilidades, concretada en un acuerdo que, por su duración, conocemos como la Tregua de los Doce Años (1609-1621). La Paz de Westfalia, firmada en 1648 entre las naciones europeas que participaron en la Guerra de los Treinta Años, supuso finalmente el reconocimiento oficial de la independencia de las Provincias Unidas de los Países Bajos. Librarse del dominio de los Habsburgo españoles dio alas a sus laboriosos habitantes y multiplicó su riqueza.

De los esfuerzos y dividendos que conllevó esa prosperidad —basada en parte en el funesto comercio de esclavos y en la piratería— se beneficiaron los judíos sefardíes y ashkenazíes. Reconocido oficialmente el judaísmo en 1615, pues antes sólo era tolerado, de inmediato se formó la primera de las *yeshivot* o centros de estudios talmúdicos y, en 1675, la primera sinagoga. Para entonces, el filósofo de origen sefardí Baruch Spinoza (1632-1677) había sido ya expulsado de la comunidad judía holandesa y excomulgado por sus ideas heterodoxas. Los rabinos rechazaron tajantemente su pensamiento filosófico y religioso por considerarlo contrario al judaísmo; y sin duda alguna, lo era.

En Francia, tras las expulsiones de 1394 y siglo y medio de prohibición, los judíos pudieron establecerse desde 1550 gracias a las *Lettres patentes*, un permiso firmado por el rey Enrique II. Con el tiempo, la comunidad judía francesa fue creciendo, a pesar de la antipatía que acostumbraba a despertar su presencia. Huyendo de la Inquisición española, en 1580 llegaron conversos portugueses tras la unificación de España y Portugal. Pero más que la inmigración, el motivo principal del aumento de población judía en Francia fue la sucesiva incorporación de territorios que, durante los siglos XVI y XVII, tanto coadyuvó al prestigio de su poderosa monarquía.

La Paz de Cateau-Cambresis, firmada con España en 1559, conllevó para la Corona francesa renuncias territoriales pero también anexiones, como las de los obispados germánicos de Toul, Metz y Verdún, donde residían varias comunidades judías. Y la incorporación de Alsacia en 1648 supuso, para los ashkenazíes de lengua yídica de esta zona, pasar a depender de los reyes franceses. Estos, en general, se beneficiaron de las actividades comerciales de los judíos, a quienes costó que se reconociera su identidad, problema que desapareció cuando en el siglo XVIII triunfó la razón de Estado.

Expulsados de Inglaterra desde 1290, la vuelta de los judíos a ese país tuvo mucho que ver con el renacimiento de los estudios hebreos en la primera mitad del siglo XVI. La ruptura de la comunión con la Iglesia católica que supuso la Reforma anglicana, y más aún la influencia de Lutero, tuvo entre otras consecuencias un creciente interés anglicano por acceder directamente al texto original de la Biblia. No faltaron tampoco milenaristas dispuestos a recordar la necesidad de convertir a los judíos antes de la llegada definitiva del Mesías, y para convertirlos y bautizarlos tenían que estar presentes.

Se creó, pues, un ambiente favorable al retorno de los judíos a Inglaterra y, en 1655, el rabino Menasseh ben Israel solicitó formalmente dicha readmisión. El republicano Oliver Cromwell, entonces en el poder, aprobó la continuidad de la pequeña comunidad criptojudía establecida en el país. Vuelta ya la monarquía años después, Carlos II (1630-1685) permitió a los judíos residir en su reino. Aunque no faltarían altibajos, la tolerancia inglesa con los judíos repercutió positivamente en el crecimiento económico de una nación llamada a convertirse con el tiempo en la más rica del mundo.

Muy diferente era la vida en la Mancomunidad de Polonia-Lituania —formada en 1569 y gobernada por un monarca electo que ostentaba los títulos de rey de Polonia y de gran duque de Lituania— que hasta 1772, ya en pleno declive, incluyó también buena parte de la actual Ucrania. La inmigración judía a estas tierras, que había aumentado en las últimas centurias del Medievo, continuó alimentándose después con nuevas entradas de expulsados procedentes de los Estados centroeuropeos donde triunfaba la Reforma protestante. La duradera coexistencia entre la gran mayoría católica y la importante minoría ashkenazí posibilitó que en los territorios polaco-lituano-ucranianos —repartidos en las últimas décadas del siglo XVIII entre Austria, Prusia y Rusia— residiera la más numerosa población judía desde el siglo XVI hasta el Holocausto perpetrado por los nazis. Sin embargo, no faltaron brotes sangrientos, como las matanzas de miles de judíos promovidas a mediados del siglo XVII por Bogdan Chmielnicki, cosaco ucraniano contrario a la dominación polaca.

Por lo demás, las extensas tierras polaco-lituano-ucranianas constituyeron una gran oportunidad para los ashkenazíes que fueron estableciéndose en ellas, tanto en pequeñas aldeas tradicionales como en los más poblados *shtetl* (*shtetlekh*, en plural). Estos eran núcleos rurales habitados mayoritariamente por judíos, dedicados a labores agrarias y a suministrar servicios básicos. Como en otros lugares, los judíos vivieron en el reino polaco-lituano porque disfrutaban del permiso del rey.

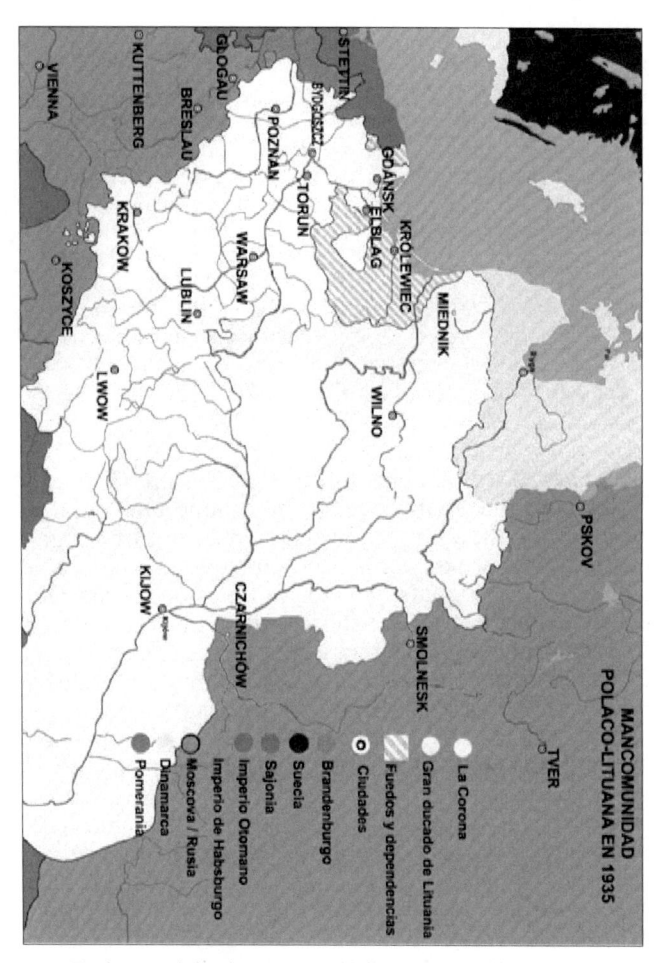

En la mayoritariamente católica Mancomunidad de Polonia-Lituania se refugiaron numerosos judíos huídos o expulsados de otros lugares, sobre todo de los países protestantes cercanos. En esas tierras polaco-lituanas muchos se dedicaron a labores agrarias en las aldeas y en los *shtetlekh*.

Las enseñanzas de Israel ben Eliezer (también llamado «Besht»), nacido en tierras ucranianas pertenecientes entonces a la Mancomunidad polaco-lituana, abrieron nuevos cauces al judaísmo. Besht animó a los rabinos a acercarse al pueblo con sencillez y a revalorizar el amor y el fervor para ganar en humildad y agradar a Dios.

Eran, por tanto, simples huéspedes. A cambio de esa concesión, que incluía de hecho autonomía social y administrativa, así como protección, los judíos pagaban al monarca una cantidad global, recaudada por el Consejo de los Cuatro Países, la autoridad judía que actuaba en las regiones históricas del reino.

Durante siglos, las familias judías asentadas en estos territorios europeos llevaron una vida sobria. Es una larga etapa, fundamental en la consolidación de la cultura ashkenazí, que sin embargo puede resumirse en pocas líneas por la similitud que caracterizó a las sucesivas generaciones judías: trabajar duro en el campo o en sencillas ocupaciones artesanales, aferrarse a la *Torá* y tratar de vivir conforme a las enseñanzas de los rabinos, con frecuencia tremendamente rígidos. De todos modos, no faltaron maestros brillantes como Moisés Isserles (1520-1572), también llamado Ramá, que contribuyó a reflejar las costumbres ashkenazíes en la codificación rabínica. Ya en el siglo XVIII apareció el hasidismo (procedente de la palabra hebrea *hasid*, 'piadoso'), corriente mística de remotos precedentes opuesta al formalismo religioso imperante. Fundado por el rabino ucraniano Israel ben Eliezer (1700-1760), también llamado Ba'al Shem Tov, este movimiento —que aún pervive— anima a sus seguidores a buscar con sencillez a Dios y a tratarle en la vida ordinaria.

El Imperio otomano, tierra de acogida

Procedentes de Asia central, los turcos entraron en la segunda mitad del siglo XI en la península de Anatolia, núcleo central del Imperio bizantino, después de vencer a las tropas de este. Nuevos grupos turcos se añadieron a los anteriores a mediados del siglo XIII, tras partir de sus territorios asiáticos ante la presión de las hordas mongolas. El contacto con los árabes facilitó que estos turcos se hicieran musulmanes en la centuria siguiente, cuando ya el Imperio bizantino se encontraba en plena decadencia y sólo quedaban unas décadas hasta su desaparición definitiva en 1453.

Ese año cayó en poder turco la capital de Bizancio, Constantinopla, que tomó el nombre de Estambul y se convirtió en la ciudad principal del Imperio otomano. Desde allí se ejerció un gobierno eficaz y, en poco más de un siglo, los turcos ampliaron extraordinariamente sus dominios, que se extendieron al Peloponeso, Albania, Crimea, Moldavia, Hungría, muchas islas del Mediterráneo, el Oriente Próximo y casi a la totalidad de la costa septentrional africana. A fines del siglo XVI y excluyendo al Magreb —parte del cual pertenecía también a los turcos y del que existen escasos datos— cerca de 150.000 judíos habitaban en tierras del Imperio otomano. Entre esos judíos se encontraban millares de sefardíes, descendientes de los desterrados de los reinos gobernados en 1492 por Isabel de Castilla y Fernando de Aragón.

En efecto, el sultán Bayaceto II (1447/48-1512), hombre inteligente y hospitalario, había tenido el deta-

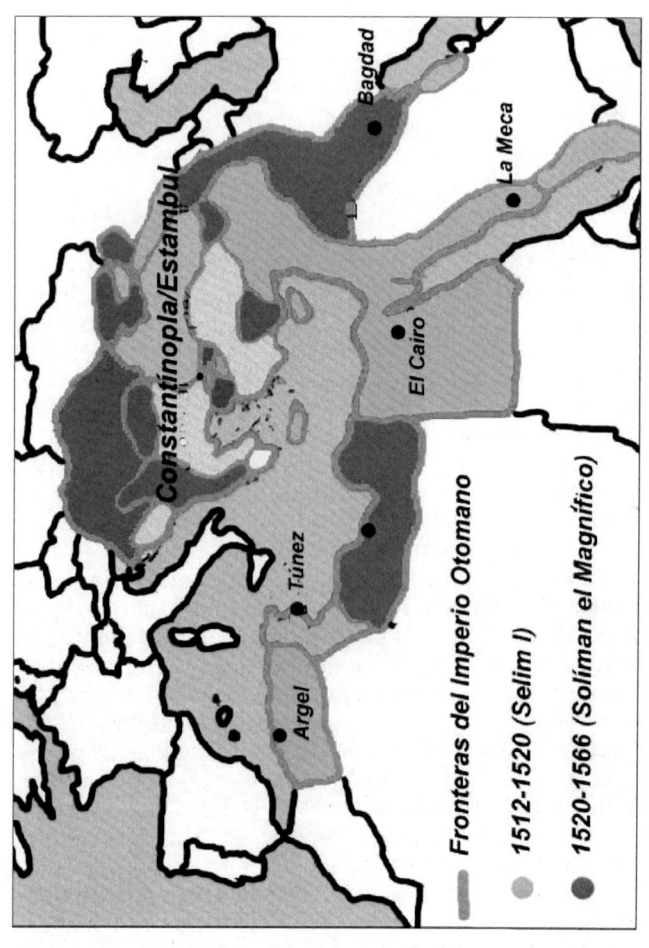

Muchos judíos expulsados de países europeos encontraron refugio en el extenso Imperio otomano. Los musulmanes turcos aceptaron la presencia judía por las mismas razones que los demás seguidores de Mahoma: también los judíos creen y adoran al único Dios.

El sultán Bayaceto II extendió el Imperio otomano por zonas antes ocupadas por los venecianos. Hombre cosmopolita, amante de la cultura y mecenas, mostró un comportamiento ejemplar con los sefardíes expulsados por los Reyes Católicos.

lle de enviar barcos a la Península Ibérica para transportar a los judíos expulsados en 1492 que desearan establecerse en sus dominios. Otros muchos emprendieron ese camino a pie, hecho que contribuyó a fundar y a reforzar comunidades judías por las rutas europeas que conducían a tierra otomana. Bayaceto II dispuso también que los judíos pudieran vivir según sus costumbres. Esta política perduró y los sefardíes, por ejemplo, mantuvieron su liturgia y su lengua judeoespañola, a la que fueron incorporándose palabras turcas que, con el tiempo, conformaron el ladino, una nueva lengua de raíz castellana.

En general, la sustitución del Imperio bizantino por el otomano mejoró la situación de los judíos. Estos, además de resultar útiles, fueron considerados por los turcos musulmanes pueblo protegido o *dhimmi*, por ser monoteístas. Por eso se les permitió el autogobierno local, a cambio, eso sí, de una tributación mayor. La evolución fue especialmente percibida por los romaniotas, como se denominaban los judíos grecoparlantes. Semejante trato recibieron los judíos de lengua árabe que, como consecuencia de la ampliación territorial otomana, quedaron bajo la dependencia de los sultanes.

La población judía, fundamentalmente urbana, vivía en ciudades como Estambul, Salónica, Esmirna y Adrianápolis. Algunos judíos se dedicaban a la política y a la diplomacia, otros a la medicina, al comercio o trabajaban como intérpretes o asesorando al ejército en el manejo de la pólvora y las armas de fuego. La buena preparación profesional de los sefardíes —que introdujeron la imprenta en el Imperio otomano— condujo a roces continuos entre estos y los romaniotas, menos instruidos. Tales diferencias explican que el cargo de gran rabino de Estambul, creado en 1453 por el sultán Mehmet II (1432-1481) y que años después sería común a sefardíes y a romaniotas, sólo fuera ocupado por dos personas y permaneciera vacante tres siglos. No hubo acuerdo.

Los centros espirituales de los judíos otomanos se encontraban en Jerusalén y especialmente en Safed, situada al norte del actual Estado de Israel. A esa ciudad llegó el rabino sefardí Josef Caro (1488-1575), autor del *Shulján Aruj* ('La mesa servida'), un práctico compendio de leyes sobre ritos y relaciones interpersonales, cuyo éxito estriba en una sencilla metodología que le diferencia del *Talmud*: de entre las distintas opiniones o interpretaciones legales, cita la de mayor prestigio y suele abstenerse de mencionar las demás. El *Shulján Aruj*, enriquecido después con notas de maestros ashkenazíes —en particular, del ya mencionado Moisés Isserles— que lo adaptaron a las costumbres de los judíos centroeuropeos y actualizado con nuevos comentarios, constituye hoy en día el código por excelencia del judaísmo y es continuamente consultado por los rabinos.

En el siglo XVII, los cristianos dependientes de las autoridades otomanas —considerados en la centuria anterior posibles aliados de las potencias cristianas enemigas— firmaron con los sultanes diversas capitulaciones que les beneficiaron religiosa, jurídica y económicamente. Las nuevas circunstancias propiciaron un cambio social que se reflejó en la competencia por los mejores puestos entre judíos y cristianos. La suerte de cada una de estas minorías fue cambiante en función de las necesidades y preferencias de los gobernantes imperiales, regionales y locales.

En las postrimerías del siglo XVII el Imperio otomano entró en una fase de estancamiento que perduró en el XVIII y en las primeras décadas del XIX, para caer después en un prolongado declive hasta su final en 1922. A pesar de su enorme extensión, conforme pasó el tiempo el poder político y el dinamismo económico del imperio fueron debilitándose y sus estructuras administrativas no se modernizaron. Durante los siglos XVIII y XIX tenemos pocas noticias de las comunidades judías asentadas en los decadentes territorios otomanos, aunque sabemos que no fueron tiempos fáciles para ellas.

CONSECUENCIAS DE LA *HASKALÁ* ('ILUSTRACIÓN')

Se ha escrito en ocasiones que la tolerancia —esto es, el respeto a las ideas, creencias o prácticas de los demás cuando son diferentes o contrarias a las propias— nació con la Ilustración, ese movimiento cultural desarrollado principalmente en Europa occidental en el siglo XVIII. Nada más lejos de la realidad. Ya hemos indicado que, por lo que a los judíos respecta, sus comunidades fueron minorías toleradas —alcanzando a veces algunos de sus miembros gran influencia— durante largos períodos del Medievo en los reinos cristianos de la Península Ibérica y en al-Ándalus, así como en el mayoritariamente musulmán Imperio otomano, en el católico reino de Polonia-

Lituania, en los Países Bajos —de religión protestante—, en Inglaterra —con su propia iglesia nacional—, y en numerosos principados católicos y luteranos del Sacro Imperio Romano Germánico.

La peculiaridad de la Ilustración respecto a todo lo anterior tuvo que ver con el modo en el que la tolerancia era entendida por sus mentes más representativas. La clave radica en la consideración de la religión que tenían los ilustrados, que según ellos debía relegarse a la esfera personal y ejercer la menor influencia social posible. Si en épocas anteriores a veces se exigió a los judíos convertirse al cristianismo o al islamismo, los ilustrados aconsejaban ahora para alcanzar la concordia y la igualdad no exteriorizar las propias creencias, que hasta entonces habían sido seña fundamental de identidad individual y social. Dicha recomendación, y esto también es nuevo, se dirigía a todos los seres humanos, fuera cual fuere su religión. Los ilustrados pretendían, en el fondo, que los cristianos arrinconaran el cristianismo, los judíos el judaísmo, los musulmanes el islamismo y así los demás.

En el siglo XVII, como vimos, Baruch Spinoza fue excomulgado por los rabinos por la incompatibilidad de sus ideas con el judaísmo. El filósofo holandés, sin embargo, no abrazó otra religión, hecho excepcional en su época. Avanzada ya la centuria siguiente, algunos miembros de las comunidades judías comenzaron a plantearse cómo contribuir al florecimiento que algunas ramas del saber experimentaron por entonces. Poco a poco fue surgiendo la Ilustración judía o *Haskalá*, término derivado de la palabra hebrea *sekhel*, que significa 'razón, intelecto, búsqueda racional'.

El filósofo judío alemán Moisés Mendelssohn (1729-1786) se erigió en paladín de ese movimiento y trató de convencer de sus ventajas a la comunidad judía. Mendelssohn, ciertamente, no deseaba la asimilación, sino mantener su identidad judía participando y beneficiándose de los logros de su entorno. Sin embargo, su pretensión

Moisés Mendelssohn (1729-1786) trató de compatibilizar en su modo de vida el mundo judío tradicional y la Europa de su tiempo. Símbolo de la emancipación cultural, Mendelssohn fue imitado por otros judíos.

chocó con la desconfianza que la Ilustración despertó en los rabinos, quienes desde el principio fueron conscientes de los peligros que el pensamiento ilustrado entrañaba para el judaísmo. De todos modos, no faltaron judíos ilustrados (*maskilim*) que siguieron el ejemplo de Mendelssohn y lograron armonizar religión y tradiciones con una activa intervención social.

Paralelo a la Ilustración y mucho más duradero que esta, el liberalismo fue ganando adeptos en Europa. Los tiempos cambiaban con rapidez. En 1753 el Parlamento inglés aprobó el *Acta sobre los judíos*, que reconocía su derecho a la nacionalización. Anulada meses después, la normalización jurídica de los judíos en Gran Bretaña se retrasó varias décadas, escalonándose hitos importantes de este proceso durante el siglo XIX: en 1833, Francis Goldsmid consiguió permiso para ejercer la abogacía; en 1855, David Salomons fue nombrado alcalde de Londres y, en 1858, el barón Lionel de Rothschild obtuvo un escaño en la Cámara de los Comunes.

Influidos por la Declaración de Independencia de los Estados Unidos de 1776, los diputados franceses reunidos en la Asamblea Nacional aprobaron en 1789 la Declaración de los Derechos del Hombre y del Ciudadano que, si no de hecho, al menos de derecho acabó con la desigualdad por nacimiento y con la arbitrariedad propia del Antiguo Régimen. Pero habría que esperar hasta 1790 para que una cláusula especial reconociera por fin como ciudadanos franceses a los judíos y pudieran aplicárseles los derechos correspondientes. La posterior legislación francesa benefició a los judíos del país y, por su repercusión internacional, a largo plazo, a muchas otras comunidades judías europeas. Hubo esfuerzos por ambas partes: los ideales igualitarios se extendieron en las sociedades mayoritariamente cristianas, al tiempo que los judíos fueron abriéndose más a su entorno. Se redujeron, pues, las diferencias entre unos y otros.

Este proceso bidireccional acabó teniendo gran importancia para los judíos, que por fin tuvieron vía libre para lograr la emancipación, es decir, la equiparación jurídica con sus compatriotas. Con ella se hacían posibles la participación activa en la política, la adquisición de bienes raíces —esto es, inmuebles—, el acceso a la educación reglada estatal, la admisión en los gremios y en las nuevas profesiones... Unas conquistas, desde luego, impensables sólo unas décadas antes, que para los judíos nacieron tras ser considerados por fuerza de ley —que no siempre por la mayoría de sus compatriotas— unos ciudadanos más.

En ocasiones, la equiparación jurídica —en Prusia se alcanzó casi totalmente en 1812— despertó en algunos el deseo de asimilarse por completo con sus compatriotas y de ocultar su identidad judía, y otras veces conllevó identificarse con la mayoría social cristiana por puro convencimiento. Así lo prueban el aumento de matrimonios mixtos, la habitual decisión de estos de educar a la prole en el cristianismo y los cada vez más frecuentes bautizos de judíos. Fue el caso, por ejemplo, de algunos miembros de la familia de Moisés Mendelssohn, incluido su nieto Félix Mendelssohn Bartholdy, afamado compositor musical. También recibió el bautismo, entre otros muchos sefardíes

El político inglés Benjamín Disraeli, de origen judío sefardí y religión cristiana, es un ejemplo más de judío interesado en la sociedad de su tiempo. Ministro de Hacienda y, después, primer ministro por el partido conservador (1867-1868 y 1874-1880) contribuyó a hacer de Gran Bretaña la mayor potencia imperial del mundo.

ingleses, el escritor y político Benjamín Disraeli, primer ministro británico durante varios mandatos.

La emancipación de los judíos, incluida en el programa liberal como fruto maduro del principio de igualdad para todos, fue alcanzándose a distintos ritmos en Europa central y occidental, a medida que en cada país se consolidó el liberalismo. Un proceso cambiante, más rápido y fácil en algunas naciones y más lento y con numerosos altibajos en otras. Las revoluciones que estallaron en 1848 en varios países europeos reivindicando mayor liberalismo impulsaron con fuerza la emancipación: Cerdeña reconoció formalmente la igualdad jurídica de los judíos en 1848, que desde allí se extendió a la Península Itálica, a medida que transcurrió el proceso de unificación de Italia, finalizado tras la incorporación de Roma en 1870; los judíos británicos, que ya disfrutaban de los derechos civiles, obtuvieron también los políticos en 1858; el Imperio austro-húngaro sancionó con su Constitución de 1867 la equiparación legal; dos años después lo hizo Prusia, por entonces motor del proceso unificador alemán; a Suiza la igualdad llegó en 1874 y a Portugal, en 1910.

El atraso político, social, cultural y económico que en el siglo XIX padecía parte de Europa central y oriental dilató la igualdad jurídica de sus judíos. Algunos mejoraron su situación tras las insurrecciones que rumanos, serbios y búlgaros promovieron contra el Imperio otomano, al que entonces estaban sometidos. El recurso de esos pueblos a la violencia se saldó con éxito y vieron cumplidas sus ansias de libertad. Pero la viabilidad de los nuevos estados requería la conformidad de las grandes potencias. En 1878, durante la cumbre diplomática del Congreso de Berlín, los representantes de Francia plantearon condicionar el reconocimiento formal de la independencia de las nuevas naciones a la aprobación de la igualdad jurídica de todos sus ciudadanos. Los gobiernos serbio y búlgaro aceptaron la propuesta, pero no el rumano, a pesar de las persecuciones sufridas por los judíos en su territorio. Rumanía y también Rusia, como ahora veremos, rechazaron la emancipación jurídica de sus numerosos súbditos judíos durante todo el siglo XIX.

Opresión y muerte en la Rusia de los zares

Debido a la presión de la Iglesia ortodoxa, nacida tras el cisma de 1054, los judíos tenían prohibido entrar en Rusia desde el Medievo. No es de extrañar, por tanto, que durante la Edad Moderna la comunidad judía rusa fuera numéricamente insignificante. Sin embargo, la anexión de territorios tras la guerra contra el Imperio otomano (1768-1774) y los sucesivos repartos de Polonia en 1772, 1793 y 1795 entre Austria, Prusia y Rusia —que provocaron la desaparición del Estado polaco hasta 1918— obligaron al Gobierno ruso a pensar en los cientos de miles de judíos recién incorporados. Con el tiempo, gracias a su rápido crecimiento demográfico, la comunidad judía llegó a alcanzar en 1900, incluyendo las antiguas tierras otomanas y polacas, 5.190.000 personas, algo más del 4,1% de la población de Rusia.

Antes de las ampliaciones territoriales, los emperadores o zares rusos ya habían constatado la nula efectividad de los intentos de incorporar a sus escasos súbditos judíos a la Iglesia ortodoxa nacional. Pero la política aplicada con posterioridad por algunos miembros de la dinastía Romanov —que rigió Rusia desde 1613 hasta 1917— acabó convirtiéndose en una pesadilla para los judíos que cayeron en su poder. Ni hablar de emancipación, que sí consiguieron multitud de rusos tras la abolición de la servidumbre el 19 de febrero de 1861. Las continuas afrentas a los judíos, especialmente a partir de las dos últimas décadas del siglo XIX, explican el activo papel que no pocos de ellos desempeñaron en la revolución democrática de febrero de 1917 y en la posterior revolución bolchevique de octubre del mismo año, que dio origen, en 1922, a la Unión de Repúblicas Socialistas Soviéticas (URSS).

Recordemos brevemente los principales acontecimientos. Tras la primera anexión de tierras polacas, se pensó qué hacer con los muchos judíos que las habitaban. La solución adoptada en 1791 por Catalina II —zarina desde 1762 hasta 1796— fue limitar el asentamiento de judíos a una «zona de residencia» situada en una región fronteriza occidental del Imperio ruso, cuyo tamaño aumentó al ritmo de las siguientes particiones de Polonia. Se ha calculado que las diversas provincias que acabaron conformando este territorio estaban pobladas al menos por un 15% de judíos, alcanzando determinadas áreas valores muy superiores.

La decisión de la zarina supuso varios inconvenientes para los judíos. En primer lugar, verse privados de libertad de movimiento. Ello constituyó una rémora para los judíos dedicados al comercio —aunque la mayoría viviera cultivando campos o dedicados a tareas artesanales—, forzados a competir en desventaja con el resto de los intermediarios connacionales. La limitación de residencia facilitaba también, si era el caso, mayor efectividad en la aplicación gubernamental de medidas restrictivas y/o violentas y más riesgos para los judíos ante posibles disturbios populares. Al menos, aquellos más celosos de las tradiciones que vivían en las aldeas rurales o *shtetlekh* pudieron conservar sus costumbres sin demasiadas interferencias.

El zar Alejandro I (1801-1805) aprobó en 1804 un híbrido estatuto para los judíos, cuya aplicación acabó siendo tardía y parcial debido a la ocupación de Rusia por las tropas napoleónicas y a la consiguiente guerra de liberación nacional. El mencionado ordenamiento evidencia la inexperiencia e incapacidad de quien no sabe cómo enfrentarse a un asunto de su competencia, al tratar de compatibilizar cierta flexibilidad con severas medidas restrictivas y otras encaminadas a lograr que los judíos se asimilaran.

Ese fue también el propósito de Nicolás I, durante cuyo reinado (1825-1855) aumentó la represión. En 1827 el zar aprobó el *cantonismo*, un régimen militar que forzaba a los varones judíos más pobres, de 12 a 25 años de edad, a incorporarse al ejército en las dos décadas y media que duraba el servicio militar ruso, prolongándose el período cuando —como ocurría en tantas ocasiones— los niños judíos cantonistas (término procedente de *cantones*, como se llamaban las barracas de entrenamiento) eran arrancados de sus hogares con sólo 8 ó 9 años. Obligados además a bautizarse, muchos de estos jóvenes acabaron protagonizando suicidios colectivos o individuales y otros recurrieron a las automutilaciones o a las conversiones fingidas. Por si fuera poco, Nicolás I aprobó en 1835

La decisión de la zarina Catalina II de imponer a los judíos una «zona de residencia» o «zona de asentamiento» (en la imagen) dificultó aún más la ya dura vida de los judíos rusos. Estos perdieron la posibilidad de escapar de los pogromos que tantas muertes causaron y vieron extraordinariamente limitada su capacidad de progresar.

un estatuto con medidas para igualar el modo de vivir de los judíos al de la mayoría de la población rusa.

El nuevo zar Alejandro II (1855-1881) reflejó su talante liberal con disposiciones favorables que oxigenaron la vida de aquellos judíos que se beneficiaron de ellas: suprimió el cantonismo en 1856, redujo a cinco

Como fue habitual durante la monarquía zarista, los reinados
de los zares Nicolás I (izqda.) y de su nieto Alejandro III
(dcha.) constituyeron tiempos muy difíciles para los judíos.
No es extraño que cada vez más judíos pensaran cómo
escapar de aquel infierno.

años el servicio en el ejército a todos los reclutas, permitió el acceso a la enseñanza universitaria, consintió a ciertos grupos —progresivamente a comerciantes, titulados universitarios, artesanos y soldados— abandonar la zona de asentamiento y autorizó la compra de bienes raíces a los judíos residentes en las antiguas tierras polacas. Sin embargo, la envidia de algunos funcionarios hacia los judíos que progresaban y el descontento generalizado del campesinado, degeneraron en rebeliones como la de los polacos en 1866 y en un fracasado atentado contra el zar. Ello provocó un giro político encaminado a contrarrestar las tendencias centrífugas nacionalistas, como los polacos, y culturales, como los judíos. Estos volvieron a padecer leyes discriminatorias: límites de participación en los gobiernos municipales, prohibición de ocupar alcaldías y cierre de escuelas judías y de seminarios rabínicos.

El asesinato del zar Alejandro II impulsó a reforzar el gobierno autocrático a su sucesor e hijo Alejandro III (1881-1894). El mismo año de su ascenso al trono se desencadenó la primera oleada de *pogromos*, término derivado de la palabra rusa *pogrom*, que en esa lengua designa un disturbio espontáneo de repulsa popular. Pero la espontaneidad no fue precisamente una cualidad de los pogromos, tantas veces organizados y ante los que el Gobierno ruso, si no llegó a manifestar su venia, sí mostró al menos su culpable indiferencia: nada hicieron las fuerzas policiales para frenar las matanzas, violaciones, pillajes y destrucciones ocasionadas en pocos días por cada pogromo. Para colmo, el ministro Ignatiev impulsó nuevas restricciones con las llamadas *Leyes de mayo*, aprobadas en 1882. La normativa prohibió abandonar las ciudades a los judíos que vivían en ellas, en su mayoría residentes en pútridos barrios marginales. Una vez confinados, quedaron a disposición de las frecuentemente hostiles autoridades locales. Cercano ya el fin de siglo, la situación de los millones de súbditos judíos del zar era, por decirlo lisa y llanamente, insoportable.

5

Reacciones ante la extensión del antisemitismo (fines del s. XIX y ppios. del XX)

UN ESFUERZO FRUSTRADO

Durante las últimas décadas del siglo XIX y las primeras del XX, la situación de los judíos en buena parte de Europa fue empeorando. No tenía por qué haber sido así. Ciertamente, muchos miembros de las comunidades judías de Rusia y de Rumanía siguieron padeciendo frecuentes abusos promovidos por sus respectivos gobiernos, contando a menudo con la indiferencia —cuando no con la aquiescencia— de numerosos compatriotas. Sin embargo, como ya sabemos, en otros estados europeos —Países Bajos, Francia, Inglaterra, Italia, Imperio austro-húngaro, Alemania, Bulgaria, Serbia— los judíos obtuvieron, antes o después y con más o menos dificultades, la equiparación jurídica con sus connacionales.

Las tradicionales injusticias que antes de la emancipación —o equiparación jurídica— soportaron los judíos, habían obligado a estos a adaptarse a un mundo acotado de libertades. No tenían otra solución. Durante

La emancipación jurídica de los judíos en un creciente número de países europeos posibilitó la aparición de figuras muy influyentes como el polémico Sigmund Freud.

centurias, también en el siglo XIX, el día a día de un judío resultaba más difícil que el de las gentes de su entorno: muchos vivían entre creyentes de otras religiones (cristianos católicos, ortodoxos, luteranos y anglicanos, o bien musulmanes), la mayoría de las veces jurídicamente subordinados y sometidos a prohibiciones como no poseer inmuebles ni acceder a cargos públicos. Tales limitaciones, sin embargo, contribuyeron a fortalecer el carácter de bastantes judíos (tesón, esfuerzo, superación de las contradicciones, capacidad de adaptación) y explican que algunas familias, a falta de bienes raíces, tuvieran acumulado suficiente capital monetario para invertir cuando la ocasión se presentara. Y así ocurrió en plena Revolución industrial, al tiempo que se obtenía la tan ansiada igualdad legal.

Muchos judíos aprovecharon las oportunidades que brindaban las leyes liberales —recordemos que no existían en Rusia ni en Rumanía— para incorporarse a campos de la vida social que antes les estaban prohibidos. El nuevo ambiente hizo posible la formación de científicos tan influyentes como el neurólogo checo-austriaco Sigmund Freud (1856-1939) y el físico alemán Albert Einstein (1879-1955). La posibilidad de acceder a estudios reglados, a todas las profesiones y al funcionariado transformó las comunidades judías, cuyos miembros se abrieron más a su entorno. Era una apertura muy conveniente.

En el seno del judaísmo surgieron movimientos reformistas que introdujeron transformaciones —por ejemplo, el abandono de la liturgia en hebreo, la reducción del ritualismo, el traslado al domingo de la celebración del *sabbath*— consideradas por sus partidarios necesarias para amoldarse a la modernidad. La influencia de corrientes laicas de pensamiento dieciochesco (Ilustración) y decimonónico (liberalismo) provocaron la aparición de judíos deístas y teológico-liberales (entre estos últimos, la gama entera desde el radicalismo al tradicionalismo) y, a mediados del siglo XIX, de sionistas religiosos que afirmaban ser voluntad divina el establecimiento de un Estado de Israel.

La emancipación jurídica y económica impulsó también en un buen número de judíos el deseo de renegar de su identidad. En el capítulo anterior indicamos que, bien como consecuencia de una conversión sincera, por interés o simplemente por rechazo de su condición, algunos judíos se asimilaron con la mayoría social cristiana. En otros casos, el desprecio o el odio a sus propias raíces y a su cultura fue consecuencia lógica de su convicción y apoyo incondicional al comunismo, cuya idea exclusivamente material del ser humano y defensa de una sociedad atea y sin libertad política, económica y religiosa, no podían oponerse más al judaísmo.

Fue enorme la influencia de estos «judíos antijudíos» —como los ha llamado el historiador británico Paul Johnson— en la historia de los siglos XIX y XX. El

El multifacético Karl Marx es un ejemplo de esos judíos que renegaron de ese aspecto de su identidad. Pretendiendo liberar al ser humano, el marxismo acabó sin embargo diluyendo a la persona en parte de un bodrio social.

filósofo, economista e historiador alemán Karl Marx (1818-1883) concibió el socialismo científico y el comunismo. Y otros desempeñaron un papel fundamental en la gestación, desarrollo, triunfo y consolidación de revoluciones que acabaron imponiendo el marxismo de una u otra forma en distintos países. Es el caso, entre otros muchos judíos, de los alemanes Ferdinand Lasalle (1825-1864), Eduard Bernstein (1850-1932), Kurt Eisner (1867-1919) y Karl Liebknecht (1871-1919); los ucraniano-rusos Lev Trotsky (1879-1940), Grigori Zinóviev (1883-1936) y Karl Radek (1885-1939); los rusos Lev Kámenev (1883-1936) y Yakov Sverdlov (1885-1919); los polaco-rusos Rosa Luxemburg (1871-1919), Boleslaw Bierut (1892-1956) y Jakub Berman (1901-1984); los húngaros Béla Kun (1886-1938) y Mátyás Rákosi (1892-1971); y el checo-austriaco Rudolf Slánský (1901-1952) que, al igual que algunos de los anteriores, no tuvo una larga vida política porque acabó siendo víctima del sanguinario Stalin.

Más numerosos fueron los judíos que abrazaron el capitalismo. Aquellos que disponían de dinero suficiente se lanzaron a invertir en inmuebles, medios de producción (maquinaria, fábricas) y bienes culturales (libros, instrumentos musicales, cuadros) que a corto o medio plazo dieron rendimiento y permitieron a sus dueños llevar una vida acomodada y mejorar su formación. Como era tradicional, siguieron utilizándose las redes de contactos para optimizar las ganancias en la compraventa de todo tipo de productos. Altísimos fueron también los beneficios procedentes de los préstamos de capital, cambio de divisas e inversiones industriales y ferroviarias realizados por bancos ingleses, alemanes, austriacos, holandeses y franceses fundados, dirigidos o controlados por judíos, como la prolífica familia Rothschild, Salomon Heine (1767-1844), Samuel Bleichröder (1779-1855) y su hijo Gerson (1822-1893), Achille Fould (1800-1867), los hermanos Émile (1800-1875) e Isaac Péreire (1806-1880), Abraham Oppenheim (1804-1878), Paul Moritz Warburg (1868-1932), etc.

En general, pues, los judíos no ahorraron esfuerzos individuales para beneficiarse de las nuevas circunstancias y contaron con la generosa ayuda de filántropos judíos como *sir* Moises Montefiore (1784-1885) y el barón Maurice de Hirsch (1831-1896). Pero tampoco faltaron acciones colectivas. Se emprendieron iniciativas para movilizarse y trabajar por la prosperidad mutua: nacieron instituciones de colaboración y beneficencia como la Junta de Representantes de los Judíos Británicos (1760), la organización francesa Alianza Israelita Universal (1860) —que tanto ayudó a los pobres niños y jóvenes sefardíes dispersos por el Imperio otomano— y la Asociación de Ayuda de los Judíos Alemanes (1901).

El barón Hirsch, judío alemán, dedicó gran parte de la enorme fortuna que amasó en los negocios ayudando a comunidades judías de Europa oriental. Fundó la Jewish Colonization Association, que facilitó la instalación en Argentina de millares de judíos rusos mediante préstamos reintegrables con las ganancias del trabajo en las nuevas tierras de asentamiento. Un modelo asistencial y a la vez motivador, digno de imitación.

    Por parte de los distintos gobiernos, quedaba por delante el reto de consolidar las leyes de equiparación jurídica y de acostumbrar a todos sus ciudadanos a cumplirlas con normalidad, especialmente en los Estados de Europa central y oriental, cuyos mandatarios tanto tardaron en aprobar la paridad legal. Pero lograr la presencia y la participación de los judíos en la vida pública en pie de igualdad acabó resultando un fracaso. La razón última del fiasco no fue que los judíos continuaran aferrados al judaísmo y profesaran por tanto una religión diferente a la de la mayoría social, como siguió siendo habitual, a pesar de las conversiones al cristianismo y del aumento de judíos no practicantes; el resultado adverso tampoco se debió a que muchos judíos mantuvieran hábitos atávicos y no consiguieran integrarse o asimilarse a los demás. No.

    La causa principal que explica el rechazo de un número creciente de europeos hacia los judíos fue mucho más sencilla: para los primeros, los judíos siempre seguirían siendo judíos, individuos de otra etnia, gentes de otra raza. La corrosiva amenaza racista del antisemitismo —que había asomado ya la cabeza tanto en los últimos escritos de Lutero, como en las instituciones españolas que durante la Edad Moderna exigieron estatutos de limpieza de sangre para ingresar en ellas— se cernía ahora con mayor presión y más graves consecuencias sobre algunos países de Europa, dispuesta a campar a sus anchas sobre un terreno que las diferencias culturales persistentes y los múltiples prejuicios dejaron preparado.

EUROPA CENTRAL Y OCCIDENTAL

Entre 1853 y 1855, el diplomático francés Joseph Arthur de Gobineau (1816-1882) publicó en dos volúmenes una historia de las civilizaciones desde una perspectiva étnica que tituló *Ensayo sobre la desigualdad de las razas humanas*. Considerado el padre teórico del racismo moderno, Gobineau fundamentó su obra en el poligenismo, es decir, en la variedad de orígenes del género humano; partió por tanto de un principio opuesto al monogenismo revelado en la Biblia —que enseña que todos los seres humanos descienden de una única pareja inicial— y, en consecuencia, radicalmente contrario a la concepción judeocristiana del origen del género humano. Gobineau concluye que hay una jerarquía de razas (la blanca, poseedora del monopolio de la belleza, de la inteligencia y de la fuerza, y la amarilla y la negra como variedades inferiores) y sitúa en la cima de la raza blanca —en la que no se encuentran los judíos, a quienes consideraba seres también inferiores— a los arios, supuestamente creadores de las culturas superiores mientras conservaran su «pureza» racial.

Las tesis de Gobineau ejercieron gran influencia en Alemania, Francia, Gran Bretaña y Estados Unidos y no tardaron en combinarse con algunos de los principios —selección natural, competencia por la supervivencia— que fundamentaron la obra *El origen de las*

Inventor del término *antisemita*, Wilhelm Marr hizo del racismo su causa principal de rechazo a los judíos. Para contrarrestar la supuesta y creciente amenaza de los judíos en Alemania, en 1879 Marr fundó la Liga de los antisemitas.

especies (1859), del biólogo inglés Charles Darwin. Uno de los resultados de tal combinación fueron los escritos del británico —más tarde nacionalizado alemán— Houston Stewart Chamberlain (1855-1927). Su libro *Los fundamentos del siglo XIX* (1899) sistematiza el antisemitismo, apoya el pangermanismo (doctrina que proclama y procura la unión de todos los pueblos de origen germánico) y propugna conservar la pureza racial germánica y marginar a los judíos y a los católicos. El pensamiento de Chamberlain constituye un claro precedente del nazismo y, como tal, puso en marcha múltiples iniciativas para arrinconar socialmente a los judíos.

Durante el II Reich o Segundo Imperio alemán (1871-1918), el predicador luterano Adolf Stoecker fundó en 1878 el Partido Social-Cristiano que sirvió a su promotor para difundir sus prejuicios antijudíos. En 1879, el periodista y agitador Wilhelm Marr —hijo bautizado de un actor judío— usó por vez primera el término *antisemitismo* que rápidamente se popularizó para designar el rechazo a los judíos y a su cultura. Ese mismo año, Marr fundó la Liga de los antisemitas, primera organización germana dedicada a luchar contra la amenaza que —según sus miembros— los judíos representaban para Alemania y defensora de su expulsión del país. Más que de enemigos de la verdadera religión, ahora empezaba a culparse a los judíos de hostilidad a la nación. De aceptarse tal premisa, desde luego, cualquier país con judíos tenía traidores dentro de sus fronteras.

No tardó en extenderse por tierras germanas un debate pseudointelectual, impregnado de nacionalismo y animado por luteranos, basado en la dicotomía ario/judío. Poco a poco el antisemitismo ganó respetabilidad en Alemania y pronto se manifestó en brotes de violencia (1880 y 1881 en Berlín), en la celebración de congresos internaciones antijudíos (1882 en Dresde y 1883 en Chemnitz) y en medidas de exclusión de los judíos adoptadas tanto por ciertos grupos conservadores (Unión de Campesinos y Asociación Nacional Alemana de Auxiliares de Comercio), como por algunas asociaciones estudiantiles. Con tales precedentes, no es extraño que en 1885 fueran expulsados de Alemania unos 10.000 judíos rusos que se habían refugiado en el país para escapar de los pogromos.

El aumento del antisemitismo provocó las protestas de respetables intelectuales como Theodor Mommsen y Theodor Fontane, así como de la Asociación de Comunidades Germano-Israelitas, que en vano se dirigió al primer ministro o canciller alemán Otto von Bismarck para que interviniera. Pero este, aun sin avivar la llama del antisemitismo, nada hizo por apagarla. El nacionalismo alemán opuso cada vez más la germanización al cosmopolitismo judío y, progresivamente, se abandonaron los tradicionales argumentos religiosos para justificar la segregación por excusas políticas y/o conclusiones supuestamente «científicas»: los judíos, por el mero hecho de serlo, no estaban capacitados para integrarse en la modernidad.

Esos razonamientos, admitidos ya por amplias capas de la población alemana en la década de los ochenta del siglo XIX, no tardaron en plasmarse en maniobras antisemitas y en programas de organizaciones políticas —unas efímeras, otras duraderas— que se fundaron en los años siguientes: es el caso del Partido Reformista Alemán, de la Liga Pangermánica, del Partido de la Patria y del Partido Obrero Alemán, al que pronto se afilió Adolf Hitler —por entonces oficial de propaganda del ejército alemán— y que en 1920 pasó a llamarse Partido Nacionalsocialista Alemán de los Trabajadores, más conocido como Partido Nazi. La gran derrota que en la Primera Guerra Mundial sufrió el país, la humillación a la que se vio sometido durante los tratados de paz y la galopante crisis económica impulsaron al 37,8% de los votantes en las elecciones legislativas de julio de 1932 a decantarse por la opción política anticapitalista y antisemita encabezada por Hitler; este, gracias a diversos pactos, fue nombrado canciller el 30 de enero de 1933.

Al igual que en el II Reich alemán, también en el Imperio austro-húngaro —surgido en 1867 y disuelto en 1919— creció progresivamente la animosidad hacia los judíos. En Austria, el teólogo católico August Rohling (1839-1931) publicó *El judío talmúdico* basándose en *El judaísmo desenmascarado*, obra muy anterior del orientalista Johann Eisenmerger (1654-1704). La obra de Rohling obtuvo un éxito inmediato, no tardó en traducirse a otras lenguas y se citó con frecuencia en artículos de prensa antijudíos. El ambiente se intoxicaba cada vez más y Viena se convirtió en centro difusor del antisemitismo. Los grandes problemas que sufrió el país durante la Primera Guerra Mundial y las repercusiones de la crisis bursátil de 1929, no hicieron más que agravar las condiciones de vida de los judíos.

En Hungría, el diputado liberal Gyözö Istóczy afirmó el 8 de abril de 1875, en el parlamento nacional, que el creciente número e influencia de los judíos constituía un peligro para el resto de sus compatriotas. Comenzó así una corriente de antisemitismo político, pronto respaldada por otra de carácter social que surgió del deseo de encontrar responsables de la dura crisis económica que atravesaba la nación. La situación empeoró cuando en abril de 1882, tras desaparecer una joven en la aldea de Tisza-Eszlar, su madre culpó a varios judíos de asesinar a la niña para celebrar la fiesta de Pascua. El proceso acabó en junio del año siguiente declarando inocentes a los quince imputados.

La jerarquía católica centroeuropea se enfrentó a las acusaciones antijudías de crimen ritual, tan frecuentes en las últimas décadas del siglo XIX: así lo hicieron, por ejemplo, Georg Kopp, cardenal de Breslau, y los sucesivos arzobispos de Colonia Philipp Klementz y Anton Fischer. Y en una carta colectiva publicada en 1891, los obispos austriacos alertaron de los negativos efectos del antisemitismo. En 1899, la obra *El judío talmúdico* fue condenada y Rohling, su autor, tuvo que dejar la enseñanza teológica oficial. A pesar de estas acciones de la jerarquía, algunos miembros del bajo clero persistieron mostrando una aversión al judaísmo que coadyuvó a extender el rechazo a sus creyentes.

Disuelto el Imperio austro-húngaro en 1919 tras la Primera Guerra Mundial (1914-1918) y pasados los meses de terror que siguieron durante la breve Revolución comunista (1919) dirigida por el judío Béla Kun, se instauró en Hungría un régimen autoritario-conservador. El nuevo gobierno aprobó en 1920 una ley de *numerus clausus* en las universidades para los judíos y, sin prisa pero sin pausa, puso en marcha una política para apartarles de los puestos altos y medios de la sociedad. Las críticas a los judíos arreciaron en el parlamento, en la prensa y en las universida-

Béla Kun, un judío seducido por el comunismo, gobernó Hungría durante unos meses en 1919. Acabó siendo asesinado en la Unión Soviética en 1939, en una purga estalinista.

des, al tiempo que el país fue girando cada vez más a la derecha: el 5 de abril de 1927 el dictador fascista italiano Benito Mussolini firmó un tratado de amistad con Hungría y otro el 6 de febrero de 1930 con Austria, que se convirtieron en un pacto tripartito el 17 de marzo de 1934.

Trasladémonos ahora a Francia. El jueves 13 de enero de 1898, unos meses después de su fundación, el periódico republicano socialista francés *L'Aurore* atrajo el interés de los lectores titulando su portada «*J'accuse...!*» ('¡Yo acuso...!'). Debajo, en seis columnas, y en otras dos de la página siguiente, se publicaba una carta abierta del escritor Émile Zola dirigida a Félix Faure, presidente de la República de Francia. En pocas horas se vendieron más de 300.000 ejemplares del diario que multiplicó por 10 su tirada habitual. En la misiva, Zola denunciaba las injusticias cometidas contra el judío Alfred Dreyfus, ingeniero y capitán del ejército francés.

El prestigio del autor de la carta, la gravedad de las acusaciones que vertía y el morbo que despertaba en tantos cualquier cosa relacionada con un judío convirtieron el texto de Zola en un bombazo periodístico. El

El caso Dreyfus reveló la existencia de un antisemitismo contumaz en parte de la sociedad francesa, conllevó años de sufrimiento para el inocente Alfred Dreyfus (dcha.) y demostró la valentía de Émile Zola (izqda.). Debajo, el célebre alegato de Zola en favor de Dreyfus publicado en el periódico *L'Aurore*.

tema interesaba. Desde 1886, año de la publicación por el periodista y escritor Edouard Drumont de su exitoso libro antisemita *La Francia judía*, en muchos franceses nació o creció, según los casos, el resentimiento hacia los compatriotas judíos. La carta abierta de Zola avivó las pasiones y pronto las reacciones encontradas ante el caso Dreyfus provocaron disturbios antisemitas en una veintena de ciudades francesas, dividiendo además al país en dos: los defensores del capitán Dreyfus, mayoritariamente de izquierdas, y sus detractores, entre quienes se encontraban nacionalistas, antisemitas y varios partidos de derechas. ¿De qué trataba el asunto?

En 1894, Dreyfus había sido acusado de alta traición por vender documentación secreta a Alemania y condenado por un consejo de guerra a cadena perpetua y a ser deportado a la colonia penal de la Isla del Diablo, cerca de la costa de la Guayana francesa. No conforme con el dictamen, la familia del presidiario acudió al escritor y periodista judío Bernard Lazare para continuar las pesquisas. Por su parte, Georges Picquart, jefe del contraespionaje francés, verificó en marzo de 1896 la inocencia de Dreyfus y la culpabilidad del comandante Ferdinand W. Esterházy, al que sin éxito imputó de la traición ante el Estado Mayor. Lo que había sido un error judicial empezó a convertirse en sucia manipulación de la justicia —incluyendo la falsificación de pruebas— por altos mandos del ejército francés.

En julio de 1897, Auguste Scheurer-Kestner, vicepresidente del Senado, fue informado de todo el asunto por el abogado de Picquart y meses después acabó convencido de la arbitrariedad cometida contra Dreyfus, a quien comenzó a defender públicamente. A la causa pronto se sumó Zola, cuyo apoyo —tanto escribiendo su carta abierta al presidente Félix Faure como después— fue decisivo para la reapertura del proceso judicial. Condenado Dreyfus de nuevo en agosto de 1899, aunque esta vez a 10 años de prisión, en septiembre fue indultado por Émile Loubet, nuevo presidente de la República francesa. El capitán tendría que esperar a 1906 para ver oficialmente reconocida su inocencia. Entre otras consecuencias, la división social creada en Francia por el caso Dreyfus impulsó el crecimiento del partido Acción Francesa, que contribuyó a crear en ese país el apoyo suficiente para implantar años después el conocido como régimen de Vichy (1940-1944), colaboracionista de los nazis.

EUROPA ORIENTAL

La situación de los cientos de miles de judíos que vivían en Rumanía era mucho peor que la de los franceses, ya que en las últimas décadas del siglo XIX y en las primeras del XX sufrieron continuos embargos, expulsiones, persecuciones y agresiones que solían dejar cadáveres por el camino. La intervención rumana en la Primera Guerra Mundial no hizo más que agravar las circunstancias. Gracias a los tratados de paz que siguieron al conflicto, Rumanía incorporó nuevos territorios (Besarabia, Bukovina, Transilvania), pero también a los judíos que en ellos residían.

Durante el período de entreguerras (1919-1939), el antisemitismo que tiñó la vida política y social del país —en general, los judíos eran considerados un grupo culturalmente extraño y no asimilable— creó un excelente caldo de cultivo para el crecimiento de la Guardia de Hierro, rama político-paramilitar del movimiento ultranacionalista y pseudorreligioso-ortodoxo Legión del Arcángel San Miguel, fundado en 1927 por Corneliu Zelea Codreanu. Como recuerda la escritora rumana Agnes Csato en su autobiografía *El despertar de las sombras* (2006), los «guardias de hierro» disfrutaban golpeando de noche a los judíos, metiendo en su boca nieve en invierno y estiércol de caballo en verano, destrozando sus tiendas, pintarrajeando los muros y cortinas de sus casas, etc. Gracias al respaldo de una parte del campesinado, este cruel grupo de delincuentes llegó a ser la tercera fuerza

Corneliu Zelea Codreanu y sus seguidores de la Legión del Arcángel San Miguel constituyeron, desde la fundación del movimiento en 1927, una auténtica pesadilla para los judíos rumanos. En enero de 1938 un golpe de Estado encabezado por el rey Carol II acabó con el poder de Codreanu, que murió asesinado meses después.

política de Rumanía en las elecciones de 1937, con un 16,5% de los votos.

Tampoco vivieron cómodos los judíos del vasto Imperio ruso. Según el único censo demográfico de la plurinacional Rusia zarista, realizado entre diciembre de 1896 y enero de 1897, en el país vivían 5.215.000 judíos (4,19% de los rusos y casi la mitad de la población judía mundial). El 94% de ellos habitaban en la zona de asentamiento impuesta décadas atrás que abarcaba tierras polacas, lituanas, ucranianas y bielorrusas, concentrándose más en las provincias noroccidentales de este territorio (15% del total de la población) que en las surorientales (9%). Sin embargo, los porcentajes se disparaban entre la población urbana del área obligatoria de asentamiento, que en tiempos del mencionado censo alcanzaba 2,4 millones de personas: de ellas, los judíos constituían el 55% de los habitantes de las ciudades de la Rusia Blanca, el 50% de las lituanas y el 38% de las polacas.

En las últimas décadas del siglo XIX, la población judía del Imperio ruso había ido cambiando su modo de vida y ya eran muchos más los que se dedicaban al comercio, a labores artesanales, industriales y a ciertas profesiones liberales, que los consagrados exclusivamente al sector primario. Pero su situación económica seguía siendo tan precaria como injusta era su condición legal: sometidos a millares de estatutos, reglamentos e interpretaciones judiciales que cercenaban su libertad más que a cualquier otro grupo social, los judíos rusos no sólo estaban lejos de poder beneficiarse como los demás de los medios imprescindibles para progresar (educación, libertad de residencia, acceso a la función pública), sino que sufrían apuradas circunstancias materiales. Ello explica la proliferación de organizaciones de beneficencia judías y el aumento de préstamos intracomunitarios para costear bienes de primera necesidad.

Durante el reinado de Nicolás II (1894-1917), que sería el último zar de Rusia, los judíos continuaron padeciendo pogromos que el gobierno no se esforzó en frenar. Fueron además acusados de fomentar el ambiente revolucionario que se extendió por el país y, desde 1905, se les hizo responsables de apoyar al enemigo extranjero tras el fracaso de Rusia en su guerra contra Japón.

También en 1905 el escritor Sergei Nilus, agente de la policía zarista, editó un libro titulado *Lo grande en lo pequeño: la venida del anticristo y el dominio de Satanás en el mundo*. En dicha obra, Nilus insertó la versión completa de un texto de gran influencia posterior denominado *Los protocolos de los sabios de Sión*, cuyo resumen había sido ya publicado dos años antes por vez primera en el diario ruso *Znamia*. Afirmaba Nilus que su relación con ese escrito se limitaba a traducirlo del francés al ruso y a divulgarlo, ya que reproducía las actas del Primer Congreso Sionista, que efectivamente se celebró en la ciudad suiza de Basilea en 1897.

El zar Nicolás II continuó la política antisemita que caracterizó a otros miembros de su familia. Para cambiar de vida, muchos judíos rusos emigraron a América, otros se hicieron sionistas y emprendieron la marcha hacia Palestina y otros promovieron la oposición política interna. A pesar de ello, muchos judíos fueron asesinados en pogromos.

Nilus aseguraba que, en esa reunión, los dirigentes judíos habían diseñado un plan para perturbar las relaciones entre los seres humanos y entre las naciones, con el objetivo final de dominar el mundo.

Compuesto por 24 secciones o protocolos —correspondientes al supuesto contenido de otras tantas sesiones del mencionado congreso— el libro muestra a los judíos como promotores de tendencias históricas, sistemas de pensamiento, hechos concretos y planes de futuro para controlar la humanidad. Habría que esperar hasta 1921 para demostrar que el autor de *Los protocolos de los sabios de Sión* copió y mezcló parte del contenido de dos libros anteriores: uno de ellos, *Diálogo en el infierno entre Montesquieu y Maquiavelo*, editado en Bruselas en 1864 y escrito por el abogado francés Maurice Joly para criticar al régimen francés de Napoleón III, en el que no aparecen los judíos; el otro, la novela *Biarritz*, del escritor alemán Hermann Goedesche, donde se describe una reunión conspira-

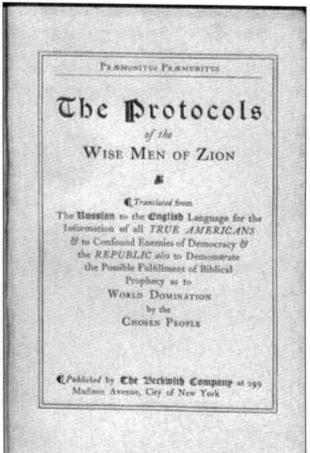

Sergei Nilus fue uno de los grandes difusores de los *Protocolos de los sabios de Sión*, obra de gran influencia posterior, que acusa a los dirigentes judíos de querer controlar el mundo empleando para ello cualquier medio lícito e ilícito, moral e inmoral. A la izquierda, Linus, y a la derecha una de las muchas ediciones del libro (publicada, en esta ocasión, en Nueva York).

toria entre el diablo y un grupo de judíos que supuestamente representarían a las doce tribus de Israel. A pesar de descubrirse el plagio, los *Protocolos* siguieron publicándose y multiplicaron sus ediciones tanto en Rusia como en otros países, difundiendo con eficacia el antisemitismo durante el siglo XX.

La presión antijudía del Gobierno ruso continuó. En 1911, Menahem Mendel Beilis, judío ucraniano, fue calumniosamente acusado de perpetrar un asesinato ritual a un niño cristiano. Durante los dos años que Beilis pasó en la cárcel esperando el juicio y su consiguiente absolución, periódicos favorables al régimen zarista desencadenaron una persistente cruzada contra la comunidad judía rusa que impulsó una nueva campaña de aislamiento económico. La intervención de Rusia en la Primera Guerra Mundial no hizo más que empeorar la situación, porque en el frente oriental europeo, en parte coincidente con la zona de asentamiento judía, se lidiaron duros combates. Los pogromos que se sucedieron en 1915 coincidieron con la orden de alejar a miles de familias judías del área de las hostilidades, fuera incluso del territorio de residencia que se les impuso. Esta decisión, que salvó la vida a muchos judíos, provocó sin embargo la animadversión de los pobres campesinos que vieron llegar a sus aldeas a esos desamparados.

A la revolución de febrero de 1917 que terminó con el régimen zarista —y que derogó toda legislación discriminatoria, aboliendo por tanto la zona de asentamiento para los judíos— siguió, en octubre de ese año, una revolución bolchevique que, completando lo que se ha dado en llamar la Revolución rusa, enfrentó a sus partidarios y a sus detractores en una cruenta guerra civil (1917-1923). Se calcula que, durante la contienda, entre 60.000 y 150.000 judíos fueron asesinados en numerosos pogromos y que muchos más quedaron mutilados, heridos y desposeídos de sus bienes. Aunque algunos miembros del Ejército Rojo o comunista cometieron masacres de judíos, buena parte de las mismas fueron consumadas por los *blancos* o antirrevolucionarios del Ejército Voluntario. El relativo respeto de los bolcheviques hacia los judíos se debió a que el 27 de julio de 1918, en plena guerra, el Consejo de Comisarios del Pueblo —que ejercía de gobierno provisional de los comunistas— había declarado que el antisemitismo y los pogromos perjudicaban el triunfo de la revolución.

La guerra civil rusa se saldó con la victoria comunista. Ello significó el fin del peligro de muerte por el mero hecho de ser judío. Pero el progresivo afianzamiento del régimen comunista, de carácter totalitario, supuso un creciente recorte de libertades tanto para los judíos como para todos los demás. El rechazo específico a las tradiciones judías que manifiestan algunos textos de Karl Marx y el odio a la religión que rezuma su ideología, fueron compartidos por los revolucionarios comunistas rusos Lenin y Stalin. De hecho, al reafirmarse este último en el poder en 1927, dio comienzo una campaña para asimilar los judíos a la mayoría social —también sojuzgada por el yugo soviético— forzándoles a cambiar de cultura, a dejar de ser quienes eran.

El sionismo político

La propagación del antisemitismo en Europa en las últimas décadas del siglo XIX mostró la insuficiencia de la equiparación jurídica de los judíos con sus respectivos compatriotas. En su libro *Los judíos en la modernidad europea* (2001), el historiador y sociólogo húngaro Viktor Karády menciona cuatro opciones esenciales —dos ya puestas en práctica y otras dos nuevas— que tenían los afectados para intentar solventar el problema. La primera era intensificar los esfuerzos para asimilarse, bien apoyando movimientos nacionalistas (tan en boga en aquella Europa llena de grupos con identidades colectivas pero sin Estado propio), bien respaldando soluciones socialistas o comunistas, o bien aceptando totalmente las reglas de juego del capitalismo. La segunda reacción consistió en aferrarse al judaísmo ortodoxo, como hizo el movimiento Agudat Yisrael ('Unidad de Israel'), surgido entre 1909 y 1912, que alcanzó gran desarrollo en Europa central y oriental.

Las otras dos respuestas a la crisis de la asimilación resultaron novedosas. Por una parte, distintos grupos judíos crearon organizaciones para lograr la autodeterminación cultural en los respectivos estados de residencia, así como para defender *aquí y ahora* los derechos políticos y sociales tanto de sus miembros, como de los demás judíos: eso hicieron las corrientes autonomistas y la Liga General Judía de Trabajadores, organización socialista presente en Lituania, Polonia y Rusia. Más originales fueron los sionistas políticos que abogaron por la creación de un Estado judío propio. A las cuatro posibles respuestas a la expansión del antisemitismo indicadas por Karády, añadimos nosotros una quinta: marchar a países más seguros pero sin aventurarse a fijar residencia en Palestina.

Por su trascendencia posterior, resulta conveniente dedicar unas líneas al sionismo político, distinto de otros sionismos decimonónicos anteriores por el peso que en él tuvo el factor organizativo, así como por la importancia que dio a las instituciones de gobierno. Desde que los romanos destrozaron Jerusalén en el año 70 d. C. y, especialmente, tras la brutal represión contra los insurrectos encabezados por Simón Bar Kojba medio siglo más tarde, la tierra de Israel se perdió para los judíos. Las circunstancias forzaron el exilio: muy pocos pudieron permanecer en sus hogares y el resto se desperdigó principalmente por las distintas provincias del Imperio romano.

En 1896, el escritor y periodista húngaro Theodor Herzl (1860-1904) publicó en Viena *El Estado judío*, obra que dio comienzo al sionismo político organizado o, dicho de otra forma, al movimiento de liberación nacional del pueblo judío. Las inquietudes precedentes sobre la situación de los judíos no habían contemplado la posibilidad de conseguir un Estado propio, pero sí intensificaron los vínculos con Sión (sinónimo tradicional de Jerusalén y de la tierra de Israel): el rabino alemán Zevi Hirsch Kalischer (1795-1874) y su compatriota el filósofo Moses Hess (1812-1875) teorizaron —cada uno a su modo, con perspectivas y soluciones distintas— sobre la necesidad de que los judíos se establecieran en Israel. También abordó la cuestión el austriaco

Nathan Birnbaum (1864-1937), fundador del periódico *Autoemancipación*, en el que aparecieron por vez primera los términos *sionista* y *sionismo* (ambos en 1890) y la expresión *sionismo político* (en 1892).

Se atribuye al escritor ruso Asher Guinzburg (1856-1921) —que firmó sus obras con el pseudónimo de Ahad Ha'am— la paternidad del llamado *sionismo cultural*, por pretender establecer en Palestina no un hogar nacional, sino un centro espiritual que contribuyera a reavivar en la conciencia judía la ilusión por la propia identidad. Hasta Herzl, el mayor impulso al movimiento nacionalista judío había provenido de León (o Yehuda Leib) Pinsker (1821-1891), médico nacido en la Polonia rusa, en cuyo escrito *Autoemancipación* (1882) constata el rechazo a los judíos por los demás pueblos y aboga por la búsqueda de un lugar —Palestina, Siria, tierras despobladas de América— donde el pueblo judío viva unido y con autonomía.

A diferencia de los autores anteriores, Herzl parte de la idea de que la cuestión judía es de carácter nacional y de que «para resolverla debemos hacer de ella un problema de política internacional, que ha de ser resuelto en el consejo de las naciones civilizadas». Poco después de publicar *El Estado judío*, Herzl resumió las ideas clave de su obra en el periódico londinense *The Jewish Chronicle* ('La Crónica Judía'):

> Somos un pueblo: un pueblo. Nos hemos esforzado sinceramente por fundirnos en la vida social de las comunidades que nos rodean y conservar la fe de nuestros padres. No nos ha sido permitido... Somos un pueblo: nuestros enemigos nos han hecho uno a pesar nuestro, como sucede repetidamente en la historia. La aflicción nos une y así unidos descubrimos de improviso nuestra fuerza. Sí, somos lo bastante fuertes para formar un Estado, y un Estado modelo.

A finales del siglo XIX surgieron nuevos modos de concretar la relación entre el pueblo judío y la tierra que sus ancestros tuvieron que abandonar casi dos milenios antes. Ahad Ha'am (izqda.) fue padre del llamado *sionismo espiritual*, mientras Theodor Herzl (dcha.) promovió el *sionismo político*.

En *El Estado judío*, Herzl anima a poner los medios para llevar a cabo esa tarea:

> Para la pureza de la idea y la pujanza de su realización son necesarias garantías que se pueden encontrar solamente en las llamadas personas «morales» o «jurídicas». Cabe distinguir bien estos dos términos que en el lenguaje jurídico son confundidos con bastante frecuencia. Como persona moral, es decir un ser jurídico que goza de derechos fuera de la escena de la fortuna privada, propongo a la Society of Jews (Sociedad de los Judíos). Al lado de esta, la persona jurídica de la Jewish Company (Compañía Judía), que es una institución financiera.

Y puestos a elegir entre Argentina —grande y joven país— y Palestina —integrada entonces en el Imperio otomano—, ambos con inmigración judía creciente, Herzl insistía en la importancia de garantizar en cualquiera de ellos un espacio de soberanía política judía y pensaba que la Society debía averiguar la opinión generalizada del pueblo judío antes de emprender cualquier acción. Herzl, no obstante, parecía decantarse por el territorio otomano:

> Palestina es nuestra inolvidable patria histórica. El sólo oírla nombrar es para nuestro pueblo un llamamiento poderosamente conmovedor. Si *Su Majestad* el Sultán nos diera Palestina, nos comprometeríamos a sanear las finanzas de Turquía. Para Europa formaríamos allí parte integrante del baluarte contra Asia: constituiríamos la vanguardia de la cultura en su lucha contra la barbarie. Como Estado neutral mantendríamos relaciones con toda Europa que, a su vez, tendría que garantizar nuestra existencia. En cuanto a los Santos Lugares de la cristiandad, se podría encontrar una forma de extraterritorialidad, de acuerdo con el derecho internacional. Montaríamos una guardia de honor alrededor de los Santos Lugares, respondiendo con nuestra existencia del cumplimiento de este deber. Tal guardia de honor sería el gran símbolo de la solución del problema judío, después de dieciocho siglos llenos de sufrimientos para nosotros.

Las ideas de Herzl, bien acogidas en Europa oriental —cuyas comunidades judías, poco o nada asimiladas, sufrían continuos pogromos— recibieron un fuerte impulso gracias a los congresos sionistas. En el primero, celebrado, como ya indicamos, en Suiza en 1897, los asistentes ratificaron el *programa de Basilea* —así llamado por la ciudad donde se reunieron— que estableció, como objetivo prioritario, «crear para el pueblo judío un hogar en Palestina asegurado por el Derecho Internacional». Para la puesta en práctica de este propósito, los congresistas aprobaron la creación de la Organización Sionista, que en 1960 pasaría a denominarse Organización Sionista Mundial. Su primer presidente fue precisamente Theodor Herzl que hasta su muerte en 1904, siguió trabajando con tenacidad para plasmar su ideario en hechos políticos.

AMÉRICA Y PALESTINA, TIERRAS DE ESCAPE

Comprobar a diario que la existencia resultaba cada vez más difícil desilusionó especialmente a los judíos que se esforzaron por asimilarse a la mayoría social. El antisemitismo, como cualquier otra concepción racista, impedía solucionar el problema. Otros judíos no tuvieron siquiera tiempo de averiguar las causas de ser rechazados, ni de plantearse su estado anímico y, para escapar de la inanición o disfrutar de las libertades de sus connacionales, o ante la inminencia de ser atacados o asesinados, decidieron abandonar definitivamente sus hogares para iniciar una nueva vida en un país distinto al suyo.

Durante las últimas décadas del siglo XIX y las primeras del XX, multitud de judíos marcharon de un lugar a otro buscando un hueco digno. El número de los que emprendieron migraciones internacionales alcanzó cotas antes desconocidas y, en consecuencia, cambió la distribución de la población judía en el mundo. Estas son las cifras que ofrece el prestigioso historiador israelí Shmuel Ettinger que, hasta su muerte en 1998, dirigió el Centro Dinur para el Estudio de la Historia Judía de la Universidad Hebrea de Jerusalén:

> Después de la Primera Guerra Mundial se calculaba que había en todo el mundo un total aproximado de unos 14 millones de judíos. El mapa de la dispersión se había modificado mucho por entonces. En lugar de los multinacionales Imperios de Rusia y Austria-Hungría, donde habían vivido unos dos tercios de

la población judía, las comunidades judías se hallaban ahora esparcidas por numerosos países. La concentración más grande se encontraba en los Estados Unidos, con 3.500.000 judíos; le seguían la Polonia independiente, con cerca de tres millones; la Rusia soviética, con más de 2.500.000; Rumanía, con unos 750.000; y Alemania y Hungría, con cerca de medio millón cada una.

Asimismo se modificaría la emigración judía después de la guerra mundial en extensión y en dirección. Entre los años 1901 y 1914 habían marchado cerca de 1.615.000 judíos a países de ultramar, de los cuales cerca de un 80% pasarían a los Estados Unidos. En los años entre las dos guerras emigraría un total de 1.120.000; de ellos, solamente 400.000 —36%— fueron a los Estados Unidos y 330.000 a Palestina. El tercio restante se repartió entre varios países.

Como puede apreciarse en el texto anterior, las mayores novedades del período de entreguerras (1919-1939) —aparte de la reaparición de una Polonia independiente, que incorporó a los casi tres millones de judíos de sus nuevos territorios— fueron el espectacular crecimiento de la población judía estadounidense y el dinamismo que caracterizó a la emigración a Palestina. Esta, como veremos más adelante, había pasado de formar parte del Imperio otomano a estar bajo Mandato de Gran Bretaña, que recibió de la Sociedad de Naciones el encargo de facilitar el establecimiento de un hogar judío en Palestina.

Tales circunstancias y los peligros que acechaban a los judíos, sobre todo en Europa oriental, impulsaron la primera *aliyah* o *aliá* sionista y las otras cuatro que siguieron antes de la creación en 1948 del Estado de Israel. Las fechas y el número aproximado de inmigrantes —las cifras difieren según los autores— de estos flujos migratorios fueron: 1882-1903 (25.000-35.000 *olim*), 1904-1914 (30.000), 1919-1923 (40.000), 1924-1928 (90.000) y 1929-1939 (más de 165.000 inmigrantes legales y varias decenas de miles de refugiados ilegales escapados de la Alemania nazi).

Por lo que respecta a la emigración a América, dos fueron los destinos preferidos por los judíos: Estados Unidos y, en menor medida, Argentina. A este último país llegaron oleadas de ashkenazíes huyendo de la Rusia zarista con apoyo financiero de instituciones judías, mientras los sefardíes —principalmente sirios, turcos y marroquíes— partieron de tierras donde podían practicar su religión con libertad, solían pagar su propio viaje y emigraban solos o en pequeños grupos familiares. Ello explica el desequilibrio entre unos y otros: de los cerca de 300.000 judíos que había en Argentina en 1940, el número de sefardíes rondaba los 35.000, siendo ashkenazíes los demás. La tendencia migratoria judía a este país fue disminuyendo en las primeras décadas del siglo XX, especialmente tras la aprobación del Decreto 8972, del 28 de julio de 1938, que estableció un gran control a la inmigración. Roberto Ortiz presidía entonces una Argentina anegada en la corrupción y con grandes problemas para establecer un régimen democrático estable.

Estados Unidos, ya se ha dicho, acogió al mayor número de inmigrantes judíos, que en el período de entreguerras conformaron la mayor comunidad judía del mundo (3,5 millones). El deseo de escapar de los fantasmas de Europa y el señuelo que ofrecía un país enorme, lleno de posibilidades y necesitado de gente para trabajar, impulsó espectacularmente la emigración a Estados Unidos. La ayuda a los judíos más necesitados se encauzó a través de instituciones como B'nai B'rith ('Hijos de la Alianza'), una organización sin ideario religioso fundada en 1843 y comprometida

El regreso

Literalmente 'ascenso', la palabra *aliyah* o *aliá* (en plural, *aliyot*) designa en este contexto la inmigración de judíos —y quienes la realizan, *olé* en masculino, *olá* en femenino y *olim* en plural— para establecerse en Israel.

El término *aliyah*, popularizado tras la deportación de judíos a Babilonia en el siglo VI a. C. (como se vio en el capítulo 1, epígrafe «Bajo imperios extranjeros: Asiria, Babilonia, Persia, ptolomeos y seléucidas»), alude a la *Aliyah la'reguel* o peregrinación que los varones judíos debían hacer tres veces al año al Templo de Jerusalén. Al ser este destruido en el 70 d. C. (capítulo 2, epígrafe «Tras luchar contra Roma») dicha obligación fue abolida, aunque continuaron realizándose viajes a Jerusalén.

con la seguridad y continuidad del pueblo judío, que en la actualidad, con más de 180.000 miembros en más de 50 países, es una de las principales instituciones judías humanitarias.

Muchos judíos no tardaron en «americanizarse» y en escalar a puestos de gran influencia. Nueva York, más que ninguna otra ciudad, se convirtió en el ansiado destino de esos emigrantes que cruzaban el Atlántico para empezar una nueva vida. Entre quienes lo consiguieron, se encontraban algunos que contribuyeron decisivamente al impresionante crecimiento económico estadounidense de esos años: Marcus Goldman (1821-1904), Samuel Sachs (1851-1935), los hermanos Emanuel (1827-1907) y Mayer Lehman (1830-1897),

Las oleadas de inmigrantes judíos europeos contribuyeron al aumento de la riqueza de EE. UU. en las más variadas actividades. En las imágenes, Jacob Schiff (en el centro, con su familia), uno de los grandes banqueros y filántropos judíos de fines del siglo XIX y principios del XX, y Wall Street (Nueva York), corazón financiero estadounidense.

Jacob H. Schiff (1847-1920), Levi Strauss (1829-1902), las familias Warburg y Guggenheim, etc. El salto a puestos políticos relevantes, sin embargo, llegó después.

Pero tampoco Estados Unidos se libró del estigma del antisemitismo. Ayudó a extenderlo, entre otros, el magnate automovilístico estadounidense Henry Ford, quien se sirvió de su periódico *The Dearborn Independent* para difundir *Los protocolos de los sabios de Sión*, y recopiló en 1920 diversos artículos antijudíos aparecidos ese año en el diario, editándolos bajo el título de *El judío internacional*; un libro que a Hitler, por ejemplo, le encantó. Otro foco transmisor de antisemitismo, desde su fundación en 1915, fue la segunda organización racista —opuesta a negros y a judíos— y anticatólica que adoptó el nombre de Ku Klux Klan (la primera, creada en 1865, se ilegalizó en 1871).

Desde un punto de vista práctico, resultó también especialmente dañina para los judíos la aprobación del Acta de Inmigración de 1924. Esta nueva norma, fruto del ambiente reaccionario y aislacionista que vivió Estados Unidos tras la Primera Guerra Mundial, estableció unos criterios de entrada al país que permanecieron hasta 1952: primó la llegada de europeos procedentes de países protestantes e impuso severas restricciones —un sistema de cuotas muy reducido— para todos los demás. Tales limitaciones estuvieron también en vigor, por tanto, durante la Segunda Guerra Mundial.

Para entonces, al menos, millones de judíos habían salido de Europa. Otros muchos —millones también— no se plantearon, no pudieron o no quisieron emigrar. Durante las primeras décadas del siglo XX, decenas de miles de judíos ya habían pagado con la muerte su permanencia en el continente europeo. Y los millones que aún quedaban no tenían la menor idea de lo que les esperaba.

6

El Holocausto
(1933-1945)

El racismo, punto de partida

Holocausto es una palabra castellana procedente del latín *holocaustum* y esta del término griego clásico *olókaustos* (ὁλόκαυστος, en caracteres helénicos), originado al combinarse *kaustos* (de *kaiein*, καίω, 'quemar') con el prefijo *holo-* (ὁλο-, derivado del vocablo ὅλος, ὅλως, 'todo, entero'). Etimológicamente significa, pues, 'quemar todo', 'quemarlo todo'. El *Diccionario de la Lengua* de la Real Academia Española asigna a *holocausto* tres significados: «gran matanza de seres humanos», «acto de abnegación total que se lleva a cabo por amor» y «entre los israelitas especialmente, sacrificio en que se quemaba toda la víctima». Para estos, por analogía, significaba también cualquier sacrificio personal, que acostumbraba a realizarse para agradar a Yahvé. Acabada la Segunda Guerra Mundial (1939-1945), la palabra *holocausto* empezó a designar el conjunto de acciones perpetradas por los nazis para exterminar al pueblo judío, por correspondencia con el término,

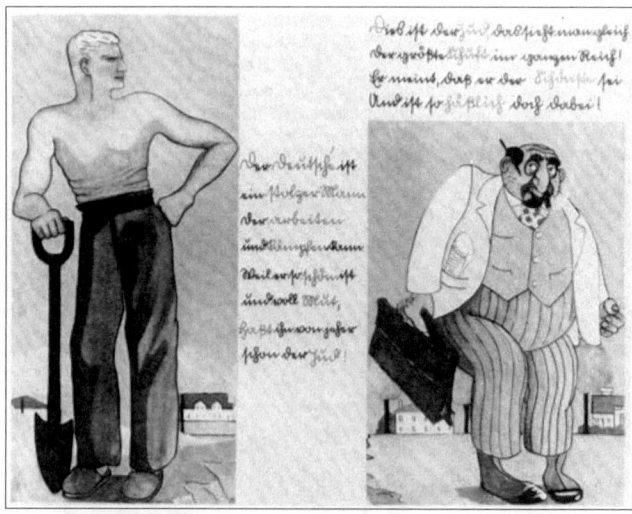

Con imágenes estereotipadas, este libro escolar nazi compara al ario y al judío: el primero, alto y fuerte, se gana la vida con el sudor de su frente; el segundo, bajo, grueso y con cara de rico y de avaro, vive del sudor de los demás.

también bíblico, *Shoah* (del hebreo שׁוֹאָה, 'catástrofe', 'calamidad'), usado desde los años cuarenta para nombrar la masacre.

Cronológicamente, el Holocausto se extiende desde el 30 de enero de 1933, fecha en que Adolf Hitler fue nombrado canciller (primer ministro) de Alemania y comenzó la política de segregación de los judíos de ese país, hasta la rendición incondicional de las Fuerzas Armadas alemanas que durante la Segunda Guerra Mundial combatieron en el frente occidental (7 de mayo de 1945) y oriental (9 de mayo del mismo año). Posteriormente, finalizada ya la *Shoah*, continuaron acciones —que aún persisten— tanto para ajusticiar a responsables de esa matanza masiva, como para resarcir parte del daño causado.

Por su gigantesco número de víctimas, por la multitud de implicados en las operaciones de exterminio, por la intensidad del odio vomitado por los asesinos, por su ensañamiento, por la brutalidad de los métodos de humillación y aniquilación, por la completa indefensión de los torturados y asesinados, por la escandalosa indiferencia —aquiescencia, en muchos casos— de la mayoría social, así como por la prolongada duración de la violencia, el Holocausto judío perpetrado por los nazis es el mayor y más grave genocidio de la historia. No existían precedentes de tamaña perversión, que sólo pudo llevarse a cabo por el pleno convencimiento de millares de personas —entre ellas, numerosísimos profesionales bien preparados— en el nacionalsocialismo.

Esta ideología totalitaria creció alimentándose del humus de una nación humillada por su derrota en la Primera Guerra Mundial, sumergida en una profunda crisis económica y con dificultades para el adecuado funcionamiento de la democracia liberal. Los postulados básicos del nacionalsocialismo pueden resumirse en pocas palabras: negación de la dignidad del ser humano, racismo (especialmente antisemitismo), ultranacionalismo excluyente, antiliberalismo, anticomunismo, militarismo, legitimación de la violencia y culto a la personalidad. Con tal bagaje intelectual, repleto de perversas consecuencias morales, no quedaba hueco alguno para aceptar los mensajes de ninguna de las tres religiones monoteístas.

En el capítulo anterior aludimos a la trascendencia que tuvo en diversos países el *Ensayo sobre la desigualdad de las razas humanas*, publicado entre 1853 y 1855 por el francés Joseph Arthur de Gobineau. La principal novedad de esta obra consistía en realizar una interpretación histórico-política de las conclusiones a las que llegaron —durante el siglo XVIII y la primera mitad del XIX— algunos médicos partidarios de lo que contradictoriamente se ha llamado «racismo científico». Partiendo la mayoría de ellos del poligenismo —la especie humana tiene distintos orígenes— y basándose al principio en estudios de personas de diversas razas y más tarde también en observaciones antropométricas —relativas a proporciones y medidas del cuerpo humano— estos investigadores concluían que existe una jerarquía racial. Dicho de otra manera, que unas razas humanas son superiores a otras.

Haciendo suyas esas ideas, el joven político nacionalsocialista de 36 años Adolf Hitler, al que ya nos referimos en el capítulo anterior como oficial de propaganda del ejército germano, publicó en 1925 —año en que renunció a su nacionalidad austriaca para optar por la alemana— y 1928 sendos volúmenes de *Mi lucha*. En esta obra —en parte redactada mientras su autor cumplía unos meses de condena en la prisión alemana de Lansberg por un fallido golpe de Estado en 1923— Hitler plasmó los principios fundamentales del nacionalsocialismo, una mezcla de teorías anteriores y de originalidad que dio lugar a un nuevo modo de entender la vida propia y ajena. Las claves para comprender la historia posterior ya están presentes en ese libro — cargado de rabioso nacionalismo y basado en la desigualdad de los seres humanos según la raza— que refleja bien la opinión sobre los judíos tanto de su autor, como de sus seguidores. Sea, pues, Hitler quien explique su modo de pensar: «Si dividiésemos a la raza humana en tres categorías —fundadores, conservadores y destructores de la cultura— sólo la estirpe aria podría ser considerada como representante de la primera categoría».

Más adelante, Hitler se explaya ofreciendo su peculiar concepción de un judío. Al hacerlo, como puede comprobarse, el autor de *Mi lucha* parte de la premisa de que la pertenencia a una raza determina completamente la vida de la persona:

El antípoda del ario es el judío. Es difícil que exista en el mundo alguna nación en la que el instinto de la propia conservación se halle tan desarrollado como en el caso del «pueblo escogido». [...]
Las cualidades intelectuales del judío se desarrollaron en el transcurso de los siglos. [...] Pero su capacidad intelectual no es resultado de una evolución interior, sino de la educación recibida de los extranjeros. El judío no poseyó jamás una cultura propia, las bases de su actividad intelectual fueron suministradas siempre por otros. [...]
Si bien el instinto de conservación del pueblo judío no es menor, sino más bien mayor, que el de otros pueblos, y aunque también sus aptitudes intelectuales despiertan la impresión de ser iguales que las demás razas, en cambio, le falta completamente la condición esencial inherente al pueblo culto: el sentimiento idealista.

Según Hitler, el judío emplea el malicioso recurso de la emancipación para obtener legitimidad social y seguir viviendo del esfuerzo ajeno:

Para poder continuar subsistiendo como un parásito dentro de la nación, el judío necesita consagrarse a la tarea de negar su propia naturaleza. Cuanto más inteligente sea individualmente el judío, tanto más afortunado será en su engaño, gracias al cual conseguirá que una parte considerable de la población llegue a creer seriamente que el judío es un legítimo francés, un legítimo inglés, un legítimo alemán o un legítimo italiano, a quien no separa de sus compatriotas otra diferencia que la de la religión.

No contento con lo anterior, Hitler piensa que los judíos pretendían seguir humillando a esa Ale-

Cartel de la exposición racista *Der ewige jude* ('El judío eterno'), celebrada en Múnich entre noviembre de 1937 y enero de 1938. La muestra viajó después a Viena y a Berlín, siendo visitada por cientos de miles de personas.

mania ya devastada tras su derrota en la Primera Guerra Mundial:

> [...] las finanzas judías quieren no sólo la total destrucción económica de Alemania, sino también su completa esclavización política.
> Así es como el judío se ha constituido ahora en el más grande instigador de la devastación alemana. Todo lo que por doquier leemos en el mundo en contra de Alemania procede de inspiración judía, del mismo modo que antes y durante la guerra fue la prensa judía de la Bolsa y del marxismo la que fomentó sistemáticamente el odio contra nosotros hasta lograr que, Estado tras Estado, abandonasen todos la neutralidad y, sacrificando el interés verdadero de los pueblos, se pusieran al servicio de la coalición bélica mundial fraguada contra Alemania.

Acudamos a otra fuente ideológica fundamental del nazismo. En 1930 el arquitecto, político y filósofo alemán Alfred Rosenberg (1893-1946), muy influido por el pensamiento del ya mencionado Houston Stewart Chamberlain, publicó *El mito del siglo XX*. En este libro, el más destacado teórico del nacionalsocialismo expuso su concepción de la «pureza racial» germana y expresó su odio y desprecio por los judíos. A dicha obra pertenecen las siguientes líneas:

> Puede decirse que el judaísmo es parte del organismo de la humanidad como una bacteria es parte del cuerpo humano, y realmente los judíos son tan necesarios como una bacteria. El cuerpo contiene, como sabemos, una amplitud de pequeños organismos extraños sin los cuales perecería, aunque se alimenten de él. Igualmente la humanidad necesita a los judíos a fin de preservar su vitalidad hasta que se cumpla su misión en la Tierra. […]
> Pero al igual que el cuerpo enferma si las bacterias aumentan más allá de un número saludable, nuestra nación también sucumbiría gradualmente a este mal espiritual si los judíos se hicieran demasiado fuertes.

Todas estas ideas no permanecieron sólo en el ámbito del simple debate histórico-filosófico. De una u otra forma, fueron incorporadas al programa de acción de un grupo político organizado y presentadas a los votantes germanos como una opción de gobierno encarnada en el Partido Nacionalsocialista Alemán de los Trabajadores (el conocido como Partido Nazi, al que ya mencionamos). Esta agrupación, que —contrariamente a lo que suele pensarse— nunca alcanzó el favor de la mayoría del electorado alemán, experimentó sin embargo un fuerte crecimiento en las sucesivas y numerosas elecciones legislativas que, tras la Primera Guerra Mundial, tuvo una Alemania cada vez más tensa e inestable. Indicamos a continuación las distintas votaciones en las que participó el Partido Nacionalsocialista antes de implantar el sistema totalitario y, entre paréntesis, el porcentaje del electorado que le apoyó en cada una y los escaños que le correspondieron: mayo de 1924 (6,6% del electorado, 31 escaños), diciembre de 1924 (3%, 14), mayo de 1928 (2,6%, 12), septiembre de 1930 (18,3%, 107), julio de 1932 (37,4%, 230), noviembre de 1932 (33,1%, 196) y marzo de 1933 (43,9%, 288).

LA LEGITIMACIÓN DEL ANTISEMITISMO

El 30 de enero de 1933, Hitler, jefe del partido más votado, fue investido canciller de Alemania por el anciano presidente Paul von Hindenburg. Tras formar un gobierno de coalición de centro-derecha, presionó al presidente de la República y se convocaron nuevas elecciones el 5 de marzo. Días antes de celebrarlas, en la noche del 27 de febrero, el Parlamento (*Reichstag*) alemán fue incendiado. Los nazis acusaron del hecho a Marinus van der Lubbe, antiguo miembro del Partido Comunista holandés. Al día siguiente, Hitler convenció a Hindenburg —que estaba horrorizado ante la posible inminencia de una revolución comunista— para que firmara el *Decreto para la protección del pueblo y del Estado*, también denominado *Decreto del incendio del Reichstag*. En virtud de este, se suspendieron temporalmente varios derechos civiles reconocidos por la Constitución de 1919 (entre otros, la libertad de expresión, de asociación, de reunión) y fue permitido el arresto por sospecha e incluso la pena de muerte para quienes se opusieran a las autoridades. La norma sirvió para detener en pocas horas a más de cuatro mil comunistas y a otros enemigos del nazismo. De hecho, el

Partido Comunista no pudo presentarse a las elecciones del 5 de marzo.

Con los 288 diputados obtenidos por el Partido Nacionalsocialista en esos comicios y los 52 alcanzados por los nacionalistas dirigidos por Alfred Hugenberg, Hitler pudo de nuevo formar gobierno. El 22 de marzo empezaron a llegar prisioneros a Dachau (Baviera), el primer *campo de concentración* o gran centro de confinamiento para indeseables del régimen (pronto lo fueron judíos, sacerdotes y religiosos católicos, testigos de Jehová, comunistas, gitanos, homosexuales, adversarios políticos, intelectuales críticos, etc.). Gracias al apoyo de ambas formaciones políticas y al respaldo del Zentrum (Partido del Centro), el 23 de marzo el Parlamento alemán aprobó la Ley para solucionar los peligros para el pueblo y el Estado —también llamada Ley de Habilitación— que dio a Hitler plenos poderes para gobernar por decreto.

Convertido ya en dictador, Hitler comenzó a legitimar su antisemitismo, tirando por la borda la emancipación jurídica de los judíos tan trabajosamente alcanzada décadas atrás. Por entonces vivían en Alemania unos 570.000 judíos y, en pocos años, los nazis controlarían a casi nueve millones dispersos por los territorios que conquistaron. Quizá la mejor forma de adentrarnos en el Holocausto sea tratar de encarnarnos en alguna de sus víctimas —asumiendo nuevas identidades, a medida que las elegidas vayan siendo exterminadas— y tener siempre presente que padecieron sufrimientos semejantes nuestros seres más queridos y muchos otros conocidos, por el mero hecho de ser judíos.

Durante sus primeros años de gobierno, los nazis no se plantearon aniquilar a los judíos, sino marginarlos completamente para que huyeran de Alemania. Por ello, la coacción no paró. El 1 de abril de 1933 miles de negocios de judíos fueron boicoteados en todo el país —actos similares se repitieron a escala local en los años siguientes—, pintándose en tiendas y oficinas en amarillo y negro la estrella de David —desde el siglo XVII usada a veces para indicar la presencia de algunas sinagogas y popularizada tras su adopción como emblema del sionismo en 1897— y escribiéndose lemas antisemitas. La aprobación seis días después de la Ley para la Restauración del Servicio Civil Profesional excluyó a judíos y a opositores al régimen del trabajo en la Administración pública. El 21 se prohibió el sacrificio ritual de reses. Desde el 22, se negó oficialmente la devolución de los gastos médicos a los pacientes que optaran por acudir a médicos no arios. Y a partir del 25, se limitó el número de estudiantes judíos en la enseñanza secundaria. El 10 de mayo millares de libros, muchos de autores judíos, fueron quemados frente al Teatro de la Ópera de Berlín.

El 14 de julio, el Partido Nazi se convirtió en el único legal en Alemania y se aprobaron otras dos leyes importantes. Una contemplaba la posibilidad de privar de la nacionalidad alemana a judíos y a los antiguos extranjeros —muchos procedentes de países del este de Europa— nacionalizados antes de la implantación del nuevo régimen. La otra ley, de raíz eugenésica (basada, pues, en la aplicación de criterios biológicos para el supuesto perfeccionamiento de la especie humana) estaba destinada a «mejorar» la ciudadanía germana y no se aplicó a los judíos, considerados una minoría racialmente extranjera. Esta norma facilitó la esterilización forzosa de alemanes que padecían ciertas malformaciones o enfermedades hereditarias (en concreto, deficiencia mental, esquizofrenia, trastornos maniaco-depresivos, enfermedad de Huntington, epilepsia, ceguera o sordera congénitas, deformaciones físicas severas e incluso alcoholismo crónico). El 29 de septiembre se prohibió a los judíos ser propietarios de tierras y el 4 de octubre poseer periódicos.

Entretanto, el nazismo se hacía fuerte. El 12 de noviembre de 1933 unas elecciones amañadas dieron al Partido Nazi aproximadamente el 93% de los votos (el porcentaje restante fueron votos inválidos de protesta), formándose semanas después un gobierno monocolor. Y tras morir Hindenburg el 2 de agosto de 1934, Hitler asumió todo el poder y a los funcionarios y soldados se les exigió jurar fidelidad al «*Führer* ['guía'] del *Reich* ['Imperio'] y del pueblo alemán». Para entonces, los judíos habían perdido el derecho a la sanidad pública (17 de mayo) y a obtener títulos oficiales (22 de julio). Ante la gravedad de la situación, a lo largo de 1934 miles de judíos salieron de Alemania y otros miles se prepararon para hacerlo.

El 21 de mayo de 1935 se prohibió a los judíos trabajar en el ejército —y eso que muchos habían luchado y muerto por Alemania en la Primera Guerra Mundial— y el 15 de septiembre se promulgaron las denominadas Leyes de Núremberg (completadas los ocho años siguientes con trece decretos adicionales): la Ley de ciudadanía del *Reich* y la Ley para la protección de la sangre y el honor de los alemanes. La primera limitó la ciudadanía del *Reich* y la titularidad de los derechos políticos a los connacionales de sangre alemana o afín; los judíos, pues, perdieron su condición de ciudadanos y se convirtieron en súbditos del Estado. La segunda norma ilegalizó «los matrimonios entre judíos y ciudadanos de sangre alemana o afín» y declaró nulos los celebrados en esas condiciones; además, prohibió «el comercio carnal extramatrimonial entre judíos y ciudadanos de sangre alemana o afín», el empleo en hogares judíos de ciudadanas alemanas menores de 45 años, así como la posibilidad de que los judíos izaran la bandera del Reich, la enseña nacional o exhibieran los colores patrios.

El 14 de noviembre de ese año se publicó el primero de los trece decretos complementarios a las Leyes de Núremberg; según el mismo, es judío:

> Toda persona con tres abuelos judíos, toda persona con dos abuelos judíos que perteneciera a la comunidad judía el 15 de septiembre de 1935, o se le haya unido con posterioridad a esa fecha; todo el que estuviese casado con un judío o con una judía el 15 de septiembre de 1935, o con posterioridad a esa fecha; todo el que hubiese nacido de un matrimonio o relación extramatrimonial con un judío el 15 de septiembre de 1935 o con posterioridad a esa fecha.

La norma definió también la condición de *Mischlinge* ('híbridos') en varias categorías: de primer grado (dos abuelos judíos) o de segundo grado (un abuelo). El 11 de enero de 1936 se prohibió a los judíos ser asesores fiscales. El 3 de abril tuvieron que dejar de ejercer como veterinarios. Tras la suavización de la persecución a los judíos durante los Juegos Olímpicos celebrados en Berlín entre el 1 y el 16 de agosto de ese año, la presión social y la discriminación legal continuaron. El 15 de octubre se prohibió a los maestros judíos enseñar en escuelas públicas.

La hostilidad de la propaganda del régimen y las campañas antisemitas de los medios de comunicación hicieron la vida cada vez más difícil, especialmente en las pequeñas y medianas localidades del este, de ambiente más cerrado. Los judíos perdieron la mirada y el saludo de muchos vecinos del barrio y comenzaron a recibir de ellos y de antiguos colegas muestras de desprecio y de asco. Avergonzaba a muchos alemanes arios —y a todos ellos comprometía— conversar con judíos, recurrir a sus servicios profesionales, permitir a los propios hijos jugar con ellos, vender y comprarles alimentos, medicinas, ropa, artículos de papelería, ferretería y limpieza. Numerosos

Las Leyes de Núremberg calaron en la sociedad. En una calle de Schwedt, al noreste de Alemania, en 1938 se leía este cartel: «*Juden sind in dieser ortschaft nicht erwünscht!*» ('¡No se permiten judíos en esta localidad!').

contratos de alquiler de vivienda fueron cancelados, y muchos de los que optaron por marcharse de su propia casa tuvieron que desprenderse de ella por cantidades ridículas.

En 1937 continuó la coerción legal. Ese año el régimen nazi empeoró sus ya maltrechas relaciones con el Vaticano: a las reprobaciones continuas del episcopado alemán, se sumó la carta encíclica del Papa Pío XI *Mit brennender Sorge* ('Con viva preocupación'), publicada el 14 de marzo y leída el domingo 21 en las más de 11.000 iglesias católicas de Alemania. En ese documento, el Romano Pontífice expresó su oposición al racismo, a la divinización del sistema y al culto a la personalidad. Pero a Hitler, que ya controlaba los medios de comunicación, el Papa le importaba cada vez menos. El 16 de julio se abrió el campo de concentración de Buchenwald, el 5 de enero de 1938 se prohibió a los judíos cambiar de nombre, justo un mes después se les excluyó de trabajar en subastas y, desde el 18 de marzo, tampoco pudieron vender armas.

El 11 de marzo los nazis habían entrado en Austria y dos días después se produjo el *Anschluss* ('anexión') del país al *Reich*. Sorprendentemente, la jerarquía católica austriaca, encabezada por el cardenal y arzobispo de Viena Theodor Innitzer —que más tarde se opuso a Hitler con firmeza—, emitió un comunicado condescendiente con los hechos que fue leído el día 27 del mismo mes en todas las iglesias austriacas y pomposamente difundido por los nazis. Llamado a Roma el 4 de abril por Pío XI, Innitzer hubo de publicar en nombre de los obispos austriacos una rectificación a la nota anterior, que los nazis, sabedores de la influencia de la Iglesia católica en Austria, procuraron acallar activamente. Lo consiguieron. El 10 de abril, el 99,73% del electorado austriaco aprobó el *Anschluss* en un plebiscito manipulado, pero revelador del apoyo popular a la decisión de Hitler. Se intensificó entonces la campaña ya iniciada —cierre de oficinas comunitarias, destituciones, humillaciones públicas— contra los casi 200.000 judíos austriacos, la mayoría residentes en Viena: confiscación de bienes, despidos laborales de judíos y de cristianos casados con judíos, etc. Para lograr su salida del país, se estableció en agosto la Oficina Central para la Emigración Judía.

Alarmado con las consecuencias de la política nazi, el presidente de Estados Unidos, Franklin Delano Roosevelt, convocó una conferencia internacional sobre refugiados, celebrada finalmente del 6 al 15 de julio de 1938 en Evian (Francia). El proteccionismo económico y el antisemitismo hicieron que la reunión —a la que asistieron delegados de 32 países, así como representantes de importantes organizaciones judías— fuera un fracaso. Sólo cabe resaltar los 100.000 inmigrantes que aceptó la República Dominicana, aunque en la práctica la cifra disminuyó extraordinariamente por las dificultades burocráticas impuestas a los refugiados por los países de origen y de tránsito. En Evian se demostró lo acertado que estaba Chaim Weizmann —que años después sería el primer presidente de Israel— cuando en 1936 dijo: «Ahora hay dos clases de países en el mundo, aquellos que desean expulsar a los judíos y aquellos que no desean admitirlos».

A ese primer grupo enunciado por Weizmann acabó sumándose oficialmente Italia, gobernada por Benito Mussolini. El dictador fascista aprobó en septiembre de 1938 una legislación racial similar a la alemana, que sufrieron tanto los 42.000 judíos italianos residentes en la Península Itálica, como los 30.000 que vivían en Libia, la colonia norteafricana de ese país. Los judíos extranjeros fueron expulsados. Sin embargo, ni el gobierno de Mussolini aplicó la normativa antisemita con la brutalidad nazi, ni la mayoría de la población italiana mostraba aversión a los judíos. De hecho, hasta la ocupación por el ejército nazi de Italia septentrional —y más tarde también central— en septiembre de 1943, tanto Italia como los territorios que llegó a controlar (zonas de Francia, Yugoslavia y Grecia) fueron un refugio donde poder librarse de ser asesinado.

Tras el boicot económico del 1 de abril de 1933 y las Leyes de Núremberg del 15 de septiembre de 1935, el tercer gran hito antisemita del paroxismo prebélico nazi tuvo lugar la noche del 9 al 10 de noviembre de 1938. Horas antes había muerto en Francia el diplomático alemán Ernst von Rath, después de ser disparado el día 7 por Herschel Grynszpan, un judío desesperado por la situación de su familia tras la deportación forzosa de judíos polacos ordenada por el Estado alemán. Organizada por las tropas nazis —aunque oficialmente se consideró un arrebato popular— una explosión de violencia se cebó contra los judíos sometidos al *Reich* (Alemania, Austria y la región checoslovaca de los Sudetes, incorporada el mes anterior).

No sólo vidrio saltó por los aires durante la «Noche de los cristales rotos». Como tantas otras, así quedó el 11 de noviembre de 1938 la sinagoga de la ciudad renana de Euskirchen, cerca de la frontera belga.

La *Kristallnacht* o 'Noche de los cristales rotos' —así llamada por la multitud de fragmentos de vidrio de sinagogas, casas y tiendas judías que a la mañana siguiente cubrieron las calles de muchas localidades del *Reich*— se saldó con 91 judíos asesinados y más de 30.000 detenidos e ingresados en campos de concentración (entre 2.000 y 2.500 de ellos acabaron muriendo por la brutalidad del trato recibido), casi mil sinagogas derribadas y centenares más dañadas, 7.500 tiendas y almacenes judíos destrozados y numerosos cementerios judíos profanados. Era imprescindible ser muy fuerte para soportarlo. El 12 de noviembre, además, se multó a los judíos a pagar 1.000 millones de marcos por los daños que a ellos mismos se les causó.

Entretanto, los ministerios del *Reich* siguieron escupiendo leyes antisemitas, como estas: el 22 de abril de 1938, se prohibió cambiar el nombre de las empresas de propiedad judía; cuatro días después, se exigió a los judíos declarar las propiedades superiores a 5000 marcos; desde el 11 de julio, se les impidió entrar en centros de salud; desde el 17 de agosto, fueron obligados a adoptar un nombre adicional («Sara» las mujeres, «Israel» los hombres); el 3 de octubre se reguló la transferencia de sus bienes a alemanes no judíos; desde el 5 de ese mes, sólo fueron válidos sus pasaportes con el sello de la letra *J*; el 12 de noviembre se ordenó el cierre de todas las empresas de su propiedad; tres días más tarde, se expulsó a todos los niños judíos de las escuelas públicas; desde el 28, se restringió a los judíos la libertad de movimiento; el 29, se les prohibió tener palomas mensajeras; el 14 de diciembre se cancelaron los contratos de sus empresas con entidades estatales y el 21 se le prohibió a las mujeres judías ejercer como matronas; el 21 de febrero de 1939, se ordenó a los judíos entregar en lugares de venta públicos perlas, piedras y metales preciosos; y el 1 de agosto, se les prohibió vender lotería.

Pocas más leyes antisemitas se aprobaron iniciada la guerra: carecía ya de sentido, porque los 180.000 judíos que aún permanecían en Alemania no podían hacer absolutamente nada. Pero los nazis iban a encontrarse varios millones más tras sus conquistas territoriales, y no tardaron en encontrar para ese «problema» una «solución final».

El exterminio sin planificar: hambre, enfermedades, trabajos forzosos, tiros y gas

El 15 de marzo de 1939 el ejército alemán entró en Checoslovaquia, donde vivían 350.000 judíos, y se dividió el país, creándose un Protectorado de Bohemia y Moravia supeditado al *Reich*, que asumió las leyes antisemitas de este. El 19 de abril, Eslovaquia aprobó normas antijudías de inspiración nazi. El 18 de mayo se abrió el campo de concentración alemán de Ravensbrück. El 1 de septiembre, las tropas alemanas invadieron Polonia; dos semanas después, según lo acordado en secreto en el Pacto germano-soviético, la URSS conquistaría la zona oriental de Polonia, así como Estonia, Letonia y Lituania. El 3 de septiembre, Francia y Gran Bretaña declararon la guerra a Alemania, que pronto estableció el Gobierno general de Polonia en la zona occidental y meridional del país, donde vivían algo más de dos millones de judíos, quedando casi 1.300.000 bajo control soviético.

Para obrar a su antojo, Hitler y sus seguidores se sirvieron de organizaciones paramilitares como las SA, al principio, y más tarde las SS, el SD y la Gestapo. Las *Sturmabteilung* o SA ('Secciones de Asalto') facilitaron que Hitler tomara el poder, pero acabaron desapareciendo y sus jefes siendo asesinados en 1934, por su progresiva influencia y las suspicacias que despertaron en el ejército. Parte de su trabajo fue realizado entonces por las *Schutzstaffel* o SS ('Secciones' o 'Brigadas de protección'), creadas en 1922 —aunque el nombre fue adoptado en 1925— como tropas selectas de choque y protección del *Führer*. El cruel Heinrich Himmler las dirigió desde 1929 y en 1934 alcanzaron autonomía de organización en el Partido Nacionalsocialista. Los miembros de las SS —hombres fuertes de procedencia principalmente rural y escasa preparación cultural— juraban fidelidad hasta la muerte a Hitler y a los superiores por él designados, recibían un adoctrinamiento racista continuado y pronto se habituaron a la tortura y al asesinato.

Desde 1936 Himmler también se hizo con el control de dos organizaciones importantes: el Servicio de Seguridad (SD) —dirigido por el eficaz Reinhard Heydrich, segundo al mando de las SS— y la Policía Secreta del Estado (*Geheime Staatspolizei* o Gestapo), cuya dirección de asuntos judíos fue encomendada a Adolf Eichmann desde diciembre de 1939. Para coordinar la acción del Servicio de Seguridad y de la Gestapo, Himmler creó ese año la Oficina Central de Seguridad del Reich (*Reichssicherheitshauptamt* o RSHA), que también contó con una Policía Criminal (*Kriminalpolizei* o Kripo), a cargo de Arthur Nebe. Después del asesinato de Heydrich, llevado a cabo por la resistencia checa en Praga en 1942, Ernst Kaltenbrünner fue nombrado jefe de la RSHA.

Tras la invasión de Polonia, la política nazi sobre los judíos empezó a cambiar. A lo largo de ese septiembre de 1939 se produjeron ya cientos de asesinatos. El día 29 del mismo mes, Heydrich ordenó a los *Einsatzgruppen* ('Cuerpos especiales de intervención policial') agrupar en guetos a los judíos, coordinados por unos Consejos judíos (*Judenräte*) y vigilados en parte por policías también judíos; algunos de estos, para simpatizar con los verdugos, acusaron a veces a otras víctimas. A cambio de una mísera ración de comida, los judíos de los guetos debían realizar trabajos de avituallamiento y construcción de carreteras. En octubre se ordenó a los judíos del Gobierno general polaco con edad superior a 10 años identificarse con una estrella amarilla en su brazo derecho, y Hitler dio orden de iniciar el programa de eutanasia para disminuidos físicos y mentales alemanes.

El 12 de noviembre empezaron las deportaciones de judíos alemanes al territorio del Gobierno general polaco. En diciembre se limitó la libertad de movimientos de los judíos polacos y aquellos con edades entre 14 y 60 años empezaron a realizar trabajos forzosos. Desde el invierno de 1939 hasta 1942 se crearon en Polonia enormes guetos para «almacenar» judíos, en cantidades que fueron variando a medida que aumentaron las deportaciones de otras zonas. Algunos de esos guetos (indicamos entre paréntesis su población inicial) fueron, entre otros muchos, Varsovia (350.000, alcanzando más tarde 445.000), Cracovia (70.000), Lodz (más de 160.000), Lublin (34.000), Czestochowa (48.000), Radom (32.000) y Kielce (28.000). Las infernales condiciones de vida de los guetos judíos provocaron decenas de miles de muertes: al hacinamiento y la suciedad inevitable de sus habitantes pronto se unieron la debilidad, el hambre y la propagación de enfermedades como la tuberculosis y el tifus. Cuántas mujeres judías mostraron su temple tratando de hacer soportable tan insoportable existencia.

Mientras, los nazis siguieron avanzando por Europa: en abril de 1940 conquistaron Dinamarca (8.000 judíos) y en mayo, mes de la inauguración del campo de concentración polaco Auschwitz I, invadieron Holanda, Bélgica, Luxemburgo y Francia (140.000, 65.700, 3.500 y 330.000 judíos, respectivamente). Este último país, tras firmar un armisticio, quedó dividido en dos zonas: la administrada por los nazis y el germanófilo régimen de Vichy. En ambas se implantó una legislación antisemita que también entró en vigor en las colonias francesas de Argelia (120.000 judíos) y Túnez (85.500). En Marruecos (210.000 judíos), dividido en dos protectorados —esto es, bajo soberanía parcial extranjera, especialmente sobre las relaciones exteriores—, francés y español, el territorio controlado por Francia impuso ordenanzas discriminatorias contra los judíos. En junio, los nazis controlaron Noruega (1.700 judíos). En noviembre, Hungría (825.000 judíos), Rumanía (817.000) y Eslovaquia (137.000) se adhirieron al Pacto Tripartito que, firmado meses antes por Alemania, Italia y Japón, conformó el llamado Eje Roma-Berlín-Tokio. En marzo de 1941 las tropas nazis invadieron Bulgaria (60.500 judíos) y, en abril de ese año, la multicultural y conflictiva Yugoslavia (75.000) y Grecia (77.000). Pronto estas naciones se impregnaron de leyes antisemitas.

Hitler rompió sus pactos con Stalin cuando las tropas nazis emprendieron la invasión de la URSS, el 22 de junio de 1941. Millones de judíos quedaron atrapados.

En junio de 1941 dio comienzo en Rumanía el Holocausto judío a gran escala. El primer ministro Ion Antonescu no dudó en aliarse con los nazis para recuperar algunos de los territorios perdidos que el país había incorporado tras la Primera Guerra Mundial: en 1940 había tenido que ceder Besarabia y el norte de Bucovina a la URSS y, por presión de Alemania, el norte de Transilvania a Hungría y el sur de Dobrogea a Bulgaria. Los judíos, que habían sido culpados de las devoluciones a la URSS, fueron víctimas de grandes vejaciones por parte de la Guardia de Hierro y del ejército. La ocasión de eliminarlos llegó a partir del 22 de junio de 1941 con la invasión alemana de la URSS que contó con apoyo rumano. En Besarabia y Bucovina 150.000 judíos fueron masacrados por tropas rumanas y alemanas y otros 150.000 fueron deportados a guetos de Transnistria, en la actual Moldavia, muriendo dos tercios de hambre, frío y enfermedades.

De los casi 4 millones de judíos que vivían en los territorios bajo jurisdicción soviética —incluyendo los conquistados países bálticos y la zona oriental de Polonia— invadidos por los nazis, sólo 1,5 millones escaparon antes de la ocupación germana; de ellos, casi un tercio lucharon en el Ejército Rojo en todos los niveles. Aunque aún no existía un plan de exterminio masivo de judíos, desde la primavera de 1941 Hitler decidió eliminar a todos los judíos que sus seguidores encontraran en los dominios soviéticos. El avance nazi fue dejando cadáveres de soldados —judíos o no— y también de judíos civiles: 5.000 fueron fusilados en las calles de la ciudad ucraniana de Odessa, y unos 20.000 encerrados en almacenes agujereados y ametrallados desde el exterior, siendo finalmente incendiados y uno destrozado a cañonazos. Con un método similar fueron asesinados los 70.000 judíos ucranianos del gueto de Slobodka. Por su parte, el dictador rumano Antonescu ordenó cesar las matanzas judías a fines de 1942 —quedaban entonces en su país 250.000 judíos vivos— y optó por conseguir dinero vendiendo permisos de emigración a Palestina.

En los territorios soviéticos y en otros anexionados por la URSS (el caso de los países bálticos), la operación nazi de exterminio se organizó por zonas y recayó en los Cuerpos especiales de intervención policial o *Einsatzgruppen A* (Báltico), *B* (Bielorrusia), *C* (Ucrania) y *D* (Besarabia, sur de Ucrania, Crimea y, ocasionalmente, el Cáucaso). Subdividido en comandos, cada *Einsatzgruppe* contaba con un número variable de 600 a 1.000 hombres (y algunas mujeres) de formación militar elemental, pero de eficacia y rapidez extraordinarias: al fin y al cabo, no podía ser mayor su determinación criminal, gozaban de libertad de movimientos, actuaron sin interferencias, contaron con el apoyo incondicional de milicias antisemitas locales —especialmente activas en Lituania— y de otros voluntarios y, en muchos casos, encontraban a sus víctimas apiñadas en guetos recién creados tras las conquistas.

Aunque desde la primavera de 1942 los *Einsatzgruppen* dispusieron de unidades móviles con gas que usaron sobre todo para asesinar a mujeres y niños, el método habitual para masacrar fue distinto. Lo describió muy bien años después en declaración jurada —también su espeluznante concepción de la responsabilidad personal— Otto Ohlendorf, comandante del *Einsatzgruppe D*:

> La unidad de *Einsatz* entraba en un pueblo o una ciudad y ordenaba a los prohombres hebreos que convocaran a todos sus correligionarios, con miras al traslado. Se les pedía que entregaran todos los objetos de valor y, poco antes de la ejecución, incluso los vestidos. Se trasladaban al lugar de ejecución que, en general, eran trincheras antitanque, en camiones y sólo en el número que podían ser muertos inmediatamente. Esto con el fin de reducir, en lo posible, el tiempo que había de transcurrir entre el momento en que las víctimas sabían de la suerte que les aguardaba y el momento en que tenía lugar la ejecución. Los prisioneros eran muertos, de rodillas o en pie, por pelotones de fusilamiento, en la misma forma empleada por el ejército, y los cadáveres se lanzaban a la fosa.
>
> Nunca permití que disparara un solo individuo y siempre ordené que varios militares dispararan simultáneamente, para evitar responsabilidades directas y personales. Otros jefes de grupo hacían que sus víctimas se pusieran a cuatro patas, en el suelo, y los mataban de un golpe en la nuca. Pero yo no apruebo estos sistemas.

Decenas de niños, mujeres y hombres judíos permanecen sentados o de pie en un barranco, poco antes de ser disparados por los miembros de un *Einsatzgruppe*. En pocos minutos no quedaría vivo ni uno.

Desde julio de 1941 y durante año y medio, mientras se sucedían pogromos de consecuencias mortales, los *Einsatzgruppen* dispararon a su antojo a cientos de miles de judíos. Tras quejarse de cansancio y de angustia mental por los fusilamientos masivos de mujeres y niños, los miembros de estos grupos comenzaron a aplicar un método de exterminio más barato y menos cansino: matar por asfixia en camiones, reconduciendo a cámaras selladas atestadas de judíos el monóxido de carbono producido por los motores; acabados los gritos, sólo quedaba lanzar los cadáveres a fosas.

No resulta fácil concretar el número de víctimas de los *Einsatzgruppen*, debido tanto a las condiciones en que se realizaron los fusilamientos y gaseamientos como a la falta de documentación (la conservada no abarca el período completo). Por ello, varían las cifras entre los expertos, aunque coinciden en que superó el millón. Ofrecemos el dato que proporciona *Yad Vashem*,

Un lugar de conmemoración

La Autoridad Nacional para el Recuerdo de los Mártires y Héroes del Holocausto, más conocida como *Yad Vashem* (transcripción al alfabeto latino de palabras hebreas que significan 'nombre' y 'mano', que juntas se traducen como 'lugar de conmemoración'), es una institución oficial del Estado de Israel fundada para «registrar y reunir en la patria [Israel] el recuerdo de todos los judíos que perecieron o que cayeron luchando contra el enemigo nazi y sus cómplices, para perpetuar sus nombres y los de las comunidades, instituciones y organizaciones que fueron destruidas por haber pertenecido al pueblo judío».

Los archivos sobre el Holocausto de *Yad Vashem* superan los 125 millones de páginas de documentación —entre otras muchas fuentes de información— y son los más completos del mundo. El constante y exhaustivo trabajo de investigación histórica y de búsqueda de *Yad Vashem* hacen posible la continua actualización de su base de datos sobre el genocidio y la progresiva ampliación de sus fondos documentales. Gracias a un enorme esfuerzo, buena parte de este material puede consultarse ya en varios idiomas en internet.

Yad Vashem promueve y colabora en numerosas actividades dentro y fuera de Israel. Además de centro de documentación e investigación histórica, *Yad Vashem* dispone de una gran biblioteca, museos y de un excelente departamento de educación. Profesores y estudiantes de numerosos países asisten también a los cursos que organiza su Escuela Internacional para Estudios del Holocausto.

Entre otros prestigiosos galardones otorgados, *Yad Vashem* obtuvo en 2007 el Premio Príncipe de Asturias de la Concordia.

por el prestigio mundial de esta institución: en la primavera de 1943 los *Einsatzgruppen* y sus seguidores habían exterminado a 1.250.000 judíos y a otros cientos de miles de ciudadanos soviéticos, incluyendo prisioneros de guerra.

Para entonces, la Segunda Guerra Mundial se hallaba en plena expansión. El 7 de diciembre de 1941 Japón había atacado por sorpresa la base norteamericana de Pearl Harbor y el 8 Estados Unidos declaró la guerra a Japón, cuyo ejército atacó el mismo día Hong Kong e invadió Tailandia, Malasia (colonia británica) y Filipinas (colonia estadounidense). El 11 de diciembre, Alemania e Italia declararon la guerra a Estados Unidos y Gran Bretaña a Japón. Días antes y después, muchos más países del mundo se unieron a los Aliados (nombre que recibió el bloque de países formado, entre otros, y por orden cronológico en su participación en el conflicto, por Polonia, Gran Bretaña, Francia, URSS, Estados Unidos, China) que a las potencias del Eje (Alemania, Italia y Japón). Muy pocos fueron los países (entre ellos, España) que permanecieron oficialmente neutrales durante toda la guerra y, en la mayoría de estos casos, no faltaron los apoyos diplomáticos o de avituallamiento a alguna de las naciones beligerantes.

Por lo que respecta a la intervención judía en la Segunda Guerra Mundial, se calcula en torno al millón y medio el número de soldados que participaron en el conflicto (especialmente en los ejércitos soviético y estadounidense, pero también en la resistencia polaca y en tropas británicas, australianas, neozelandesas, canadienses y de otros países). Como estos soldados no eran identificados por los alemanes como judíos, sino como miembros de uno u otro ejército, resulta difícil contabilizarlos entre las víctimas judías. A pesar de estas dificultades, se piensa que en torno a 250.000 soldados judíos murieron en acciones

Hallada entre las pertenencias de un soldado nazi, esta fotografía, quizá de 1941, lleva por detrás la leyenda «El último judío de Vinnitsa», localidad ucraniana mortalmente visitada por el *Einsatzgruppe C*.

de guerra y que otros 200.000 cayeron en manos nazis; de estos, aproximadamente 100.000 pertenecían al Ejército Rojo y la gran mayoría no sobrevivió. Como es lógico, y así lo sabemos también por testimonios de supervivientes, los soldados judíos apresados procuraron por todos los medios no ser reconocidos como tales por sus adversarios alemanes. No han faltado autores —como el estadounidense de origen judío Bryan Mark Rigg— que han calculado también el número de judíos y *Mischlinge* ('híbridos') que formaron parte del ejército nazi, unas veces para proteger a sus familias y otras por patriotismo. Rigg, por ejemplo, estima que su número pudo incluso alcanzar los 150.000, cifra que la mayoría de especialistas considera muy exagerada.

El exterminio planificado: esclavitud, experimentos y gas

Tras acceder al poder, como ya indicamos, los nazis habían ideado unas instalaciones excelentes para aislar a los «indeseables»: los *campos de concentración*. Aunque los 20.000 que llegaron a construirse sirvieron para diversos propósitos (encierro, trabajo, tránsito de prisioneros, etc.), suelen distinguirse tres fases en el uso de esta infraestructura: de 1933 a 1936, para recluir enemigos políticos y religiosos; de 1936 a 1941 sirvieron de centros de trabajo forzoso; y desde 1942 a 1945, además de centros de trabajo forzoso, algunos campos se destinaron específicamente al exterminio de seres humanos.

Se desconoce la fecha en la que se decidió la aniquilación total de los judíos. No se ha encontrado ningún documento de Hitler que lo ordene, aunque los escritos conservados revelan la planificación de tal medida. A pesar de ello, no parece que la decisión se adoptara desde el principio. Según el historiador judío estadounidense Raul Hilberg, uno de los principales expertos en el Holocausto, «el proceso de destrucción se desplegó siguiendo un patrón definido. Sin embargo, no procedió según un plan básico. [...] El proceso de destrucción fue una operación realizada paso a paso y el administrador rara vez veía más allá del paso siguiente».

Resulta indudable, de todos modos, que desde la conquista nazi de Polonia, el 1 de septiembre de 1939, y especialmente tras la invasión de la URSS en junio de 1941, las matanzas masivas de judíos habían sustituido a la política de legitimación del antisemitismo. Por eso, los dirigentes nazis no tardaron en sentir la urgencia de planificar la masacre. El 31 de julio de 1941, el mariscal Hermann Göring delegó en Reinhard Heydrich la responsabilidad de hacer los preparativos para «conseguir una solución global de la cuestión judía en las esferas de influencia alemana de Europa». Y en otoño de 1941 se concretó un plan para eliminar a los casi 2.300.000 judíos residentes en el territorio del Gobierno general polaco: tal pretensión se llamó posteriormente en clave Operación Reinhard, en recuerdo de Reinhard Heydrich, fallecido como consecuencia de las heridas sufridas en el ya mencionado atentado de Praga. Para llevar a cabo el plan —iniciado efectivamente el 17 de marzo de 1942— los jefes nazis decidieron construir tres campos de exterminio: Belzec, Sobibor y Treblinka II.

Pero las autoridades nazis no sólo deseaban matar a los judíos polacos sino, como antes indicamos, «solucionar» el «problema» judío en todos los territorios que pudieran controlar. El tema fue tratado el 12 de diciembre en una reunión de Hitler con sus colaboradores personales y, el 20 de enero de 1942, comunicado por Heydrich a los otros 15 participantes —jefes de las SS y de la Gestapo y destacadas autoridades del *Reich*— en una reunión celebrada en Wannsee, al suroeste de Berlín. Allí se adoptaron las grandes líneas estratégicas para coordinar lo que era ya un objetivo primordial del régimen nazi: exterminar al pueblo judío. Para entonces, no lo olvidemos, cientos de miles de judíos habían sido asesinados por los *Einsatzgruppen* y decenas de miles habían muerto en los guetos y en los campos de concentración por enfermedades, inanición, agotamiento y malos tratos.

La «solución final» —expresión utilizada por los nazis para designar el genocidio— consistió en transportar a los judíos supervivientes desde los guetos y los campos de concentración hasta los cinco campos polacos que —tras adaptar antiguas instalaciones o construir otras de nueva planta— se diseñaron para asesinar a gran escala: Chelmno (activo desde el 8 de diciembre de 1941), los ya mencionados Belzec, Sobibor y Treblinka II, así como Auschwitz-Birkenau. A los anteriores, algunos autores añaden el campo también polaco de Majdanek, donde la mayoría de los presos pereció por las malas condiciones de vida y el exceso de trabajo, pero en el que se perpetraron numerosas ejecuciones masivas y funcionaron —como en varios campos de concentración— cámaras de gas.

Los campos de exterminio nazis —algunos de los cuales disponían de campos de concentración adyacentes— estaban dotados de la infraestructura necesaria para matar por procedimientos industriales. En verano de 1942 ya se usaban todos y, hasta 1945, serían asesinados en ellos —a veces funcionando al mismo tiempo y otras no, según la duración de cada campo— más de tres millones de judíos y otros cientos de miles de personas (prisioneros soviéticos y de otras nacionalidades, gitanos, sacerdotes y religiosos católicos, testigos de Jehová, delincuentes, homosexuales y opositores al régimen). Por su parte, el Gobierno filonazi de Croacia construyó en ese país el campo de Jasenovac, dedicado fundamentalmente a aniquilar ciudadanos serbios, entre los que no faltaron judíos y gitanos.

Aprobada la *Endlösung* o 'solución final' de la cuestión judía, durante 1942 las SS, con la colaboración del ejército, procedieron a enviar a los campos de exterminio a los judíos residentes en territorios controlados por los nazis, muchos agrupados ya en cientos de guetos. Los judíos franceses y los polacos de Lublin comenzaron a ser deportados en marzo, los holandeses y los polacos de Varsovia en julio y los belgas en agosto. En marzo de 1943 empezaron a trasladarse los griegos, en junio los de los países bálticos y Bielorrusia y, en octubre, los judíos de la recién creada República Social Italiana, el Estado títere establecido por los nazis en la zona septentrional de Italia. En mayo de 1944 se procedió a deportar a los judíos húngaros, en agosto a los judíos polacos de Lodz y en septiembre a los eslo-

Detención de judíos escondidos en un búnker del gueto de Varsovia. La dura vida en ese infierno forzado no impidió la enérgica defensa judía durante los primeros meses de 1943.

vacos. Resultaba muy difícil rebelarse y sirvió de poco a quienes lo consiguieron: la mayoría de los miles que escaparon durante el levantamiento del gueto de Varsovia, producido entre el 19 de abril y el 16 de mayo de 1943, fueron asesinados durante la sublevación polaca de esa ciudad en agosto de 1944.

Pero no todos los judíos fueron enviados al exterminio desde 1942. Por petición de Göring, muchos con fuerza suficiente para exprimir permanecieron confinados en campos (Dachau, Buchenwald, Mauthausen, Auschwitz I y III, Ravensbrück, Sachsenhausen, Stutthof, Janowska y Majdanek, entre otros), sometidos a realizar trabajos forzosos para alimentar la maquinaria bélica nazi y otras labores, de las que también se beneficiaron importantes empresas alemanas. Cerca de estos campos o en su interior había minas, canteras, factorías de armamento, de productos químicos, de piezas de aviones u otras fábricas, donde muchos de esos esclavos acababan muriendo de puro agotamiento; a quienes retrasaban el ritmo de producción se les remataba cuanto antes para sustituirlos por otros. Más de medio millón de judíos perecieron por exceso de trabajo.

El traslado a los campos de exterminio se hacía habitualmente en tren. Cuando el desplazamiento se iba a realizar desde un gueto, se comunicaba por sorpresa al Consejo judío correspondiente para que pusiera en marcha los preparativos, diciendo que se procedía a reubicar a la población en otras zonas. Circulaban rumores sobre la existencia de instalaciones de muerte, pero tamaña crueldad era difícil de creer. Además, la dificultad de subsistir a esa situación no daba tiempo a pensar en el futuro. Las víctimas debían acudir con sus pertenencias básicas cerca de las estaciones ferroviarias. Quien se retrasaba o caminaba con lentitud era fusilado. Llegado el momento, los niños y adultos escogidos se apiñaban en los vagones del tren y este se ponía en marcha. Durante los trayectos, a veces largos, las duras condiciones y la debilidad provocaron numerosas muertes antes de alcanzar el destino.

El modo de matar varió según los campos y experimentó ciertos cambios con el tiempo. En Chelmno, por ejemplo, casi 300.000 judíos y 5.000 gitanos fueron asesinados, desde diciembre de 1941 hasta enero de 1945, entrando desnudos en camiones sellados con capacidad de 50 a 70 personas y tubos de escape conectados a la zona de carga. Las víctimas morían mientras eran transportadas a un bosque cercano, donde sus propios cadáveres serían enterrados en fosas comunes por los miembros de un *Sonderkommando* (unidad compuesta por judíos forzados a agilizar el exterminio). Pero el hedor provocado por la descomposición de los cuerpos aconsejó cambiar de estrategia. Y así, desde el verano de 1942, los cuerpos se quemaron al aire libre en hornos fabricados con vías de tren.

Menos tiempo que Chelmno funcionaron Belzec (desde marzo de 1942 hasta fines de ese año), Sobibor (de mayo a julio de 1942 y de octubre de ese año a octubre de 1943) y Treblinka (desde julio de 1942 hasta agosto de 1943). En estos tres campos se exterminó a 1.700.000 judíos polacos mediante monóxido de carbono producido por motores diésel y enviado a cámaras herméticamente cerradas. Las víctimas morían por asfixia. También al principio se enterraron los cadáveres, pero pronto fueron incinerados. La falta de registros hace más difícil calcular el número de víctimas del campo principal y de los numerosos campos satélites de Majdanek (fines de 1941 a julio de 1944), estimado en 360.000 personas, muchas de ellas prisioneros de guerra soviéticos: decenas de miles perecieron por el hambre, las enfermedades, las inclemencias climáticas, el agotamiento por los trabajos forzosos y los golpes recibidos, y decenas de miles también —la mayoría judíos— asfixiados en cámaras de gas y tiroteados en fusilamientos masivos.

Auschwitz I, Auschwitz II —en la localidad de Birkenau, a pocos kilómetros del anterior— y Auschwitz III formaron parte de un enorme complejo con decenas de instalaciones construidas en diferentes fases (la primera inaugurada en abril de 1940), que funcionaron hasta enero de 1945. En Birkenau se instaló el campo de exterminio. El proceso, en marcha las veinticuatro horas de los siete días de la semana, recomenzaba al llegar un nuevo tren repleto de víctimas. Tras bajar de los vagones, se procedía a la separación y alineación de los recién llegados: mujeres y niños por un lado, hombres por otro. Los más fuertes de cada sexo eran seleccionados para realizar trabajos forzosos en Auschwitz I, en Auschwitz III o en los subcampos: afeitadas sus cabezas y tatuados los correspondientes números de registro en sus brazos izquierdos, se les entregaba un uniforme rayado y un par de zuecos de madera e ingresaban en el campo. Allí aguantaban vivos y

Mientras pudieran trabajar, mujeres y hombres podrían seguir viviendo. Las primeras, recién rasuradas en Auschwitz, aún no sabían qué les aguardaba. Los segundos, por el momento, se dedicaban a la fabricación de piezas de avión. Ambos tenían conciencia plena de que su situación estaba siempre sujeta a la provisionalidad.

trabajando semanas o meses, completamente hechos polvo, pero con tiempo y fuerza suficientes para pensar en sus seres queridos. De algunos prisioneros se han conservado diarios salpicados de oraciones e ilustrados con dibujos.

La gran mayoría de personas, sin embargo, eran enviadas a las cámaras de gas para su asesinato masivo y la posterior incineración de sus cadáveres en los crematorios. Las víctimas —principalmente judíos, pero también miles de gitanos— desconocían su destino cuando esperaban su «turno» para entrar en unas instalaciones que, según se les había dicho, tenían como finalidad desinfectar y lavar sus cuerpos antes de acceder al campo: esos niños, mujeres y hombres de todas las edades, ignoraban por completo que vivían sus últimos minutos en este mundo mientras hacían tiempo de pie o sentados sobre la hierba donde después se echarían las cenizas de sus propios cuerpos —la «operación» se dilataba cuando había mucha gente—, al desnudarse antes de acceder a las cámaras o entrando en ellas.

Cada una de las cuatro grandes cámaras de gas de Birkenau tenía capacidad para matar a 6000 personas diarias. Y en conjunto, en Auschwitz fueron asesinados en torno a un millón de judíos —niños, jóvenes, adultos y ancianos—, muchos de ellos con el gas Zyklon-B, más rápido y eficaz que el monóxido de carbono. En 1946, el psiquiatra estadounidense Leon Goldensohn preguntó al teniente coronel de las SS Rudolf Hoess, comandante en jefe de Auschwitz desde 1940 hasta 1943, «cuánto tiempo tardaba el Zyklon-B en hacer efecto». Merece la pena conocer un testimonio avalado por tantos cientos de miles de víctimas:

> Después de todas las observaciones hechas a lo largo de esos años, creo que dependía del tiempo, del viento, de la temperatura; de hecho, la efectividad del propio gas no era siempre la misma. Normalmente se tardaba de tres a quince minutos en aniquilar a toda esa gente, es decir, en que no quedasen signos de vida. En las granjas no teníamos mirillas y, a veces, al abrir las puertas después de pasar un considerable período de tiempo, todavía había signos de vida. Más tarde, en los crematorios y en las cámaras de gas de nueva construcción, diseñados por mí, teníamos mirillas y podíamos tener la certeza de que todas esas personas estaban muertas.
>
> A la media hora, se abrían las puertas de las granjas. Había dos puertas, una en cada punta, y se aireaba la habitación. Los trabajadores llevaban caretas antigás y arrastraban los cadáveres fuera de las habitaciones y, al principio, los colocaban en fosas comunes.
>
> Pensé que los crematorios podrían construirse muy rápidamente y lo que quería era quemar los cuerpos en fosas comunes en el crematorio, pero cuando vi que el crematorio no se podía construir

con la rapidez suficiente como para ocuparse del número de personas para exterminar, que no cesaba de aumentar, empezamos a quemar los cuerpos en fosas comunes al aire libre, como en Treblinka. Alternábamos capas de madera con capas de cadáveres. Para prender la pira usábamos un fardo de paja empapado en gasolina. Generalmente, empezábamos a quemar la pira cuando tenía cinco capas de madera y cinco de cadáveres. Cuando el fuego estaba en su apogeo, se podían lanzar sin más a la pira los cadáveres frescos que llegaban de las cámaras de gas y se quemaban por sí solos.
En 1942 se terminaron unos crematorios más apropiados y el proceso en conjunto se pudo empezar a hacer en las nuevas edificaciones. Se construyeron nuevas vías de tren que llegaban hasta los crematorios. Se seleccionaba a la gente como antes, con la excepción de que los que no valían para trabajar iban al crematorio en lugar de marchar hasta las granjas. Era un edificio grande y moderno; había habitaciones para que se desnudasen y las cámaras de gas estaban en el sótano y el crematorio estaba más arriba, pero todo en el mismo edificio. Había cuatro cámaras de gas en los sótanos; dos muy grandes en las que cabían 2.000 personas y dos más pequeñas que podían acoger a 1.600 personas.
Las cámaras de gas se construyeron como una instalación de duchas, con las propias duchas, las tuberías de agua, algunos detalles de fontanería y un moderno sistema de ventilación eléctrica, de modo que después del gaseado la habitación podía ser ventilada mediante los aparatos de ventilación.
Los cadáveres eran transportados al crematorio, que estaba encima, mediante montacargas. Había cinco hornos dobles.

En veinticuatro horas se podía incinerar a 2.000 personas en los cinco hornos. Normalmente, conseguíamos incinerar sólo de 1.800 cuerpos a 1.700. O sea, que siempre íbamos con retraso en la cremación, porque como puede ver era mucho más fácil exterminar mediante gas que incinerar, que llevaba mucho más tiempo y más trabajo. En la época culminante del proceso, llegaban diariamente dos o tres trenes, cada uno de ellos con alrededor de 2.000 personas. Esos fueron los tiempos más duros, porque había que exterminarlos inmediatamente y las instalaciones para la incineración, incluso con los nuevos crematorios, no podían mantener el ritmo del exterminio.

Las víctimas morían desnudas y sus cenizas acababan abonando tierras cercanas o drenando pantanos. Lo poco que tenían se les había quitado antes de entrar en los campos de concentración y de exterminio. Los cheques se enviaban al Banco Central del Reich; el oro, las joyas y la moneda extranjera, al Cuartel General de las SS; objetos de menos valor como relojes, plumas o bolígrafos, se distribuían entre el personal de los campos y la ropa, a veces, entre la población germana. Tras los asesinatos, y antes de las prisas que entraron en esos meses finales de la guerra en los que sólo cabía matar, se examinaban los cuerpos para extraer los dientes de oro o las piedras preciosas que algún «listo» pudiera ocultar.

La industria de la muerte arrancó también beneficios comercializando cadáveres y vendiendo huesos a fabricantes de fosfatos. Hasta el pelo se reutilizó. Entre cien y doscientas toneladas de cabello metido en sacos fueron enviadas desde Auschwitz al Ministerio de Economía, que a su vez las vendió a empresas de tapicería; tras su transformación en fieltro industrial, se emplearon entre otros usos para fabricar zapatillas para

Ignorantes de su destino, mujeres y niños esperan su turno para entrar en las cámaras de gas de Auschwitz-Birkenau. Dijo Himmler: «En el caso de los niños [...] no es justificable que dejemos que crezcan futuros vengadores llenos de odio, para que nuestros hijos y nuestros nietos se vean obligados a luchar contra ellos».

la tripulación de los submarinos y calzado para trabajadores ferroviarios. Pudiendo servir el pelo de los judíos para mantener los pies cómodos y calentitos, ¿por qué quemarlo con el resto de sus cuerpos?

Algunos campos de concentración y de exterminio sirvieron además para experimentar con prisioneros, por supuesto, sin pedir su consentimiento. La documentación existente certifica que más de 7.000 personas —la mayoría judíos— padecieron estos tormentos, aunque se da por cierto que muchas más los sufrieron. Unos dos centenares de médicos participaron en esos ensayos, que pueden agruparse en cinco categorías: los realizados para facilitar la supervivencia de soldados nazis, las pruebas con medicamentos y

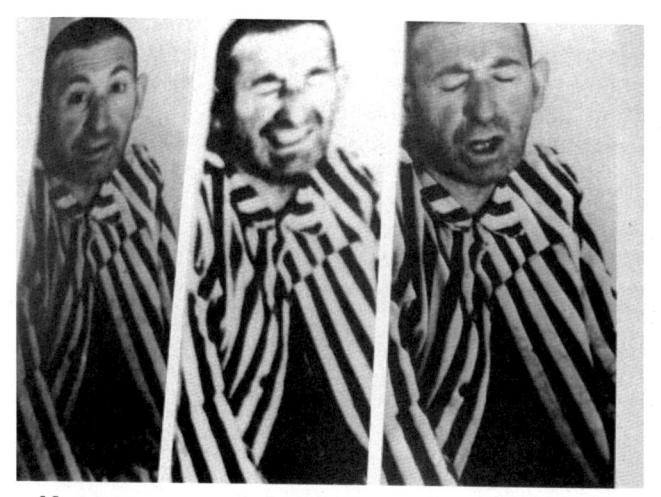

Numerosos presos de ambos sexos y de todas las edades fueron utilizados como cobayas para experimentos de todo tipo. La imagen muestra las reacciones de un preso del campo de concentración de Dachau ante una prueba de altitud.

tratamientos para curar lesiones de guerra, la experimentación con sustancias letales para su aplicación en acciones bélicas, las investigaciones para «mejorar» la raza, según los principios ideológicos nazis, y las efectuadas con fines «didácticos».

En cualquier momento, cualquier preso podía convertirse en *cobaya*. Para conocer la resistencia a la altitud, se grabaron en cintas cinematográficas las reacciones de prisioneros en cámaras de baja presión. El aguante de los pilotos en las frías aguas del Atlántico se estudió sumergiendo reclusos en tiempos variables en aguas a pocos grados sobre cero y probando a veces el recalentamiento de los cuerpos obligando a las víctimas a consumar con prostitutas el acto sexual. Se observaron las reacciones de gitanos al beber agua del mar y las de sacerdotes católicos tras introducirles tumores inflamatorios. Se fotografiaron las reacciones de prisioneros al gas mostaza y al gas de fosgeno (componente utilizado para fabricar plásticos y pesticidas), hasta morir con tremendas quemaduras. Se administraron compuestos y sueros para prevenir y tratar la malaria, la hepatitis, la tuberculosis, el tifus, la fiebre tifoidea, la fiebre amarilla...

Las investigaciones raciales incluyeron pruebas serológicas y estudios óseos. El médico alemán Ausgust Hirt, por ejemplo, mejoró su colección de esqueletos del Instituto de Anatomía de la Universidad de Estrasburgo descarnando algunas de las 115 víctimas gaseadas que le enviaron; el resto las conservó en alcohol, enteras o partidas. Y, entre otras muchas actividades, el doctor Josef Mengele pudo colmar su curiosidad «científica» experimentando con unas 1.500 parejas de gemelos. Además, se hicieron esterilizaciones de ovarios y de testículos con rayos X, se inyectaron en úteros líquidos inflamatorios y se hicieron castraciones de chicos por métodos tradicionales, separando los testículos para su examen.

El horror continuó hasta el final. Después del 25 de noviembre de 1944, la difícil situación en los frentes de guerra indujo a Himmler a ordenar la destrucción de las cámaras de Auschwitz. Pero ello no significó el fin de los tormentos. Se multiplicaron entonces las *marchas de la muerte* —así llamadas por los prisioneros— para desalojar los campos de concentración más cercanos a las zonas de combate. Las tremendas condiciones en las que cientos de miles de niños, mujeres y hombres de todas las edades realizaron estas caminatas, a veces de varias semanas de duración, convirtieron estos trayectos en una pesadilla, de la que ya no despertaron los miles de cautivos asesinados por los guardias que las controlaban.

Fines de abril de 1945, cautivos cruzando un pueblo en su travesía desde Dachau a Wolfratshausen. Miles de prisioneros fueron obligados a marchar de unos centros de reclusión a otros más alejados de los frentes de guerra. Muchos morirían en el camino.

Por fortuna para los prisioneros que aún quedaban vivos, el tiempo jugó a favor de los Aliados, y su avance desde mediados de 1943 se aceleró en 1944 y más aún después. Ser atacados continuamente y por todas partes acabó llevando a los nazis a la derrota. Carente de fuerza para soportarlo, el 30 de abril de 1945 Hitler se suicidó tras ordenar la cremación de su cadáver y otro tanto hizo, horas después, su amigo y ministro de propaganda Joseph Goebbels. El 4 de mayo de 1945 el almirante Hans-Georg von Friedeburg firmó en el cuartel del mariscal británico Bernard Law Montgomery, en la localidad alemana de Lüneburg, la capitulación del ejército nazi en Holanda, Alemania del noroeste, Dinamarca y Noruega. El día 7 el general

Alfred Jodl, jefe del Estado Mayor del Alto Mando de las Fuerzas Armadas alemanas, firmó el acta de rendición incondicional de todas las tropas nazis en el cuartel del general estadounidense Dwight David Eisenhower, en la ciudad francesa de Reims. Y el día 9, el general alemán Wilhelm Keitel firmó la rendición germana ante el mariscal ruso Georgi Zhukov. Para entonces, los Aliados habían entrado ya horrorizados en los campos de concentración y de exterminio —en líneas generales, ya sabían de su existencia, pero optaron por priorizar la victoria en la guerra— y liberado a los que seguían vivos.

SUPERVIVIENTES, CULPABLES, INOCENTES Y JUSTOS

Por el modo en el que se perpetró el exterminio, no es posible conocer la cifra exacta de víctimas del Holocausto. Tras indicar que suele usarse la cifra de 6 millones de asesinados mencionada posteriormente a la masacre por el nazi Adolf Eichman, el portal de internet de *Yad Vashem* —cuyo balance general de víctimas por nacionalidades incluimos a continuación en una tabla— advierte que los expertos difieren: los primeros cálculos oscilaron entre los 5,1 millones de Raul Hilberg y los 5,95 millones del demógrafo estadounidense Jacob Leschinsky; investigaciones más recientes, publicadas por los israelíes Yisrael Gutman y Robert Rozett en la *Enciclopedia del Holocausto*, evalúan las muertes judías entre 5,59 y 5,86 millones, y un estudio dirigido por el alemán Wolfgang Benz estima el número de asesinados judíos entre 5,29 y 6 millones. Por su parte, la historiadora estadounidense Lucy Dawidowicz cifró las víctimas judías en más de 5.933.000. Entre esos muertos se encontraban un millón y medio de niños.

Breve historia de los judíos

País	Número de judíos antes de la guerra	Número de judíos asesinados en el Holocausto
Polonia	3.325.000	3.000.000
URSS	3.020.000	995.000
Hungría	825.000	565.000
Rumania	817.000	380.000
Alemania	525.000	165.200
Tierra de Israel (Mandato británico)	401.600	0
Gran Bretaña	385.000	0
Francia	330.000	76.000
Marruecos	210.000	0
Austria	185.000	65.000
Lituania	168.000	143.000
Países Bajos	140.000	102.150
Eslovaquia	137.000	66.250
Argelia	120.000	0
Bohemia y Moravia	117.500	80.000
Letonia	91.500	71.500
Túnez	85.500	50
Turquía	80.000	0
Grecia	77.000	58.885
Egipto	70.000	0
Bélgica	65.700	28.900
Bulgaria	60.500	11.370
Italia	42.500	5.969
Croacia	39.000	30.000
Libia	30.000	600
Siria	25.000	0
Suiza	18.000	0
Serbia	12.000	11.000
Dinamarca	7.800	116
Suecia	7.800	0
Líbano	5.000	0
Irlanda	5.000	0
Estonia	4.500	2.000
España	4.000	0
Luxemburgo	3.500	1.950
Finlandia	1.800	7
Noruega	1.700	762
Eslovenia	1.500	1.300
Portugal	1.000	0
Albania	200	0
Transjordania (Mandato británico)	0	0

Para los nazis, estos hombres de la foto, por su identidad judía, no pasaban de ser *cosas repugnantes*; y por sus deficiencias, además, resultaban *cosas repugnantes estropeadas*. De no servir para experimentar, se eliminaban cuanto antes.

Aunque los judíos fueron el único colectivo que los nazis intentaron aniquilar totalmente, estos también asesinaron, como sabemos, a muchos no judíos. El siguiente grupo más perseguido por los nacionalsocialistas fueron los soldados rusos: de los 5,7 millones capturados, aproximadamente 3,5 millones murieron por el hambre, los malos tratos, los fusilamientos masivos o el gas. Los nazis despreciaban a los miembros del ejército soviético tanto por sus ideas comunistas como por motivos raciales: por su condición de eslavos, los rusos eran considerados una raza inferior.

Otros grupos sufrieron también grandes matanzas: entre 200.000 y 275.000 discapacitados, enfermos mentales, autistas y ancianos fueron llevados a la muerte siguiendo el programa *Eutanasia* —destinado a preservar la «pureza» de los arios— y decenas de miles más esterilizados; entre 90.000 y 150.000 gitanos, considerados asociales, fueron exterminados; perecieron brutalmente miles de sacerdotes, religiosas, religiosos y laicos católicos, siendo además perseguidas sus instituciones y organizaciones; de los cerca de 15.000 homosexuales internados en campos de concentración, varios millares murieron por malos tratos y por las duras condiciones de vida (inanición, enfermedades, agotamiento, etc.); y otro colectivo especialmente acosado fueron los testigos de Jehová, muchos de cuyos miembros soportaron el internamiento en campos de concentración. Es justo recordar también a los millones de civiles polacos, soviéticos y de otras nacionalidades, así como a disidentes políticos de distintas ideologías (comunistas, socialistas, sindicalistas, nacionalistas opuestos al nazismo) que padecieron la angustia de ser encerrados en campos de concentración, en los que tuvieron también que realizar trabajos forzados.

Casi dos millones de judíos sobrevivieron al Holocausto en la URSS y unos cientos de miles de otras nacionalidades se salvaron huyendo o escondiéndose, o bien el tiempo jugó a su favor y los ejércitos aliados llegaron a los campos de concentración y de exterminio antes de acabar asesinados. La gran preocupación de estos desamparados fue conocer el destino de sus familiares y amigos: no tardarían en averiguar que, en la mayoría de los casos, sus cuerpos eran ya cenizas confundidas con la tierra. En numerosas ocasiones, los repatriados que regresaron a sus hogares tuvieron que soportar la inquina de sus antiguos vecinos, temerosos de que se produjeran reclamaciones patrimoniales. En Polonia, por ejemplo, acabada ya la guerra, cuadrillas antisemitas eliminaron a cientos de judíos. Por eso, aunque quedaron atrapados en la URSS o en sus nuevos Estados satélites, muchos judíos procuraron y lograron marchar a Occidente.

Temporalmente se establecieron en campamentos administrados por la Organización de Naciones Unidas (ONU) —que contaron con la ayuda económica de instituciones judías estadounidenses— en Alemania occidental, Austria e Italia, que llegaron a alojar a unos 250.000 judíos. Tras recuperarse, casi un tercio de ellos emprendió rumbo a América (unos 80.000 a Estados Unidos entre 1948 y 1952, tras enmendarse la Ley de los Refugiados vigente, pero también a Canadá y a los países iberoamericanos); otros permanecieron en Europa, y cerca de 70.000 trató de emigrar de forma clandestina al Mandato británico de Palestina (de ellos, más de 50.000 fueron capturados por Gran Bretaña e internados temporalmente en Chipre). En 1957, por fin, cerró Föhrenwald, en Alemania, último campo de refugiados.

La angustia y un profundo dolor se cebaron con los supervivientes de la *Shoah*, muchos de los cuales no entendieron por qué ellos sí continuaban viviendo y no sus familiares y amigos. La pena y los recuerdos se acumulaban, y bastantes necesitaron años de ayuda psicológica o psiquiátrica tanto para poder dormir como para aguantar despiertos. Algunos nunca sanaron. Y, antes o después, las víctimas y los que llegaron a conocer el Holocausto y se interesaron por él trataron de encontrar explicaciones históricas, sociológicas, políticas, económicas, antropológicas y psicológicas a esa eliminación de más de un tercio de los judíos del mundo.

Como era de esperar en un pueblo como el judío, cuyos miembros están tan vinculados y son tan sensibles a la religión desde hace milenios, según los casos, por adhesión, incertidumbre vital o aversión, el más profundo de los interrogantes planteados ancló de lleno en el plano teológico: ¿cómo pudo Yahvé permitir el Holocausto? Desde entonces, numerosos filósofos y teólogos han tratado de ofrecer múltiples explica-

Millones de judíos fueron incinerados tras ser asesinados, pero muchos otros no. Fosa de cadáveres en el campo de concentración de Bergen-Belsen.

ciones a este hecho, llegando los más radicales a responder que la *Shoah* prueba la no existencia de Dios, que debe reconsiderarse nuestra idea de Él o que certifica la impotencia o *muerte* de Yahvé ante la conciencia humana.

Más habituales son las interpretaciones y explicaciones teológicas que asumen el aspecto misterioso y sobrenatural del exterminio, algunas de las cuales ofrecemos a continuación:

- La *Shoah* simboliza el sufrimiento humano.
- El genocidio judío constituye un misterio.
- El Holocausto es un castigo de Yahvé al pueblo elegido, sea por causas desconocidas, o debido a los movimientos reformistas decimonónicos y al progresivo abandono del judaísmo ortodoxo, o por la aparición del sionismo.
- Durante la *Shoah*, Yahvé aceptó el sacrificio de los judíos como víctimas inocentes, como en su día pidió la muerte de Isaac a su padre Abraham.
- El pueblo judío se identifica con el siervo sufriente de la Biblia y, ofreciendo su vida a Yahvé, ha cargado con los pecados de los demás.
- El pueblo judío se identifica con Job y, al sufrir, prueba su fe.
- Dios comparte el sufrimiento con las víctimas justas del genocidio y las ha recompensado al morir.
- Yahvé oculta su rostro y tolera que se le ofenda.
- El Holocausto siempre será un misterio porque, mientras se perpetró, no puede explicarse el ocultamiento divino.
- Dios no es responsable de la masacre, sino los seres humanos.
- La *Shoah* constituye una revelación divina y el nuevo mandamiento de Yahvé es que el judaísmo debe sobrevivir.
- La *Shoah* conlleva la destrucción entre la Alianza de Dios y el pueblo judío.
- Permitiendo el Holocausto, Yahvé revela su deseo de iniciar una nueva relación con sus elegidos.
- La *Shoah* es un misterio ante el que sólo queda aceptar la voluntad divina y guardar silencio.

El fin del Holocausto debía ser también el comienzo de la justicia. Ciertamente lo fue, pero no lo suficiente. Entre el 20 de noviembre de 1945 y el 1 de octubre de 1946, se celebraron en la ciudad alemana de Núremberg una serie de juicios que atraparon el interés mundial y ejercieron enorme influencia en la protección jurídica internacional de los derechos humanos. Acababa de terminar la Segunda Guerra Mundial, comparecían importantes cargos del régimen nazi y las acusaciones que pesaban sobre algunos de los imputados difícilmente podían ser más graves:

- Participación de los encausados «como responsables, organizadores, inductores o cómplices en la formulación o ejecución de un plan conjunto o conjura para cometer o facilitar la comisión de Crímenes contra la Paz, Crímenes de Guerra y Crímenes contra la Humanidad».
- Intervención «en la planificación, preparación, iniciación y participación en guerras de agresión, guerras que también suponían la violación de diversos tratados, acuerdos y compromisos internacionales».
- Elaboración de «un plan conjunto para cometer Crímenes de Guerra».
- «Crímenes contra la Humanidad», como «el asesinato, el exterminio, la esclavitud, la deportación y otras acciones inhumanas cometidas contra la población civil antes y durante la guerra», incluyendo la «persecución por razones políticas, raciales y religiosas llevada a cabo en relación con la conjura mencionada en el cargo primero y en cumplimiento de esta».

Faltaban en el banquillo Hitler y Goebbels que se habían suicidado; y aunque se detuvo a Himmler, este acabó igualmente suicidándose, tras morder una píldora

Núremberg, «Juicio de los Ministros». Diez de los doce sentenciados a muerte fueron ahorcados el 16 de octubre de 1946 y sus cuerpos cremados; los otros dos eran Hermann Göring (se suicidó) y Martin Bormann (por entonces desaparecido). Los siete acusados condenados a prisión fueron enviados a la cárcel de Spandau, en Berlín.

de cianuro potásico que escondía en su boca. Entre el 30 de septiembre y el 1 de octubre de 1946 se hicieron públicas las sentencias de Núremberg, basadas en principios de Derecho natural. Diez acusados fueron condenados a morir en la horca (*in absentia* Martin Borman, canciller del Partido Nacionalsocialista y secretario de Hitler, pues no se supo de él); pero uno de ellos, Hermann Göring, se suicidó de la misma forma que Himmler, desconociéndose todavía cómo consiguió el veneno. Otros tres acusados fueron condenados a cadena perpetua, dos a veinte años de prisión, uno a quince años, otro a diez y tres declarados no culpables. Adolf Eichmann, uno de los principales desaparecidos, fue localizado en 1960 en Argentina por los servicios secretos de Israel (el

Mossad). Trasladado ocultamente a ese país y, después de gozar en Jerusalén de un juicio que jamás concedió a sus cientos de miles de víctimas, murió ejecutado en 1962; tras la cremación del cuerpo, sus cenizas se esparcieron en el mar, fuera de las aguas territoriales de Israel.

Nuevos juicios se sucedieron en los países aliados, así como en las naciones donde se perpetraron las masacres (en Polonia se procesó a unas 40.000 personas). Hasta 1969, se investigaron a unos 80.000 ciudadanos de la República Federal de Alemania (RFA o Alemania Occidental, desde el 23 de mayo de 1949 hasta la reunificación germana el 3 de octubre de 1990), declarándose culpables a más de 6.000 encausados. En menor cuantía, también se descubrieron delitos similares en la República Democrática Alemana (RDA o Alemania Oriental, desde el 7 de octubre de 1949 hasta la reunificación), sometida ya al yugo soviético. Los resultados, sin embargo, no han contentado a todos: por ejemplo, en referencia a los juicios celebrados en la RFA y en Austria, el Centro Simon Wiesenthal (dedicado, entre otras labores, a combatir el antisemitismo) considera que las sentencias fueron «exageradamente clementes en comparación con los crímenes cometidos». Además, cientos de miles de colaboradores de la matanza eludieron los juicios.

Recién acabada la conflagración y mientras se buscaban los primeros culpables del Holocausto, la Agencia Judía para Israel —organización que representó a la comunidad judía residente en el que aún era Mandato británico en Palestina— reclamó formalmente indemnizaciones por los sufrimientos causados a Estados Unidos, la URSS, Gran Bretaña y Francia, las cuatro potencias que ocupaban entonces el territorio alemán: se pidió asignar parte de los fondos germanos a indemnizar a las víctimas y a contribuir a los gastos del masivo asentamiento en el Mandato británico de supervivientes del Holocausto. Establecido ya en 1948 el

Campo de concentración de Buchenwald (Alemania), 16 de abril de 1945, cinco días después de su liberación. Tras tanto sufrimiento, estos trabajadores forzosos tuvieron suerte. El séptimo empezando por la izquierda de la segunda fila de literas es el escritor judío estadounidense de origen rumano Elie Wiesel, Premio Nobel de la Paz en 1986.

Estado judío, en 1951 las autoridades de Israel reclamaron a los cuatro países mencionados 3.000 dólares por cada superviviente, del medio millón recién llegado. Además, se calculó inicialmente un daño a la propiedad judía de 6.000 millones de dólares, dejando claro a la vez que la catástrofe nunca podría resarcirse.

A medida que la opinión pública internacional fue conociendo detalles del Holocausto, en numerosos países —especialmente en Israel y en Estados Unidos— aumentó el respaldo a dicha petición. También creció ese deseo entre los propios alemanes de la nueva RFA, que gozaban de mayor margen de actuación política que sus vecinos de la RDA, sometidos al férreo yugo soviético. El Estado occidental germano, además, estaba ya beneficiándose —como la mayoría de la Europa no comunista— de cuantiosas ayudas para su reconstrucción, procedentes del Plan Marshall (1947-1952) financiado por Estados Unidos. Y por su situación geográfica, fronteriza con el bloque comunista, no podía permitirse la enemistad estadounidense.

Finalmente, y tras múltiples discusiones en Israel —muchas víctimas no querían trato alguno con Alemania ni dinero de ese país, pero los políticos israelíes precisaban de fondos para los enormes gastos del nuevo Estado— se entablaron negociaciones con la RFA, concretadas en la firma, el 10 de septiembre de 1952, del Tratado de Luxemburgo. En virtud de dicho acuerdo, la RFA se comprometió a pagar a Israel 3.000 millones de marcos y otros 450 millones a la Conferencia sobre Solicitudes Materiales Judías contra Alemania —formada por numerosas e importantes organizaciones judías y criticada por algunas víctimas por el modo de repartir los fondos que ha ido recibiendo—, que correpresenta los intereses de Israel en las cuestiones relativas a la restitución de bienes y a la reparación de los daños causados por el Holocausto.

Además, los sucesivos tratados bilaterales firmados entre Alemania y los numerosos países europeos damnificados por el nazismo —desde 1993, también con ex repúblicas soviéticas— incluyen la puesta en práctica de programas de indemnización (algunos ya finalizados) a víctimas judías y no judías supervivientes del Holocausto y, en lo posible, a familiares de fallecidos. La primera de esas leyes, aprobada en la zona alemana ocupada por Estados Unidos, data de 1946. Nuevas normas entraron en vigor en la RFA y en la posterior Alemania unificada. Hasta el 31 de diciembre del 2008, la cifra global de compensaciones pagadas por el Estado alemán alcanzó los 66.064 millones de euros.

Más de dos tercios de esa cantidad —45.725 millones de euros— fueron para hacer frente a las obligaciones

Millones de víctimas nazis no pudieron cobrar indemnizaciones. Es el caso de estos esqueléticos presos asesinados en un campo de concentración alemán cercano a Nordhausen (fotografía de abril de 1945).

contraídas en la Ley Federal de Indemnización, aprobada el 29 de junio de 1956, que entró en vigor con efectos retroactivos desde el 1 de octubre de 1953 y quedó perfeccionada el 14 de septiembre de 1965 con un nuevo texto. Hasta el 31 de diciembre del 2009, las indemnizaciones abonadas por el Estado alemán a víctimas residentes en Israel —pensiones, pagos únicos— rondaron los 27.500 millones de euros. Diversas normas canalizan fondos para quienes prueben haber sufrido daños concretos: por ejemplo, graves perjuicios a la salud, esterilización forzosa o huérfanos de padres asesinados (en cada uno de los tres casos anteriores, un pago único de hasta 2.556,46 euros), privación de libertad (76,69 euros mensuales, hasta un total de 2.556,46 euros), experimentos pseudomédicos (12.782,29 euros), etc.

Tras la creación en el año 2000 de la Fundación Memoria, Responsabilidad y Futuro, se ha indemnizado también a antiguos trabajadores forzados. Además, en diciembre de 1999, una declaración conjunta del Estado alemán, de sus territorios federales y de los ayuntamientos de ese país expresó el deseo de buscar y devolver las obras de arte confiscadas por los nazis. Ya se han restituido valiosos bienes culturales a sus legítimos dueños, pero hay cientos de objetos artísticos registrados cuyos propietarios aún se desconocen y siguen apareciendo obras maestras.

Resulta evidente que no debe culparse del Holocausto a todo un país. Bastaría con que uno de sus ciudadanos no hubiera participado en la masacre, para que tal acusación fuera una gran injusticia. Sin embargo, millares de alemanes intervinieron directamente en las operaciones de exterminio masivo, cientos de miles aceptaron de buena gana la legislación racista nazi y contribuyeron activamente a imponerla y millones presionaron a las víctimas con su desdén o, como coloquialmente se dice, *hicieron la vista gorda* ante lo que estaba ocurriendo. Todo el mundo conocía la discriminación legal, numerosos alemanes —y ciudadanos de otras nacionalidades— presenciaron actos de violencia y muchos sabrían que las personas encerradas en esos vagones de trenes que recorrían media Europa tenían camino de ida pero no de vuelta. ¿Puede acaso afirmarse que faltó la libertad suficiente para oponerse a lo sucedido? ¿Es que la obediencia debida —a cualquier autoridad, ley o decisión— prima sobre los derechos básicos de las personas? Y en el caso de existir coacción para actuar de una u otra manera, ¿se elimina entonces la propia responsabilidad?

Sean cuales fueren las respuestas que se den a tales preguntas, a nadie pudo extrañar que, acabado el régimen nazi, se esperaran muestras públicas de dolor por parte de los mandatarios del país cuyas instituciones representativas aprobaron en su día tanta injusticia. Y así lo han hecho, hasta la actualidad, tanto con gestos como con palabras. Tras ello, queda entonces el perdón de las víctimas supervivientes, de los familiares y amigos tanto de estas como de los fallecidos y de todos aquellos directa o indirectamente dañados. Sólo ellos lo pueden dar.

Se ha reconocido el comportamiento heroico de millares de personas no judías que durante el Holocausto ayudaron a los judíos (un reconocimiento que siempre puede perfeccionarse) y, especialmente, el de aquellos —muchos cristianos de las diversas confesiones, pero también musulmanes y agnósticos— que arriesgaron su vida o su libertad por hacerlo: estos últimos son los llamados *Justos entre las Naciones* (en la actualidad, más de 22.000), que salvaron a decenas de miles de judíos de distintas formas (ocultamiento en sus casas, traslados clandestinos, ayudas para escapar, rescate de niños, etc.). En virtud de una ley aprobada en Israel en 1963, se hacen esfuerzos para identificar al mayor número posible de *justos* —bastantes permanecerán en el anonimato—, que han obtenido diversas distinciones y, si lo desean, tienen derecho a vivir en Israel y a recibir una pensión del Estado judío dondequiera que se encuentren.

Acabamos este capítulo recordando que, para comprender la crudeza del Holocausto, es imprescindible tener en cuenta que sus víctimas fueron personas con una vida tan digna como la nuestra. Una vida que, para los millones de asesinados, se vio truncada para siempre y que, antes de ser tronchada, experimentó multitud de humillaciones y sufrimientos propios y ajenos, tantas veces soportados con una fortaleza ejemplar. El Holocausto constituye una lección para la humanidad: por encima de las diferencias de raza, sexo, edad, religión, nacionalidad, lengua, cultura o cualquier otra particularidad, somos seres humanos que hemos de respetarnos y ayudarnos. Si aprendiéramos bien esta enseñanza e intentáramos aplicarla día a día, ¡cuántas muertes e injusticias nos habríamos ahorrado estas últimas décadas!

7

Dentro y fuera de Israel
(desde 1945 hasta nuestros días)

ISRAEL, CASA PROPIA

En el capítulo 5 dedicamos un epígrafe al sionismo político, surgido a la par que otros nacionalismos en aquella Europa decimonónica con tantas identidades colectivas sin Estado propio. Theodor Herzl, inspirador y primer motor de ese movimiento, consideró el antisemitismo europeo circundante un acicate para acelerar la búsqueda de un lugar donde el pueblo judío pudiera organizarse a si mismo. Conforme dicho afán fue tomando cuerpo, aumentaron los partidarios de conseguir ese hogar nacional. Pronto sus miradas se dirigieron hacia la siempre añorada patria de Israel.

Por esa tierra se habían sucedido numerosas culturas, que fueron configurando distintas etapas históricas: era bíblica (ss. XVII al 586 a. C.), dominio babilónico (586-538 a. C.), persa (538-332 a. C.), helenístico (332-166 a. C.), macabeo y asmoneo (166-63 a. C.), romano (63 a. C. - 313 d. C.), bizantino (313-636), árabe (636-1099), cruzado (1099-1291), mameluco (1291-1516), otomano (1517-1917) y británico (1918-1948). Ya mencionamos cómo la presión antijudía en Europa oriental impulsó, en los años ochenta del siglo XIX, la primera *aliá* o emigración judía hacia el territorio otomano de Palestina, a la que siguieron cuatro nuevas oleadas migratorias hasta 1939, siendo ya Gran Bretaña la potencia que controlaba aquella zona.

Efectivamente, el 24 de julio de 1922 la Sociedad de Naciones había confirmado el control británico de Mesopotamia, Transjordania y Palestina, territorios recientemente perdidos por el Imperio otomano tras su derrota en la Primera Guerra Mundial. En el «Prefacio» del documento sobre Palestina (antes parte de la Siria otomana), la Sociedad de Naciones afirmaba lo siguiente:

> Las principales potencias aliadas han aceptado igualmente que el Estado Mandatario sea responsable de poner en ejecución la Declaración hecha el 2 de noviembre de 1917 por el Gobierno de su Majestad, y adoptada por dichas potencias, en favor del establecimiento en Palestina de un Hogar Nacional para el pueblo judío; quedando bien entendido que no será emprendido nada que pueda perjudicar los derechos civiles y religiosos de las comunidades no judías existentes en Palestina.

Dos meses después, en septiembre de 1922, el Consejo de la Sociedad de Naciones y Gran Bretaña llegaron a un acuerdo muy importante: los preparativos para establecer ese Estado judío no comprenderían la zona oriental del río Jordán, excluyéndose así tres cuartas partes del territorio del Mandato británico de Palestina. En cualquier caso, la voluntad de la Sociedad de Naciones de fundar un Estado judío —también solicitó al Gobierno británico facilitar la inmigración judía a esa tierra— colmaba las aspira-

> Gran Bretaña fue la primera potencia mundial que apoyó la constitución de un Estado judío en Palestina, por entonces bajo mandato de ese país. Tal declaración la expresó Arthur James Balfour (en la imagen) en 1917 en una carta al secretario británico de Relaciones Exteriores, el barón Lionel Walter Rothschild, miembro destacado de la comunidad judía inglesa. Su mensaje fue reafirmado en 1922 por la Sociedad de Naciones.

ciones sionistas. Además, los deseos del organismo internacional coincidían con los de altos mandatarios estadounidenses y franceses, así como con las declaraciones de algunos políticos italianos. Se acomodaban incluso a las pretensiones del Gobierno británico, que el 2 de noviembre de 1917, a través de su representante Arthur James Balfour, había comunicado por escrito a su compatriota lord Rothschild, influyente judío, el apoyo oficial al sionismo político. Tras la *Declaración Balfour*, parecía despejarse el horizonte hacia la consecución de un Estado judío en Palestina.

Dicho de otro modo, el Gobierno británico prometió a los judíos crear en un lugar determinado una organización social propia, soberana y coercitiva, con poder para regular, en ciertos aspectos, la vida de sus ciudadanos. Sin embargo, todo eso estaba aún por hacer. Tamaña tarea requería —además de poseer un territorio— gente para llevarla a cabo. Y pronto los sionistas encontraron judíos europeos dispuestos a participar en el empeño, sobre todo en Europa oriental, donde muchos eran perseguidos y la mayoría vivía en malas condiciones.

Las expectativas despertadas por el Gobierno de Gran Bretaña —una potencia colonial, decidiendo sobre un territorio que no era suyo— pronto tuvieron consecuencias concretas: entre otras, el crecimiento de la inmigración a Palestina, que aumentó considerablemente el *yishuv* (término procedente del hebreo יישוב, 'asentamiento', con el que se designa a la comunidad judía palestina anterior al Estado israelí). El generoso apoyo financiero de la judería mundial posibilitó la compra de parcelas no cultivadas —sobre todo las adquiridas en los primeros tiempos— y la conversión de tierras estériles en fértiles campos de cultivo. Sobre las bases de la milenaria historia judía se procedió entonces a crear los fundamentos de una cultura nacional.

Parte del esfuerzo por sentar unas bases culturales comunes se empleó en la tarea de extender —gracias en buena parte al empeño del filólogo de origen lituano Eliezer ben Yehudá— el uso cotidiano de la lengua hebrea, hasta entonces reservada casi exclusivamente a la liturgia. Además, se fundaron instituciones (administrativas, sindicales, económicas, académicas, defensivas) para organizar la vida de esa comunidad judía que no paraba de crecer.

La creciente presencia judía en el Mandato británico provocó un rechazo gradual de la población autóctona, que contribuyó a desarrollar su propia conciencia nacional: era una muestra más de que ninguna de las dos partes —ni los judíos, ni los árabes— deseaban instituciones políticas comunes. A los ataques contra las colonias judías se unió la oposición árabe a la *Declaración Balfour*, expresada en el primer Congreso Nacional Palestino, que se celebró en 1919. El Gobierno británico comenzó entonces a alejarse del sionismo, porque deseaba mantener buenas relaciones con la gran comunidad árabe de Oriente Próximo y porque, además, tenía una deuda que saldar: recompensar el apoyo prestado por la dinastía hachemita —gobernadora de La Meca y Medina, santos lugares del islam— en la lucha contra los otomanos.

El cumplimiento de ese doble objetivo no tardó en concretarse. En 1923 Gran Bretaña concedió autonomía política al Emirato de Transjordania, al este del río Jordán, que pasó a ser gobernado —aunque todavía bajo la administración de un alto comisionado británico— por el emir Abdullah Hussein, del linaje hachemita, procedente de Arabia. Hasta el Mandato británico, Transjordania careció de identidad propia, habiendo formado parte de la provincia turco-otomana de Siria (que abarcaba los actuales Estados de Siria, Israel, el Líbano y Jordania, los territorios de la Franja de Gaza y Cisjordania, así como partes de Iraq y Turquía). De hecho, la población transjordana —compuesta principalmente por tribus beduinas— tampoco conservaba tradiciones comunes (aun siendo la mayoría árabes musulmanes) ni mantenía vínculos estrechos: los habitantes de la zona septentrional se relacionaban sobre todo con los sirios, los del este con los palestinos y los de la región septentrional con los de la Península Arábiga. Con el tiempo, sin embargo, el rey Abdullah y sus sucesores lograrían cohesionar esa diversidad.

Como consecuencia de la decisión británica, un fragmento de la Palestina histórica (al menos la zona contigua al río Jordán), tierra de límites variables y discutidos, quedó incorporado al Emirato de Transjordania que se proclamó independiente el 25 de mayo de 1946. Desde entonces, el Mandato británico de Palestina quedó reducido a casi una cuarta parte del territorio inicial. En ese resto, además, los británicos decidieron limitar el número de inmigrantes judíos: así lo hicieron saber en cada *Libro blanco* o programa que marcaba las directrices políticas en Palestina, publicados sucesivamente en 1922, 1930 y

1939. En 1940, las nuevas regulaciones sobre transferencia de tierras dividieron el territorio palestino en tres zonas, prohibiéndose la venta de tierra a judíos en el 63% de la superficie, condicionándose en otro 32% y permitiéndose libremente sólo en el 5% restante.

Aunque la normativa británica no se cumplió de forma estricta, su mera existencia ilustra la presión que la inmigración judía ejerció sobre la posesión de tierra y contribuyó a ralentizar las aspiraciones sionistas: de hecho, en 1947, en vísperas de la constitución del Estado de Israel, la tierra palestina en propiedad judía sólo alcanzaba el 6% del total. Las compras de tierras por judíos empezaron a preocupar a los palestinos a fines de los años veinte del siglo XX, en parte porque mejoró la calidad de las parcelas que pasaron a propiedad judía y porque los cambios comenzaron a afectar a un mayor número de arrendatarios, jornaleros y pastores. Ello prueba también que esa tierra de inmigración judía no era un desierto humano: ya vivía gente en ella. Sin embargo, resulta imposible averiguar cuántas personas residían allí cuando llegaron los primeros sionistas. En cambio, sí se sabe que la inmigración árabe procedente de Transjordania, Líbano, Siria y de otros países árabes también aumentó espectacularmente en las décadas anteriores a 1948 (año de la creación del Estado de Israel), debido al crecimiento económico que experimentó por entonces el Mandato británico de Palestina.

Más que los registros demográficos otomanos, escasos y poco precisos, las mejores fuentes para conocer el número de habitantes de Palestina antes de 1948 son los censos realizados por Gran Bretaña. En la siguiente tabla mostramos, según los datos ofrecidos por el historiador estadounidense Justin McCarthy —que considera más exacto el censo de 1931 que los de 1922 y 1946— la evolución de la población del Mandato británico al término de cada año mencionado.

En dicha tabla puede apreciarse la base mayoritaria de árabes musulmanes que poblaba Palestina, su gran crecimiento como consecuencia de la inmigración y el espectacular aumento en esos años del número de judíos, cada vez más representativos de la población local, especialmente por comparación con los árabes cristianos y con los «otros» (sobre todo árabes de la minoría religiosa monoteísta drusa).

	1922	1931	1946
Musulmanes	640.798	777.403	1.175.196
Judíos	94.752	176.468	602.586
Cristianos	76.194	93.029	148.910
Otros	8.515	10.314	15.657
TOTAL	820.259	1.057.214	1.942.349

Evolución de la población de Palestina según Justin McCarthy

La presión sobre la tierra y el aumento de inmigrantes judíos con un proyecto político excluyente generaron reacciones violentas de los árabes nacionalistas —también excluyentes— en 1920, 1921, 1929 y desde 1936 hasta 1939, que provocaron cerca de 800 muertos y más de 2.500 heridos. Al argumento político, los árabes añadieron otro religioso que fue ganando peso: según ellos Palestina era tierra musulmana, por albergar Jerusalén la mezquita de al-Aqsa —considerada el tercer lugar santo del islam— y el templo de la Cúpula de la Roca. Los apoyos que los nacionalistas árabes obtuvieron en los años treinta de varios países árabes (Egipto, Siria, Iraq) convencieron a Gran Bretaña de la conveniencia de realizar un nuevo reparto territorial, esta vez en esa cuarta parte del Mandato palestino que inicialmente se les concedió. Pero los extremistas palestinos, al mando de Hadj Amin, gran muftí o jefe religioso musulmán de Jerusalén, se opusieron a las pretensiones británicas.

Conforme aumentaron los problemas de convivencia entre judíos y árabes, fueron surgiendo grupos judíos clandestinos para responder con violencia a la violencia. En 1920 nació la Haganá (término procedente del hebreo הנגהה, 'defensa'), que asumió la protección del *yishuv*, y posteriormente bandas extremistas como Irgún Zwaí Leumí Be Israel ('Organización Militar Nacional de Israel'), fundada en 1931 por disidentes de la Haganá y popularmente conocida como *Etzel* y, desde 1940, Lohamey Herut Israel o Leji ('Luchadores por la Libertad de Israel'), surgido de una escisión del Irgún. Estos grupos contestaron a los ataques con actos de represalia, perpetraron a veces atentados y matanzas (por ejemplo en Deir Yassin, el 9 de abril de 1948) y, con acciones de sabotaje, se enfrentaron a la política británica de contención de la inmigración judía; finalmente, se disolvieron al fundarse el Ejército de Israel en junio de 1948.

Gran Bretaña controlaba cada vez menos la situación. Durante la Segunda Guerra Mundial el país sufrió grandes pérdidas humanas y económicas, y a Palestina —en esos tiempos un asunto marginal para la potencia mandataria— no paraban de llegar inmigrantes clandestinos judíos que huían de los nazis. Acabada la guerra, el escándalo que produjo el Holocausto aumentó el apoyo internacional a un Estado judío en Palestina; la masacre intensificó de forma espectacular el nacionalismo de la diáspora judía, que hasta entonces se había mostrado relativamente tibia ante las aspiraciones sionistas. Y desde dentro, los grupos judíos más combatientes no cesaron de presionar al ejército inglés. El 22 de julio de 1946, el Irgún, tras varios avisos de evacuación, hizo explotar el cuartel general británico situado en el hotel Rey David de Jerusalén, siendo asesinadas más de un centenar de personas. El atentado —criticado por los dirigentes sionistas— aumentó el deseo británico de abandonar la zona.

Breve historia de los judíos

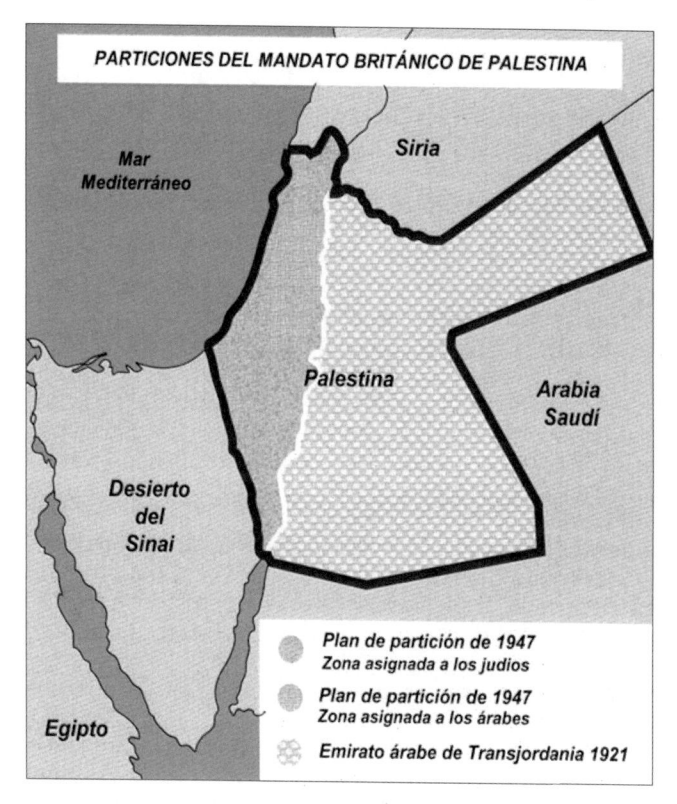

PARTICIONES DEL MANDATO BRITÁNICO DE PALESTINA

- Plan de partición de 1947. Zona asignada a los judíos
- Plan de partición de 1947. Zona asignada a los árabes
- Emirato árabe de Transjordania 1921

El último reparto del Mandato Británico no satisfizo a los árabes. El desacuerdo entre estos y los judíos condujo a la guerra.

Ante la impotencia, el 14 de febrero de 1947, Ernest Bevin, secretario de Relaciones Exteriores del Gobierno británico, dio a conocer que su país deseaba remitir todo lo relacionado con el Mandato a la ONU. Esta constituyó una Comisión Especial para Palestina, que estudió posibles soluciones. Finalmente, el 29 de noviembre de 1947 la Asamblea General de la ONU aprobó la resolución 181 (II) por 33 votos a favor, 13 en contra y 10 abstenciones. Según dicha decisión, el Mandato británico de Palestina (ya sin las tierras del recién creado Reino Hachemita de Transjordania) fue dividido en tres zonas: el 56,4% de la superficie para un Estado judío (donde entonces vivían 498.000 judíos y 497.000 árabes), el 42,9% para un Estado árabe (749.000 árabes y 9.250 judíos) y el 0,7% restante, correspondiente a Jerusalén, se declaró «zona internacional» administrada por la ONU. Esta organización fijó también el fin del Mandato británico a mediados de 1948.

Gran Bretaña mostró su disconformidad con lo dispuesto por la ONU, la comunidad judía lo aceptó y los dirigentes árabes palestinos se opusieron frontalmente. Tal rechazo era lógico, pues la ONU otorgaba a los judíos —la mayoría recién llegados y numéricamente inferiores a la población palestina— más de la mitad del territorio que permanecía bajo control británico tras la autonomía de Transjordania. Es comprensible además que se negaran a la existencia de un Estado judío, aunque la ONU estaba ofreciendo al mismo tiempo a los palestinos un Estado propio que nunca habían tenido. Era un dilema muy difícil de resolver.

La violencia se intensificó. Sin fuerzas internacionales que intervinieran para hacer cumplir la resolución de la ONU, el Plan de Partición de Palestina quedó al albur del resultado de la lucha entre árabes y judíos. El 14 de mayo de 1948, día en el que Gran Bretaña retiró de la zona sus últimas tropas, David Ben Gurión, máximo representante de la comunidad judía en Palestina, leyó en Tel Aviv una Declaración de Independencia en la que se proclamó «el establecimiento de un Estado judío en *Eretz* ['Tierra'] Israel, que será conocido como Estado de Israel». Casi un 45% de la población de esa nueva nación eran árabes palestinos.

El conflicto árabe-israelí: guerra y paz

La irrupción del Estado judío en un área del antiguo Mandato británico de Palestina y la negativa de los estados árabes a aceptarlo provocaron el comienzo de las hostilidades entre ambas partes. El problema se convirtió en un conflicto internacional. En aras de una mayor claridad nos centraremos en este epígrafe en las relaciones interestatales y en el siguiente —aunque también en este cuando convenga— abordaremos con más detalle algunas cuestiones de importancia relacionadas con el conflicto palestino-israelí. Para comprender las reacciones de las partes implicadas es preciso tener en cuenta, entre otros, los siguientes factores:

- En 1917 el Gobierno británico expresó su apoyo al sionismo. Y, en 1922, la Sociedad de Naciones (precedente de la ONU) manifestó su voluntad de establecer en Palestina un Hogar Nacional judío, salvaguardando los derechos civiles y religiosos de todos los habitantes de Palestina.
- Si bien es cierto que casi las tres cuartas partes del Mandato británico de Palestina fueron asignadas al emirato árabe de Transjordania, ni Gran Bretaña ni la Sociedad de Naciones preguntaron a la población de la cuarta parte restante su opinión sobre el establecimiento en esa tierra de dicho Hogar Nacional judío. Tampoco se les compensó económicamente por los perjuicios que acarrearía tal decisión.
- Tras dieciocho siglos dando tumbos por medio mundo, marginados o maltratados, en 1945 la situación de muchos judíos era más angustiosa que la de la mayoría de sus antepasados. Durante el Holocausto fueron asesinados más de 5,5 millones de judíos, eliminándose casi por

completo el sustrato cultural ashkenazí y buena parte del sefardí.
- Aunque, después del Holocausto, en América (norte y sur) vivía aproximadamente la mitad del pueblo judío, muchos llegados pocos años antes, 2 millones de los casi 3,5 millones que permanecían en Europa estaban ya sufriendo en la URSS las crudezas del comunismo, y cientos de miles más (unos 270.000 en Rumanía, 180.000 en Hungría, 40.000 en Polonia, 15.000 en Checoslovaquia, etc.) vieron cercenada su libertad en los países que cayeron bajo la órbita soviética. Decenas de miles de judíos marchaban como podían hacia Israel tras ser asesinados sus familiares, no pocos casados de nuevo en los campamentos de refugiados y con niños recién nacidos o esperando nacer, muchos mutilados o con problemas psicológicos o psíquicos y la inmensa mayoría habiendo sido despojados de todos sus bienes.
- El nacimiento de Israel creó consternación en el pueblo palestino, habitante milenario de esas tierras: muchos de sus miembros se rebelaron contra la nueva situación y muchos más huyeron o fueron expulsados de sus hogares por los israelíes.
- Por solidaridad étnico-religiosa y por considerar que obraban con justicia, los estados integrantes de la Liga Árabe (Egipto, Transjordania, Siria, el Líbano, Arabia Saudí, Iraq y Yemen), organización con fines cooperativos fundada en 1945, rechazaron desde el principio la existencia de Israel.

Horas después de nacer, el 14 de mayo de 1948, Israel hubo de enfrentarse a las tropas palestinas dirigidas por Amin al-Husayni, gran muftí de Jerusalén, y a los ejércitos de Egipto, Jordania, Siria, el

Líbano, Arabia Saudí e Iraq. La llamada por los israelíes *Guerra de la Independencia* —primera de las guerras árabe-israelíes— fue la lucha armada más dura de las sufridas hasta ahora por Israel (perecieron más de 6.300 judíos, casi el 1% de su población), pero también constituyó una terrible experiencia para sus contrincantes (se calcula entre 10.000 y 15.000 los árabes muertos). A pesar de la inferioridad numérica de las fuerzas de Israel y del ataque realizado por todas sus nuevas fronteras, la Haganá —que en el transcurso del conflicto tomó el nombre de Fuerzas de Defensa de Israel— acabó tomando la iniciativa. La contienda finalizó entre febrero y julio de 1949, a medida que firmaban los armisticios los países árabes implicados (a excepción de Iraq, que se limitó a retirar sus tropas).

Al término de la guerra, Israel había conquistado más de 5.500 km² nuevos, correspondientes a parte de la superficie asignada por la ONU al Estado árabe palestino (del 56,4% establecido por la ONU pasó al 77%). Entre esos territorios se encontraban la zona occidental de Jerusalén —administrada por la ONU y declarada por ésta «zona internacional»— que en diciembre de 1949 fue proclamada capital de Israel. El resto de la ciudad —también «zona internacional», según la ONU— y Cisjordania (asignada por la ONU al Estado árabe palestino) fueron anexionados hasta 1967 por Transjordania (que el 24 de abril de 1950 tomaría el nombre de Reino Hachemita de Jordania). Además, la Franja de Gaza (asignada por la ONU al Estado árabe palestino) quedó ocupada por el ejército de Egipto. El pueblo palestino, por tanto, perdió todo control sobre su tierra, en ese momento en manos principalmente de Jordania, pero también de Egipto y de Israel.

La guerra que los israelíes consideraron de independencia representó para la mayoría de los palestinos

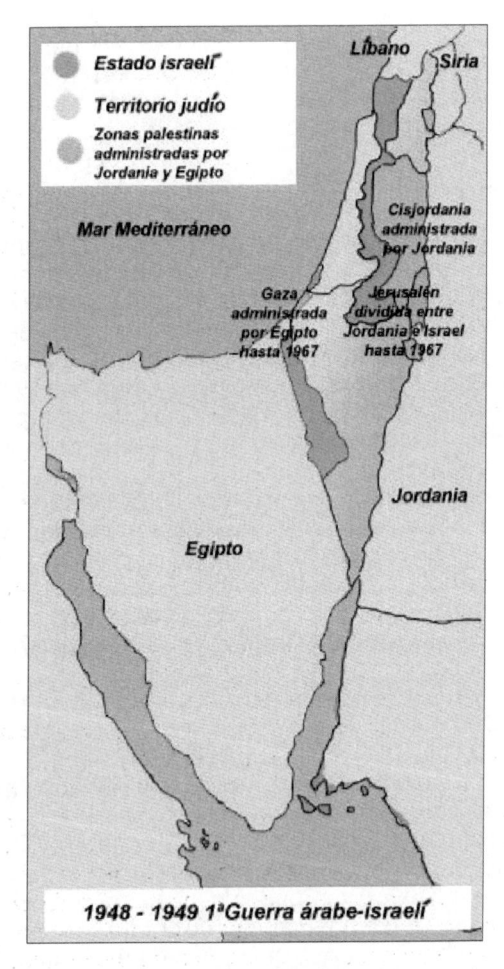

La primera guerra árabe-israelí perjudicó sobre todo a los palestinos. Parte de sus territorios fueron anexionados por Israel y perdieron el control de dos zonas fundamentales: Cisjordania quedó administrada por Jordania y Gaza por Egipto. Además, Jerusalén se dividió entre Israel y Jordania.

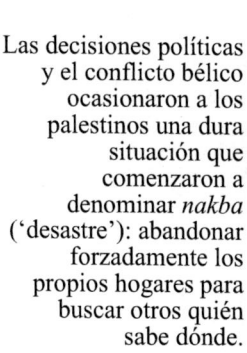

Las decisiones políticas y el conflicto bélico ocasionaron a los palestinos una dura situación que comenzaron a denominar *nakba* ('desastre'): abandonar forzadamente los propios hogares para buscar otros quién sabe dónde.

la *nakba* ('desastre' o 'catástrofe'), como denominaron a esa huida forzada de su tierra. Resulta muy difícil conocer el número de palestinos —musulmanes, cristianos y drusos— directamente afectados por la guerra que siguió a la creación de Israel, y las cifras varían en decenas de miles de personas dependiendo de las fuentes que se utilicen. Según la ONU, más de 700.000 huyeron por temor a otros territorios, incluyendo la Cisjordania anexionada por Jordania y la Franja de Gaza controlada por Egipto. En sus nuevos destinos, sobre todo al principio, la mayoría tuvo que sobrevivir como pudo; algunos se convirtieron en *fedayines* o 'luchadores por la libertad', atormentando con terrorismo a un Israel que respondió a esos actos con sangrientas represalias.

Otros 156.000 palestinos, aproximadamente, permanecieron en Israel por diversos motivos: muchos siguieron viviendo en sus hogares, otros huyeron a zonas que tras la guerra quedaron incorporadas a Israel y más de 30.000 abandonaron sus casas como protesta temporal, pero después las autoridades israelíes no permitieron que regresaran a sus domicilios y se convirtieron en desplazados internos. Todos ellos obtuvieron la ciudadanía israelí, como los demás habitantes del país, tras aprobarse en 1952 la ley correspondiente. Sin embargo, quedaron sujetos a distintas formas de discriminación, especialmente entre 1949 y 1966, años en los que se les aplicó la ley marcial.

La segunda guerra árabe-israelí (también llamada *Guerra de Suez* o *Campaña del Sinaí*) dio comienzo el 29 de octubre de 1956. El acercamiento egipcio al bloque soviético, escenificado en la compra de armas por Egipto a países comunistas (Checoslovaquia, URSS), así como en el reconocimiento de la China también comunista por el presidente egipcio Gamal Abder Nasser explican, entre otras razones, que Estados Unidos y Gran Bretaña se negaran a financiar la espectacular presa de Asuán, que Egipto estaba construyendo. Nasser respondió ese mismo julio de 1956 nacionalizando el canal de Suez, hasta entonces gestionado por una compañía francobritánica y fundamental para Francia y Gran Bretaña. Ambos países decidieron aliarse con un Israel deseoso de acabar con Nasser. La intervención de las naciones europeas finalizó pronto debido a las presiones de Estados Unidos y de la ONU, que también consiguieron que Israel abandonara, por etapas (desde noviembre de 1956 hasta marzo de 1957), la península del Sinaí y la Franja de Gaza, que había logrado ocupar.

Para entonces Israel había destruido numerosas bases de *fedayines*, consiguió de Egipto la apertura de los estrechos de Tirán —situados al sur de la península del Sinaí e imprescindibles para el comercio exterior del país— y las Fuerzas de Emergencia de las Naciones Unidas que se instalaron en la frontera

MOVIMIENTOS DE TROPAS

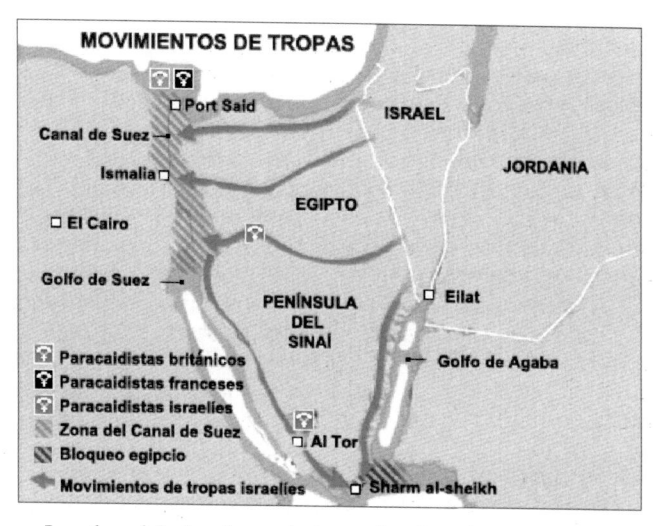

- Port Said
- Canal de Suez
- Ismalia
- El Cairo
- ISRAEL
- JORDANIA
- EGIPTO
- Golfo de Suez
- PENÍNSULA DEL SINAÍ
- Eilat
- Golfo de Aqaba
- Paracaidistas británicos
- Paracaidistas franceses
- Paracaidistas israelíes
- Zona del Canal de Suez
- Bloqueo egipcio
- Al Tor
- Movimientos de tropas israelíes
- Sharm al-sheikh

Israel acabó abandonando la península egipcia del Sinaí y la Franja de Gaza. En 1957 los palestinos seguían sin controlar su tierra: la Franja de Gaza permaneció administrada por Egipto y el territorio palestino más extenso, Cisjordania, continuó sometido a Jordania.

del Sinaí aseguraron la tranquilidad del Estado judío durante los siguientes años. Entre 1958 y 1968 el producto nacional bruto israelí creció el 10% anual. Además, el país intensificó sus relaciones con Estados Unidos, con la Mancomunidad de Naciones (que, denominada habitualmente *Commonwealth*, agrupa a numerosas naciones históricamente vinculadas a Gran Bretaña) y con casi todos los países de Europa occidental e Iberoamérica, muchos de África y algunos de Asia.

A mediados de septiembre de 1960 nació la Organización de Países Exportadores de Petróleo (OPEP) que pronto alcanzó enorme relevancia internacional gracias a la importancia económica de esa fuente de energía. La mayoría de sus miembros fundadores y otros que fueron incorporándose eran países árabes, propicios a sufragar con sus crecientes ingresos un conflicto contra Israel. A la enemistad acostumbrada, desde 1963 se añadió la disparidad de criterios entre el Estado judío y Jordania sobre el uso de las aguas del río Jordán y de sus afluentes. La proliferación de ofensivas y contraofensivas por ambas partes agravó la situación.

A iniciativa de la Liga Árabe, en mayo de 1964 se fundó en Jerusalén Este la Organización para la Liberalización de Palestina (OLP), coalición de movimientos políticos y paramilitares que desde entonces canalizó la mayor oposición a Israel de sus principales víctimas. La *Carta Nacional* de la OLP, aprobada el 8 de mayo de 1964 por sus fundadores, reclamaba una Palestina con las fronteras existentes durante el Mandato británico, así como el derecho de retorno y de autodeterminación de los palestinos; también afirmaba que «la lucha armada es la única vía para liberar Palestina» (artículo 9) y que «la Declaración Balfour, el documento del Mandato y todo lo que se ha basado en ellos es nulo e inválido». Sin embargo, la influencia jordana y especialmente egipcia sobre los primeros tiempos de la OLP explican que su *Carta Nacional* inicial incluyera un importante artículo, el 24, que suele olvidarse al explicar el conflicto palestino-israelí: «Esta Organización no ejerce ninguna soberanía territorial sobre Cisjordania en el Reino Hachemita de Jordania, sobre la Franja de Gaza ni sobre el área de Himmah [pequeño enclave ocupado por Siria]».

Mientras los palestinos organizaban su oposición, los Estados árabes continuaron presionando a Israel. El 14 de mayo de 1967 Egipto movilizó parte de su ejército en torno al canal de Suez, y dos días después otras tropas egipcias se concentraron en el Sinaí, exigiendo retirarse a la Fuerza de Emergencia de la ONU situada en la frontera con Israel, que así lo hizo el 19 de mayo; el día 22, Egipto cerró los estrechos de Tirán —fundamentales, como ya indicamos, para el comercio exterior israelí— a los barcos rumbo a Israel; y el 30 del mismo mes, el rey Hussein de Jordania firmó un tratado de cooperación militar con el presidente egipcio Nasser. Entre tanto, los medios de comunicación árabes avivaban las pasiones antiisraelíes y unidades de combate de Arabia Saudí e Iraq convergían en tierras jordanas, mientras avanzaban hacia sus respectivas fronteras con Israel tropas de Jordania, Siria y el Líbano. De nada sirvió la urgente campaña diplomática emprendida por Israel: los países árabes contaban con la amistad soviética y el bloque occidental no reaccionó.

Ante la gravedad de la situación, el gobierno israelí decidió tomar la iniciativa y el 5 de junio de 1967 ordenó el ataque, considerándolo una operación de autodefensa. Al hacerlo dio comienzo la Guerra de los Seis Días (tercera de las guerras árabe-israelíes), así llamada por el tiempo que duraron las operaciones militares. Primero, la aviación israelí bombardeó aeródromos e inutilizó cientos de aeronaves en incursiones en Egipto, Jordania, Siria e Iraq. Después, las tropas israelíes se hicieron con el control del Sinaí, apresando a miles de soldados egipcios. Y en respuesta al ataque de la parte judía de Jerusalén ordenado por el rey Hussein de Jordania, el ejército israelí invadió Jerusalén Este y Cisjordania. Desde el día 9, las fuerzas sirias fueron expulsadas de los Altos del Golán, meseta situada fundamentalmente en la zona fronteriza de Siria con Israel. El conflicto acabó con una rotunda victoria de Israel.

Entre el 29 de agosto y el 1 de septiembre, ocho jefes de Estados árabes se reunieron en Jartum, la capital sudanesa, adoptando una resolución cuyo artículo 3

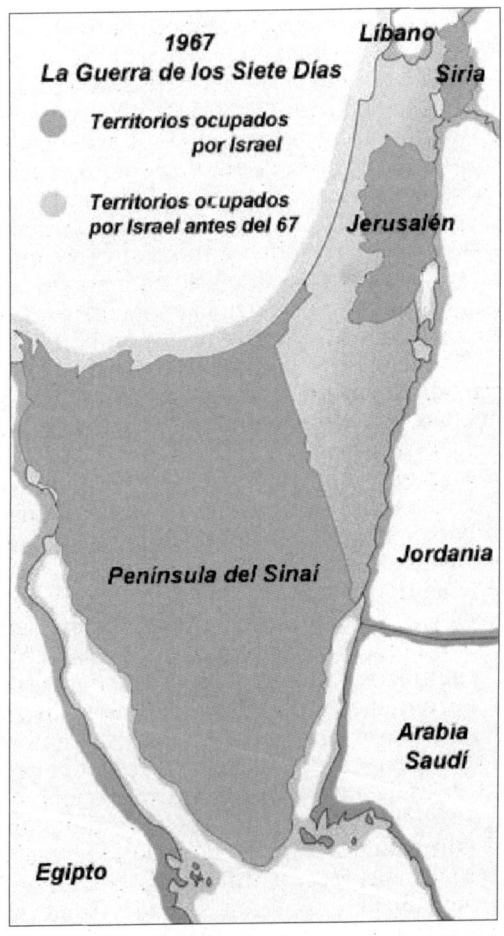

Después de la Guerra de los Seis Días, la península del Sinaí, la meseta de los Altos del Golán, la Franja de Gaza y Cisjordania quedaron controlados por Israel. Fue entonces cuando la Organización para la Liberalización de Palestina comenzó a reclamar la Franja de Gaza y Cisjordania.

resumió en tres negaciones la política de sus naciones respecto a Israel: «no paz con Israel, no reconocimiento de Israel, no negociaciones con él e insistencia en los derechos del pueblo palestino en su propio país». Meses después, el Consejo de Seguridad de la ONU plasmó por escrito su propuesta de solución al prolongado conflicto de Oriente Próximo. El 22 de noviembre aprobó por unanimidad la resolución 242, que exigió a Israel abandonar los territorios ocupados, pero también proclamó el «reconocimiento de la soberanía, integridad territorial e independencia política de cada uno de los estados del área» y «su derecho a vivir en paz dentro de fronteras seguras y reconocidas, libre de amenazas o actos de fuerza»; además, expresó la necesidad de «lograr una solución justa del problema de los refugiados». De poco sirvió: Israel siguió controlando los territorios conquistados y Egipto comenzó una guerra de desgaste en torno al canal de Suez, que sólo finalizó con el alto el fuego de 1970, tras numerosas e inútiles pérdidas de vidas humanas.

La OLP se radicalizó tras la Guerra de los Seis Días. En 1968 tuvo lugar su Congreso Nacional que, entre otros, cambió el artículo 24 de su *Carta Nacional*: desde entonces Cisjordania, la Franja de Gaza e Himmah, ya en poder israelí, se convirtieron en territorios reclamados por una OLP con ingresos multimillonarios procedentes de las naciones árabes ricas en petróleo que la respaldaban. En el mencionado congreso la OLP declaró la lucha armada como el medio más eficaz para acabar con Israel, aprobó los actos terroristas y acordó impulsar la guerra de liberación popular.

Presidida desde 1969 por Yasser Arafat, miembro fundador del movimiento Fatah, la OLP suscitó durante décadas una profunda controversia en los países occidentales, que si bien reconocían como legítimas las aspiraciones políticas del pueblo palestino, defendieron el derecho a existir de Israel y condenaron el uso del terrorismo que instigó la organización palestina. Una de las acciones terroristas más conocidas, perpetrada por el grupo Septiembre Negro —con ciertas conexiones con la OLP— en los Juegos Olímpicos celebrados en Múnich en 1972, acabó con la vida de 11 deportistas israelíes. Ese mismo año, Israel atacó varios campamentos de refugiados palestinos en el Líbano, en represalia, según afirmó, por incursiones palestinas desde ese país en su territorio.

El siguiente conflicto, la cuarta guerra árabe-israelí, dio comienzo el 6 de octubre de 1973, día en que muchos israelíes celebraban el *Yom Kippur* ('día del Perdón'), solemnidad del calendario judío. Tras años de relativa tranquilidad, los israelíes se habían acostumbrado a la falsa alarma y no esperaban un ataque un día como ese. Por el sur, las tropas egipcias penetraron en el Sinaí y por el norte, los soldados sirios en los Altos del Golán. La sorpresa no impidió la rápida reacción israelí, cuyo ejército llegó en pocos días a 32 kilómetros de Damasco y a 70 de El Cairo.

El 22 de octubre el Consejo de Seguridad de la ONU aprobó la resolución 338 (1973) y un día después la 339 (1973), instando al cese de las hostilidades y a la aplicación de la resolución 242 (1967). En vista de la situación, el presidente egipcio Anwar el-Sadat solicitó la intervención de Estados Unidos y de la URSS para imponer el alto el fuego, que finalmente firmaron Egipto e Israel el 24 de octubre. Habría que esperar al 31 de mayo de 1974 para la firma de un acuerdo de separación de fuerzas entre Israel y Siria, supervisado por fuerzas de la ONU.

Para Israel, el balance de la Guerra del Yom Kippur fue desastroso: las bajas (más de 2.600 muertos y entre 7.000 y 9.000 heridos) y la violencia acabaron hastiando a sus ciudadanos, se produjo una crisis política, hubo que devolver lo conquistado y más de una veintena de países africanos rompieron las relaciones diplomáticas con el Estado judío. La Guerra de Yom Kippur contribuyó también a que los países árabes ricos en petróleo se concienciaran de su fuerza internacional. En pleno conflicto subieron el precio del crudo más del 15% y anunciaron embargos a Estados Unidos, Países Bajos y otras naciones occidentales. Tales decisiones originaron la llamada *crisis del petróleo* de 1973.

Además, la nueva guerra árabe-israelí atrajo el interés internacional sobre la situación de los palestinos y extendió el prestigio de la OLP, principal valedora de los derechos de un pueblo hostigado y carente de estructuras políticas. Un año después de acabar la contienda, la OLP fue reconocida por la Liga Árabe como representante de los palestinos. Y a petición de 56 estados, la *cuestión de Palestina* fue incluida en el programa de la Asamblea General de la ONU y colocada por tanto en primer plano de la agenda internacional.

El 14 de octubre de 1974 la OLP consiguió un éxito histórico: mediante la resolución 3210 (XXIX) la Asamblea General de la ONU consideró «representante del pueblo palestino» a la OLP, invitándola «a participar en las deliberaciones de la Asamblea General sobre la cuestión de Palestina en sesiones plenarias». La posterior resolución 3236 (XXIX) de 22 de noviembre de 1974 reafirmó los derechos inalienables del pueblo palestino a la libre determinación, al regreso de sus miembros a sus hogares y a recuperar sus bienes; y mediante la resolución 3237 (XXIX), aprobada el mismo día, la OLP fue invitada a participar en las reuniones de la Asamblea General de la ONU «en calidad de observadora», categoría que después se extendió al resto de instituciones de Naciones Unidas.

Las primeras señales de esperanza en la solución del conflicto árabe-israelí llegaron en los años siguientes, gracias a las iniciativas del presidente egipcio Anwar el-Sadat: en noviembre de 1977 realizó un histórico viaje sorpresa a Jerusalén y, el 17 de septiembre de 1978, bajo los auspicios del presidente estadounidense Jimmy Carter, el primer ministro israelí Menachem Begin y Sadat concertaron —con la total oposición de la OLP y de todos los estados árabes no implicados— los célebres acuerdos de Camp David, en virtud de los cuales se firmó en Washington el 26 de marzo de 1979 un tratado de paz entre Egipto e Israel. En dicho documento, Egipto reconoció el derecho de Israel a existir y ofreció estabilidad en la frontera, Israel se comprometió a retirarse del Sinaí y se normalizaron las relaciones entre ambos países.

El éxito egipcio-israelí de Camp David no fue el fin de los problemas, pues quedaban importantes cuestiones por resolver. Las difíciles condiciones de vida de los campamentos de refugiados palestinos en los territorios ocupados, el aumento de asentamientos judíos fuera de las fronteras israelíes reconocidas por la ONU y la dependencia de tantos países del petróleo árabe condujeron al aislamiento internacional de Israel, que siguió empeñándose en extenderse para asegurar su subsistencia. Por entonces, ciertamente, la mayoría de los Estados árabes seguían comprometidos en su destrucción.

En marzo de 1978 el ejército israelí invadió el Líbano por medio de la llamada Operación Litani, en respuesta a la incursión en Israel de un comando palestino proveniente del Líbano. Al retirarse en junio, las fuerzas israelíes dieron el control del territorio a milicias cristianas respaldadas por el Estado judío. Sin embargo, los problemas continuaron hasta el alto el fuego de julio de 1981. Desde mayo de 1982 se reanudaron los ataques aéreos israelíes, en represalia por las acciones terroristas palestinas

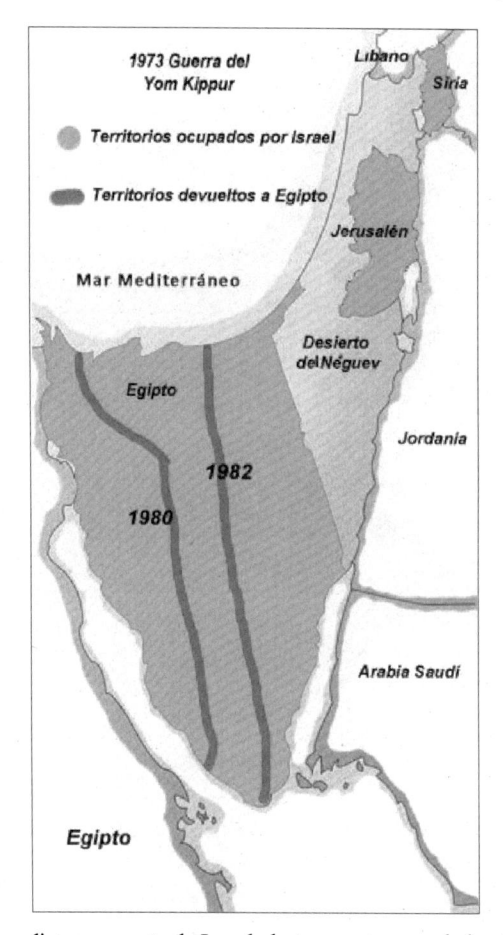

La inmediata respuesta de Israel al ataque sorpresa de los árabes el día de *Yom Kippur* de 1973 posibilitó el nuevo control israelí de la península del Sinaí, los Altos del Golán, la Franja de Gaza y Cisjordania, además de Jerusalén Oriental. Gracias a los históricos acuerdos de paz de Camp David, Egipto fue el primer país en recuperar los territorios que perdió.

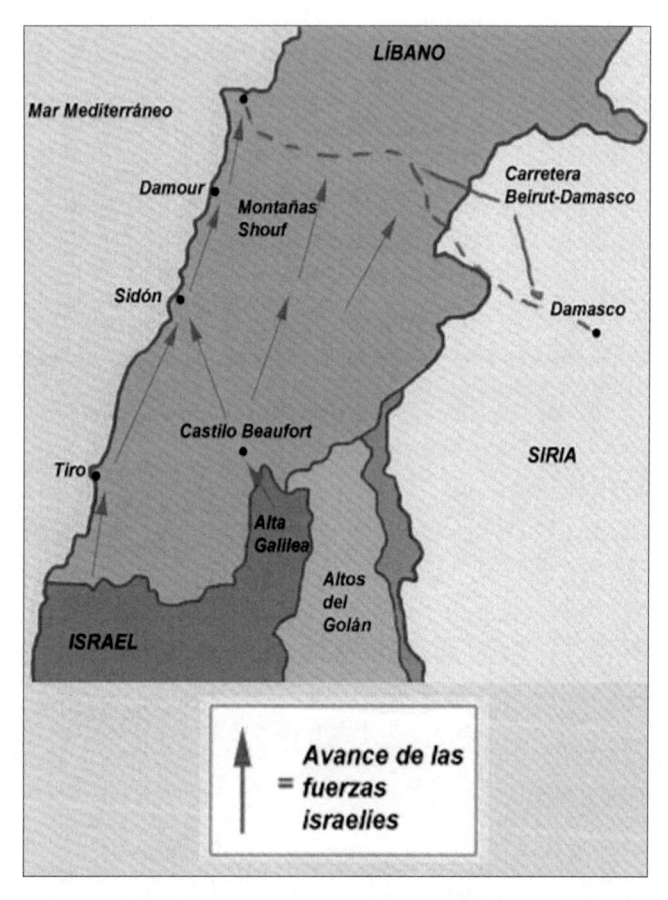

La invasión israelí del Líbano en 1982 tuvo como objetivo principal expulsar a la OLP y frenar los ataques palestinos perpetrados desde la frontera septentrional de Israel. La intervención consiguió en gran parte su objetivo, pero al avivar las tradicionales disensiones internas de la sociedad libanesa aumentaron inútilmente las víctimas mortales.

Breve historia de los judíos

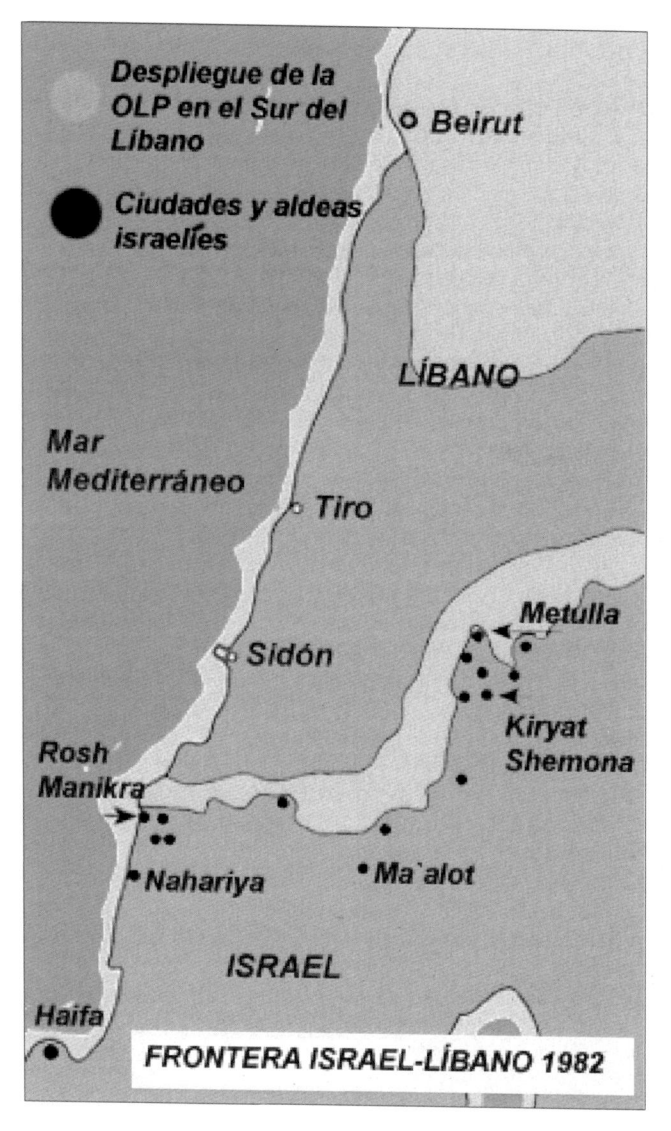

Despliegue de la OLP en el Sur del Líbano

● **Ciudades y aldeas israelíes**

○ Beirut

LÍBANO

Mar Mediterráneo

○ Tiro

○ Sidón

Metulla

Kiryat Shemona

Rosh Manikra

Nahariya   Ma'alot

ISRAEL

Haifa

FRONTERA ISRAEL-LÍBANO 1982

contra diplomáticos israelíes en París (3 de abril) y Londres (4 de junio).

Con el objetivo de destruir la infraestructura de la OLP en el Líbano, el 6 de junio de 1982 el gobierno de Israel ordenó la invasión de ese país, acción denominada Operación Paz para Galilea para tratar de justificarse ante su propia ciudadanía. Durante el conflicto, también conocido como Primera Guerra del Líbano, la capital libanesa, Beirut, fue bombardeada durante dos meses, y las falanges libanesas aliadas de Israel asesinaron a cientos de civiles palestinos en los campos de refugiados de Chatila y Sabra. La dirección política de la OLP se trasladó a Túnez. Israel no atendió la retirada exigida en la resolución 509 (1982) de la ONU y sólo se replegó en 1985, pero instalando en la zona fronteriza al Ejército del Sur del Líbano, una milicia cristiana libanesa aliada de Israel; el Estado judío consideró ese territorio «zona de seguridad».

El 7 de diciembre de 1987 cuatro palestinos murieron en un accidente de tráfico en Gaza, causado por un vehículo militar israelí. Se extendió el rumor de que el suceso fue una venganza por el asesinato de un israelí ocurrido mientras compraba en Gaza el día anterior. Pronto estallaron disturbios —lanzamiento de piedras y cócteles molotov, bloqueo de calles, etc.— tanto en la Franja de Gaza, como en Cisjordania y en Jerusalén. Comenzó así la Primera Intifada, término de origen árabe que significa 'sacudirse' o 'quitarse de encima' con el que se conoce la revuelta popular de los palestinos —muchos de ellos jóvenes— contra la ocupación de Israel. La violencia, respondida por los soldados israelíes disparando balas de caucho, cartuchos cargados y gas lacrimógeno y también destruyendo hogares palestinos, se prolongó hasta los acuerdos de Oslo, el 13 de septiembre de 1993, de los que se hablará enseguida.

Durante la Primera Intifada se produjo la aparición de *Hamás* ('fervor' en árabe, y a la vez acrónimo de la traducción al árabe de Movimiento de Resistencia Islámica), organización sociopolítica y militar fundada en 1987, entre otros, por el jeque Ahmed Yassin. En su programa político de 1988, Hamás, nacida de la rama palestina de los Hermanos Musulmanes, afirmaba que no existe otra solución al problema palestino que la lucha. Según Hamás —designada organización terrorista por Estados Unidos y la Unión Europea— Palestina es Tierra Santa musulmana y por tanto la lucha armada es un deber religioso, además de nacional.

Pronto Hamás se opuso a la OLP por considerarla una organización laica. El enfrentamiento se intensificó cuando en diciembre de 1988, al proclamar simbólicamente la OLP en Argel un Estado palestino independiente, esta institución renunció al terrorismo y reconoció el derecho de Israel a existir. A este giro también se enfrentó la Yihad Islámica Palestina, grupo armado —designado igualmente organización terrorista por Estados Unidos y la Unión Europea— surgido a fines de la década de 1970 con aspiraciones de implantar en Palestina un Estado islámico. Desde el 16 de abril de 1993 hasta la actualidad, miembros de Hamás y de la Yihad Islámica Palestina han perpetrado decenas de ataques suicidas en Israel.

A pesar de la cruel guerra de 1982 en el Líbano y de los problemas palestino-israelíes, la paz egipcio-israelí de 1979 y el reconocimiento por la OLP del Estado de Israel dieron esperanzas de poder solucionar algún día los graves problemas de Oriente Próximo. Meses después de la Guerra del Golfo (en la que una coalición internacional se enfrentó a Iraq por invadir Kuwait), Estados Unidos y la URSS convocaron la Conferencia de Paz de Madrid, celebrada del 30 de octubre al 1 de noviembre de 1991, a la que asistieron importantes representantes de Israel, Jordania, Siria, Líbano y de los palestinos. Con la perspectiva que ofrece el paso del tiempo, puede decirse que el mayor logro de la conferencia fue sentar en la misma mesa a Israel y a los Estados árabes vecinos: dio comienzo entonces un diálogo que ha dado ya sus frutos. Las negociaciones multilaterales incluyeron grupos de trabajo sobre cooperación económica y desarrollo, medio ambiente, recursos hídricos y control de armamento y seguridad regional.

Acabada la Conferencia de Madrid, en Washington se prolongaron durante dos años negociaciones bilaterales entre Israel y cada una de las restantes delegaciones: las conversaciones entre Estados tuvieron como objetivo conseguir tratados de paz, mientras que las mantenidas entre Israel y los palestinos se encaminaron a lograr un estatus definitivo para el pueblo palestino. El 25 de julio de 1994 se firmó en la capital estadounidense la Declaración Israel-Jordania-Estados Unidos, que dio por terminada la beligerancia entre Israel y Jordania y normalizó sus relaciones diplomáticas, económicas y culturales.

Las negociaciones con Siria —dominada por el partido árabe socialista Baaz y presidida desde el 17 de julio de 2000 por Bashar al-Assad— han sufrido altibajos, porque Israel está dispuesto a abandonar los Altos del Golán siempre que se normalicen las relaciones entre ambos estados y cese el apoyo sirio a los grupos terroristas que atacan a Israel. Este país, además, considera a Siria aliado de Irán, enemigo declarado de Israel (que no de los judíos, pues varios miles permanecen voluntariamente en Irán, a pesar de sufrir la discriminación de un Estado en el que impera la ley islámica). Hasta mayo de 2010, los esfuerzos internacionales (especialmente de la ONU, Estados Unidos y la Unión Europea) para lograr una paz duradera entre Siria e Israel no habían dado resultados satisfactorios. Por el bien de Oriente Próximo, resulta imprescindible alcanzar el entendimiento y la colaboración estable entre Israel y Siria.

Por lo que respecta a las relaciones con el Líbano, desde hace décadas los gobiernos israelíes han afirmado que las negociaciones con ese país se han visto afectadas por el control sirio de la política libanesa. Israel reitera que no tiene interés territorial alguno sobre el Líbano, pero insiste en la necesidad de asegurar su frontera septentrional, continuamente atacada por el grupo islamista político-paramilitar *Hezbullah* ('Partido de Dios'). Aún en la memoria la invasión israelí del Líbano en 1982, nuevos bombardeos israelíes atormentaron a ese país en 1993 (Operación Rendición de Cuentas) y 1996 (Operación Uvas de la Ira). Finalmente, entre el 17 de abril y el 2 de mayo del 2000, el ejército israelí se retiró tras la línea marcada por la ONU. Del 12 de julio al 14 de agosto de 2006 tuvo lugar la que más tarde se llamó Segunda Guerra de Líbano, aprovechada por el ejército israelí para repeler con dureza la lluvia de misiles lanzada del Líbano hacia Israel por *Hezbullah*. A mediados de 2010, la tensión continuaba.

El lento camino hacia la paz entre Israel y el pueblo palestino

Como indicamos en el anterior epígrafe, uno de los resultados positivos de la Conferencia de Paz de Madrid de 1991 fueron las conversaciones posteriores entre Israel y los representantes palestinos para alcanzar un estatus definitivo para el pueblo palestino. El principio de «paz por territorios» establecido durante dicha conferencia marcó el rumbo de posteriores negociaciones que, con altibajos, fueron fructificando. Como consecuencia de los acuerdos de Oslo I (agosto de

Mapa de Cisjordania. Acuerdos de Oslo II (1995)

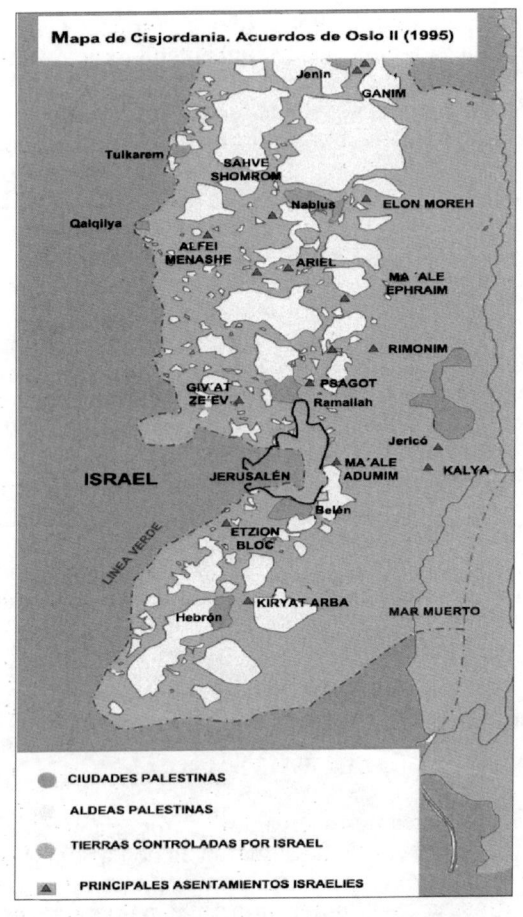

- CIUDADES PALESTINAS
- ALDEAS PALESTINAS
- TIERRAS CONTROLADAS POR ISRAEL
- PRINCIPALES ASENTAMIENTOS ISRAELIES

Los acuerdos de Oslo I (1993) y II (1995) constituyen, para el pueblo palestino, la primera oportunidad de gobernar directamente sus territorios. Hasta entonces, recordémoslo, nunca había podido hacerlo. El mapa representa las zonas asignadas en Cisjordania al gobierno de la Autoridad Nacional Palestina según lo pactado en los acuerdos de Oslo II.

1993), el 9 de septiembre de 1993 Arafat expresó por carta a Isaac Rabin, primer ministro de Israel, el reconocimiento por la OLP del derecho a existir de Israel, la aceptación de las resoluciones 242 y 338 de la ONU y la renuncia a la violencia; en respuesta, al día siguiente Isaac Rabin expresó el reconocimiento de la OLP como representante del pueblo palestino. En Oslo se decidió también establecer un cuerpo de gobierno palestino provisional, la Autoridad Palestina de Cisjordania y Franja de Gaza (habitualmente denominada Autoridad Nacional Palestina o ANP).

Lo pactado en Oslo se celebró en una ceremonia pública el 13 de septiembre del mismo año —los principales artífices del acuerdo, Yasser Arafat, Isaac Rabin y Simón Peres, ministro de Asuntos Exteriores de Israel, recibieron en 1994 el Nobel de la Paz—, día en que palestinos e israelíes firmaron en Washington una Declaración de Principios que estableció un período interino de traspaso de competencias a los palestinos: Acuerdo Gaza-Jericó de autogobierno (firmado el 4 de mayo de 1994); Acuerdo de Transferencia Preparatoria de Poderes y Responsabilidades en educación y cultura, bienestar social, turismo, salud e impuestos (29 de agosto de 1994); Protocolo para la Transferencia Adicional de Poderes y Responsabilidades sobre trabajo, industria y comercio, gobierno local, estadísticas, gas y gasolina, seguros, servicios postales y agricultura (27 de agosto de 1995); Oslo II, Acuerdo de Taba o Acuerdo Interino Israelo-Palestino sobre la Margen Occidental (Cisjordania) y la Franja de Gaza (28 de septiembre de 1995), para ampliar el autogobierno palestino especialmente en Cisjordania y proteger los intereses israelíes en la zona.

En virtud de este último pacto se dividió Cisjordania en tres zonas (A, B y C) en las que se extendería progresivamente el gobierno palestino. Las zonas A y B, sin continuidad territorial (casi el

30% de las tierras y el 90% de la población palestina de Cisjordania) quedarían bajo el control palestino totalmente (zona A) o parcialmente (zona B, con derecho de paso y represión del terrorismo por el ejército israelí), mientras la zona C (las mejores tierras, donde se encuentran todas las colonias israelíes) permanecería bajo control de Israel en seguridad, orden público y planificación territorial, asignando al Consejo palestino las restantes competencias sobre la población palestina.

Los avances hacia la paz no sólo contaron con la oposición de los grupos palestinos más radicales, sino también con la resistencia de los judíos extremistas: el 25 de febrero de 1994 el fundamentalista ultraortodoxo Baruj Goldstein, miembro del grupo ultranacionalista Kaj (posteriormente ilegalizado), fue responsable de la Masacre de Hebrón, asesinando a 29 musulmanes e hiriendo a más de un centenar; y el 4 de noviembre de 1995 Isaac Rabin que, tras la firma de los acuerdos, seguía siendo primer ministro de Israel, murió poco después de ser disparado por el judío Igal Amir. Quedaba así claro que también los extremistas judíos rechazaban toda negociación y, si esta se realizaba, cualquier concesión a la otra parte sería considerada una traición o, cuanto menos, un signo de debilidad.

Tras los primeros repliegues previstos en el Acuerdo Interino, se celebraron el 20 de enero de 1996 elecciones para designar a los miembros del Consejo palestino y a la presidencia de la Autoridad Nacional Palestina (ANP). Esta recayó en Arafat, que obtuvo más del 88% de los votos con una participación superior al 75% del electorado. Tan alta respuesta en los comicios supuso un revés para Hamás y para los partidos de la izquierda marxista que habían pedido a sus seguidores no votar. Meses después, el 24 de abril, el Consejo Nacional Palestino enmendó la Carta Constitucional Palestina, cancelando los artículos que contradecían los compromisos asumidos por la histórica carta enviada por Arafat a Rabin el 9 de septiembre de 1993.

Los posteriores plazos de retiradas israelíes fueron alterados varias veces, especialmente en el acuerdo o Memorándum de Wye River (23 de octubre de 1998) y en el Memorándum de Sharm el-Sheikh (4 de septiembre de 1999). En marzo del 2000, completados los repliegues israelíes previstos, el 98% de la población de Cisjordania quedó bajo la ANP y casi el 40% del territorio (18% zona A y 21% zona B). En julio del 2000, pocos meses antes de terminar su mandato, el presidente estadounidense Bill Clinton quiso impulsar el proceso de paz reuniendo en Camp David a Arafat y a Ehud Barak, primer ministro de Israel. Pero la cumbre acabó sin acuerdos relevantes.

El 28 de septiembre de ese año Ariel Sharon, por entonces dirigente del partido conservador Likud —principal fuerza política de la oposición en Israel— visitó la Explanada de las Mezquitas de Jerusalén. El hecho fue interpretado por muchos palestinos como una provocación. Al día siguiente estalló la Segunda Intifada o Intifada Al-Aqsa, así llamada por el nombre de la mezquita donde estallaron las protestas, prolongándose varios años la violencia. A ella contribuyeron también los ataques suicidas de los miembros de las Brigadas de los Mártires de Al-Aqsa, nuevo grupo extremista islámico surgido durante el conflicto.

En un intento de relanzar las negociaciones palestino-israelíes, el 30 de abril del 2003 los representantes de la ONU, Estados Unidos, la Unión Europea y Rusia entregaron a Sharon (ya primer ministro israelí) y a Mahmud Abás (primer ministro de la ANP y de sobrenombre Abu Mazen) un plan, denominado *Hoja de ruta*, para crear en el 2005 un Estado palestino totalmente independiente y viable. El calendario se incumplió pero, al menos, en agosto del 2005 Israel se retiró de la Franja de Gaza, aunque reserván-

Con fuerte apoyo popular en la Franja de Gaza, Hamás debería jugar un activo papel en la resolución del conflicto árabe-israelí. Para conseguirlo, las partes involucradas en las negociaciones de paz sostienen que Hamás debe renunciar a la violencia y aceptar la existencia del Estado de Israel.

dose el control de las fronteras y del espacio aéreo y naval. Para entonces, Mahmud Abás ostentaba ya la presidencia de la ANP, tras el fallecimiento por enfermedad de Arafat el 11 de noviembre de 2004 y la posterior elección de Abás por amplia mayoría el 9 de enero del año siguiente.

No hay acuerdo para determinar la fecha del fin de la Segunda Intifada, en la que murieron cientos de israelíes y miles de palestinos. Unos afirman que concluyó con la muerte de Arafat, otros que se prolongó hasta la retirada israelí de la Franja de Gaza (agosto de 2005, aunque el terrorismo continuó) y la mayoría que acabó tras la declaración formal del fin de la violencia hecha por Sharon y Abás en la cumbre de Sharm el-Sheikh, en febrero de 2005. Pero los problemas persistieron, especialmente después del 26 de enero de 2006, día en que Hamás logró una victoria arrolladora en las elecciones al Consejo Legislativo Palestino (que, junto con el presidente, controla la ANP).

Tras varias desavenencias entre Hamás y Fatah (el partido de Abás), el primero se hizo con el control de la Franja de Gaza y el segundo con el de Cisjordania. A raíz de ello, la Franja de Gaza perdió la mayor parte de las ayudas que recibía de los países occidentales, fue declarada «territorio hostil» por Israel en septiembre de 2007, pasó a ser asediada por incursiones de las fuerzas de esa nación en respuesta al lanzamiento de proyectiles hacia su territorio y sus habitantes sufrieron asimismo, siempre a partir de aquella situación, un grave bloqueo económico.

Durante 2009 se hicieron intentos infructuosos para aproximar a Hamás y a Fatah, con el fin de reunificar a los palestinos bajo unas mismas instituciones. Por otra parte, tras su toma de posesión como presidente de Estados Unidos el 20 de enero de 2009, y más aún después de concedérsele el Nobel de la Paz el 9 de octubre del mismo año, Barack Obama empezó a mostrar un especial interés —como otros antecesores— por llegar a una pacífica solución del conflicto y proclamar el Estado palestino. No nos cansaremos de insistir en ello: sólo cuando Israel, el gobierno palestino y todos los Estados de población mayoritariamente árabe lleguen a acuerdos de paz definitivos y sus respectivos ciudadanos normalicen las relaciones sociales, económicas y culturales podrá acabarse con una violencia que sólo ha provocado muerte.

En la siguiente tabla se recoge el número aproximado de víctimas mortales en los llamados Territorios Ocupados y en Israel, desde el 29 de septiembre del 2000 hasta el 31 de diciembre del 2009. Elaborada a partir de los datos amablemente facilitados a quien escribe por la prestigiosa organización independiente Centro de Información Israelí para los Derechos Humanos en los Territorios Ocupados (más conocida por *B'Tselem*, sus siglas en hebreo), las cifras —que al limitarse a los palestinos residentes en los Territorios Ocupados, no contabilizan más de dos decenas de víctimas mortales producidas entre los palestinos de nacionalidad israelí o provocadas por estos— incluyen las muertes ocasionadas por la Operación Plomo Fundido (27 de diciembre del 2008 al 18 de enero del 2009). Conocida internacional-

N.º aproximado de víctimas mortales	Territorios Ocupados			Israel
	Franja de Gaza	Cisjordania	Total	
Palestinos asesinados por Fuerzas de Seguridad Israelíes	4.424	1.815	6.239	69
Palestinos asesinados por civiles israelíes	4	42	46	2
Civiles israelíes asesinados por palestinos	39	200	239	495
Miembros de las Fuerzas de Seguridad Israelíes asesinados por palestinos	103	148	251	91
Ciudadanos extranjeros asesinados por palestinos	10	7	17	37
Ciudadanos extranjeros asesinados por las Fuerzas de Seguridad Israelíes	4	6	10	0
Palestinos asesinados por palestinos	483	135	621	0

Número aproximado de víctimas mortales en los Territorios Ocupados y en Israel desde el 29 de septiembre del 2000 hasta el 31 de diciembre del 2009.

mente como Masacre de Gaza, dicha operación fue realizada por el ejército israelí con el objetivo de destruir la infraestructura de Hamás en la Franja de Gaza, en respuesta a los cientos de proyectiles explosivos lanzados desde esa zona por milicianos palestinos contra objetivos civiles israelíes.

¿Cuáles fueron las principales exigencias de los representantes de los israelíes y de los palestinos desde el comienzo de la Segunda Intifada en el 2000 hasta el 2010? Las autoridades de Israel siguieron insistiendo en la necesidad de garantizar la seguridad de los ciudadanos, territorios e intereses de su país, exigiendo también que la ANP emprendiera una lucha efectiva contra el terrorismo (confiscación de armas ilegales, detención de sospechosos, etc.). Asimismo, desde la victoria de Hamás en Gaza en el 2006, los sucesivos primeros ministros de Israel (Ehud Olmert, Binyamin Netanyahu) exhortaron a marginar a esa organización palestina del proceso de paz y de la escena internacional, mientras fomentara la violencia contra el Estado judío y no reconociera su derecho a existir.

Por su parte, la ANP realizó, entre otras, las siguientes reivindicaciones al Gobierno israelí: reconocimiento de un Estado palestino con las fronteras previas a la guerra de 1967 y capital en Jerusalén, también reclamada por Israel —la Unión Europea, por ejemplo, pidió el 9 de diciembre de 2009 que Jerusalén fuera la «capital futura de dos Estados»—, liberación de todos los prisioneros políticos, retirada del ejército israelí de los Territorios Ocupados, desmantelamiento de las colonias israelíes en Cisjordania, comunicación terrestre entre esta última zona y la Franja de Gaza, así como la eliminación de la barrera (más del 95% de reja de malla y el resto un muro de hormigón) que Israel comenzó a construir en torno a Cisjordania tras ser aprobada por su gobierno el 23 de junio del 2002.

Por lo que respecta a la última exigencia mencionada, los representantes israelíes aseguraron desde el principio la temporalidad de esa barrera, que denominaron «de seguridad», construida según ellos para defenderse de los continuos ataques terroristas que pudiera seguir sufriendo su país. La ANP, sin embargo, denunció la violación del Derecho internacional que a su juicio supone el obstáculo, tanto por adentrarse en algunos puntos en territorio cisjordano, como por restringir la libertad de movimiento de muchos palestinos e impedir su normal acceso a los servicios sanitarios, educativos y al trabajo.

Uno de los mayores problemas en las relaciones palestino-israelíes viene siendo desde hace tiempo la solución del problema de los refugiados. ¿Quiénes son? El Organismo de Obras Públicas y Socorro de las Naciones Unidas para los Refugiados de Palestina en el Cercano Oriente (United Nations Relief and Works Agency for Palestine Refugees, UNRWA), creado el 8 de diciembre de 1949 con funciones humanitarias, afirma que:

> Los refugiados palestinos son personas cuyo lugar habitual de residencia entre junio de 1946 y mayo de 1948 fue Palestina, que perdieron sus casas y medios de vida como resultado del conflicto árabe-israelí de 1948 y que se refugiaron en Jordania, el Líbano, la República Árabe de Siria, el territorio de Cisjordania, controlado entonces por Jordania, o la Franja de Gaza, que administraba Egipto.

La UNRWA incluye en esa definición a «los descendientes de las personas que se convirtieron en refugiados en 1948». Según cálculos de la ONU, el número de refugiados originales rondaba los 726.000 que, incluyendo a sus descendientes, totalizaban 4.718.899 personas a fines de junio de 2009. La OLP, sin embargo, sostiene que en esa fecha habría más de 7,6 millones de refugiados —casi el 70% de la población palestina mundial de entonces y un tercio de los refugiados del mundo— porque incluye en esta categoría a los siguientes grupos de personas:

- Más de 4,71 millones registrados por la ONU (expulsados en 1948 y descendientes).
- Más de 1,5 millones de expulsados en 1948 (descendientes incluidos) no registrados por la ONU porque no se inscribieron o porque no necesitaban asistencia cuando se convirtieron en refugiados.
- Unos 950.000 más, incluyendo los desplazados durante la guerra de 1967 (773.000 personas) y sus descendientes.
- Más de 350.000 personas desplazadas residentes en Israel (32.000 palestinos que permanecieron en Israel en 1948 y sus descendientes, a quienes no se les ha permitido volver a sus hogares).

Por tanto, de los 10,88 millones de palestinos que vivían en el mundo a fines de 2009, más del 70% serían refugiados según la OLP, pero algo menos de la mitad están registrados por la UNRWA. La inmensa mayoría de ellos vive a menos de 160 kilómetros de Israel. En concreto, los registrados por la UNWRA se distribuían, a fines de junio del 2009, en comunidades establecidas en Jordania (1.967.414), la Franja de Gaza (1.090.932), Cisjordania (771.143), Siria (467.417) y Líbano (467.417), con un crecimiento del 2,2% respecto al año anterior. De ellos, 1.385.316 (el 29%) vivían en los 58 campos de refugiados establecidos en los territorios antes mencionados y administrados por la UNRWA (institución que admite la

Los mismos argumentos que justifican la existencia de un Estado de Israel, justifican también la existencia de un Estado palestino, en el marco de las resoluciones de la ONU.

colaboración económica y otros modos de ayuda a los distintos programas).

Tras décadas funcionando, resulta evidente que la ayuda humanitaria, aun siendo necesaria, no ha sido suficiente para remediar el problema de los refugiados palestinos. Su imprescindible solución política atañe sobre todo a la ANP y a Israel, pero también a los países árabes que albergan refugiados. Desde su fundación, la ANP ha reiterado que los civiles que huyen de una guerra tienen derecho a retornar a sus hogares, según afirman las leyes internacionales: artículo 13.2 de la Declaración Universal de los Derechos Humanos, resolución 194 de la ONU sobre los refugiados palestinos (aprobada el 11 de diciembre de 1948 y reafirmada anualmente desde entonces), artículo 5.d.ii del Convenio Internacional sobre la Eliminación de todas las formas de Discriminación Racial, artículo 12.4 del Convenio Internacional de Derechos Civiles y Políticos, así como la práctica internacional (refugiados de Bosnia, Timor Oriental, Kosovo y Ruanda). La ANP siempre ha sostenido que debe darse a los refugiados, además de una indemnización adecuada por los daños causados, la opción a ejercer su derecho a retornar a sus hogares, aunque admite que estos puedan preferir otras alternativas (reubicación en terceros países, en una nueva Palestina independiente o normalizar su situación jurídica en las naciones donde actualmente residen).

Israel, por su parte, distingue entre refugiados (los que abandonaron sus casas debido a la guerra de 1948) y desplazados (todos los demás). Respecto al trato a los refugiados, afirma que permitió la vuelta de más de 100.000 refugiados entre 1948 y 1950, que —excepto Jordania— los Estados árabes negaron a los palestinos el derecho a la ciudadanía, rechazaron usar fondos de la ONU para reasentarlos, se opusieron al desbloqueo de sus cuentas en bancos israelíes, se han negado a varias negociaciones sobre los refugiados y han realizado aportaciones mínimas a la UNWRA, principal organismo que los sostiene (Libia, Kuwait e Iraq han contribuido menos que Israel, según este Estado); recuerda que más de 700.000 judíos huyeron de los países árabes y fueron integrados en el nuevo Estado (como ha sucedido en casos análogos en India, Pakistán, Finlandia, Corea del Sur, Hong Kong, Italia, Holanda y Francia); alega igualmente que la presencia judía en esas naciones (Iraq, Yemen, Marruecos, Argelia, Egipto) era muy anterior a su conquista árabe; y, sobre todo, las autoridades israelíes afirman que acoger a los refugiados y a sus descendientes —muchos educados en el odio a Israel, según este país— haría peligrar la identidad judía del Estado, que en el 2009 contaba ya con una población musulmana árabe superior a 1.240.000 personas de entre poco más de 7.374.000 ciudadanos (además de los musulmanes, 5.569.200 judíos, 153.100 cristianos árabes y 121.900 drusos, mayoritariamente árabes).

De las declaraciones de unos y otros parece deducirse que una solución adecuada para ambos sería que los refugiados decidieran (pretensión palestina) y que su preferencia fuera no volver a la tierra de donde se marcharon o fueron expulsados (pretensión israelí). Y antes, además, habría que llegar a un acuerdo sobre el número de los que tendrían que hacer esa elección. Con respecto a la indemnización, teniendo en cuenta la magnitud de la misma, es indudable que habría que crear un fondo internacional para que tal operación se llevara a cabo, en cuya creación, entre otros, a nadie extrañaría que participaran la ONU —sucesora de la Sociedad de Naciones— y Gran Bretaña, cuyas promesas a los judíos sin Estado contribuyeron a generar el problema. ¿Sorprendería que en ese fondo participaran también los Estados Unidos, la Unión Europea, China, Rusia, Japón, Canadá, Australia y las naciones árabes enriquecidas con las rentas de petróleo? Acabar con uno de los grandes problemas de esa zona bien merece el esfuerzo.

En la imagen, Oswald Rufeisen, excluido por las autoridades de Israel de los beneficios de la Ley del Retorno por abandonar el judaísmo y convertirse al cristianismo (se ordenó sacerdote y se hizo carmelita).

Israel y la diáspora

En la actualidad el pueblo judío sigue disperso, aunque indudablemente, la creación de Israel ha supuesto un cambio espectacular respecto a la situación anterior, ya que todo judío tiene derecho a residir en ese país cuando lo desee. Muchos, sin embargo, continúan en la diáspora —término, como indicamos en el capítulo 1, procedente del griego *diaspeiro*, 'dispersión'—, probablemente porque se encuentran cómodos en sus respectivos países de residencia. Pero, ¿cómo contabilizar a los judíos? ¿Qué criterio emplear? La tarea es extremadamente compleja y los datos que ofrecen las fuentes más fiables siempre están sujetos a la provisionalidad y a la rectificación.

¿Por qué? La respuesta es múltiple. La tradicional dispersión geográfica y las continuas migraciones internacionales han dificultado la realización de censos fiables, dándose ya por definitiva la pérdida de muchos datos. Tampoco resulta fácil determinar la población judía de un país. Como indicamos en la «Introducción» del libro, el judaísmo ortodoxo y el conservador consideran *judío* a toda persona nacida de madre judía (incluyendo a los ascendientes maternos). Por su parte, la sorprendente Ley del Retorno israelí de 1950 afirma que cualquier judío tiene derecho a establecerse en Israel y a adquirir la ciudadanía de ese país (desde 1970 el derecho a inmigrar se amplió «al hijo y al nieto de un judío, al cónyuge del hijo de un judío y al cónyuge del nieto de un judío, exceptuando quien era judío y cambió de religión por voluntad propia») excepto, como acabamos de reproducir, a quien profesaba el judaísmo y cambió de religión por voluntad propia.

Y es que, según la Ley del Retorno, «*judío* es todo aquel nacido de madre judía o convertido al judaísmo y no es miembro de otra religión». Desde 1989 el Tribunal Supremo sentenció que el Ministerio del Interior debía incluir en su definición de *judío* no sólo a los conversos aceptados por el Rabinato ortodoxo de Israel, como se hacía antes de la sentencia, sino también a los admitidos por los rabinos conservadores y por los reformistas.

De todos modos, aun ajustándose a las pautas sobre identidad judía establecidas por la ley religiosa o a las contenidas en la Ley del Retorno, hay judíos que desconocen ese aspecto de su identidad y por tanto no lo exteriorizan, quedando excluidos de los recuentos (ellos o ellas y sus familias, si descienden de mujer judía). Tampoco faltan los que conocen su identidad judía pero no la reconocen públicamente, porque no lo estiman conveniente u oportuno, bien por prejuicios personales o sociales, o para respetar el deseo de otros familiares de permanecer en el anonimato. En tales casos, esas familias tampoco se incluyen en los censos. Y aunque algunos apellidos de origen hebreo, sefardí o ashkenazí aportan indicios sobre la posible identidad judía de una persona o son estadísticamente más comunes entre los judíos, ni tenerlos implica ser judío, ni carecer de ellos conlleva no serlo. A veces, además, tales apellidos no están en primer lugar y en otras ocasiones se han cambiado deliberadamente.

Dadas las dificultades para definir quién es y no es judío, dedicarse a la demografía judía constituye todo un reto. El israelí Sergio DellaPergola —uno de los mejores especialistas en el tema— trata de acercarse en lo posible a la realidad diferenciando la «población judía nuclear», la «población judía extendida» y la «población judía ampliada». Al primer grupo pertenecen quienes se reconocen judíos y como tales son considerados por sus familiares directos, quedando excluidos los convertidos a otras religiones y quienes niegan su identidad judía. Al siguiente grupo pertenecen todos los anteriores y aquellas personas de familia judía que, en el momento de recopilarse los datos, no son judíos: los convertidos a otras religiones que étnicamente se identifican como judíos y personas con familia judía que niegan ser judíos. Por último, la «población judía ampliada» abarca al grupo anterior y a todos

Año	En Israel Porcentajes[1]	En Israel Miles	En el mundo
1882	0	24	7.800
1900	1	80	10.600
1914	1	85	13.500
1916-1918	-	56	-
23/X/1922[2]		84	14.400
1925	1	136	14.800
18/XI/1931[3]	-	175	15.700
1939	3	449	16.600
15/V/1948	6	650	11.500
1955	13	1.590	11.800
1970	20	2.582	12.630
1975	23	2.959	12.740
1980	25	3.283	12.840
1985	27	3.517	12.870
1990	30	3.947	12.870
1995	35	4.522	12.892
2000	38	4.955	12.914
2005	41	5.314	13.090
2008	42	5.603	13.340
2009	42	5.704	13.421

Del total (2009)		
En Estados Unidos	....	5.275
En Francia	....	0.484
En Canadá	....	0.375
En Gran Bretaña	....	0.292
En la Federación Rusa	....	0.205

Evolución de la población judía dentro y fuera de Israel desde 1882 hasta 2009.
[1] Porcentaje de judíos en Israel respecto al total de la población judía mundial.
[2] Censo durante el período del Mandato británico.
[3] *Idem.*

Distribución mundial de la población judía (2009)

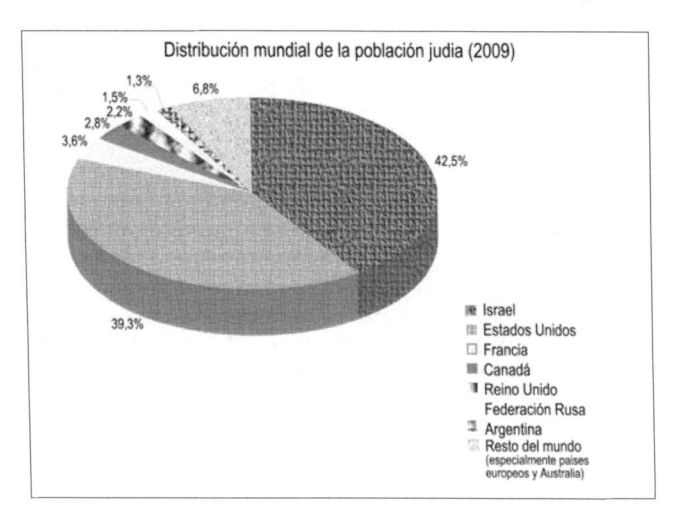

- Israel: 42,5%
- Estados Unidos: 39,3%
- Francia: 6,8%
- Canadá: 3,6%
- Reino Unido: 2,8%
- Federación Rusa: 2,2%
- Argentina: 1,5%
- Resto del mundo (especialmente países europeos y Australia): 1,3%

La mayoría de los judíos del mundo viven en Israel y en Estados Unidos. El resto de la diáspora reside principalmente en países europeos, con contadas excepciones como Canadá, Argentina y Australia.

los miembros *no* judíos de sus hogares (esposas, hijos, etc.). En la siguiente tabla, extraída del *Anuario 2010* de la Oficina Central de Estadísticas de Israel, se muestra la evolución de la población judía dentro y fuera de Israel durante varias décadas. Las cifras del número de judíos en el mundo sólo incluyen a los que se autodefinen como judíos.

Del análisis de la tabla anterior y de otros datos publicados por fuentes solventes, podemos extraer conclusiones de gran relevancia sobre el pasado reciente del pueblo judío, así como sobre su presente y su futuro:

- El pueblo judío no se ha recuperado numéricamente del Holocausto (16,6 millones en 1939 y 13,3 casi setenta años después).

- La masacre del Holocausto produjo un corte generacional a duras penas subsanado.
- Desde 1948 Israel ha aumentado más de un 740% su población judía, disminuyendo casi el 30% el número de los judíos que viven en la diáspora.
- Al ritmo de crecimiento actual, en 2020 habrá algo más de 13,5 millones de judíos, casi 3 millones menos que en 1939, primer año de la Segunda Guerra Mundial.
- En la actualidad, la gran mayoría del pueblo judío vive en el hemisferio norte, en países desarrollados de cultura judeocristiana u occidental y, especialmente, en Norteamérica y en Europa, además de en Israel.
- En las últimas décadas decrece el número de judíos respecto del total de la población mundial (menos del 2 por mil en 2009).
- Desde la Segunda Guerra Mundial, más de 4,7 millones de judíos han hecho migraciones internacionales, dirigiéndose casi exclusivamente a Israel (más del 63%) y a los principales países occidentales (algo menos del 37%).
- Israel ha hecho un esfuerzo espectacular para absorber inmigrantes judíos en los últimos decenios.
- A finales de 2009, vivían más judíos en la diáspora (58%) que en Israel (42%).
- Excepto en Israel, las comunidades judías son muy minoritarias en sus respectivos países.
- Más del 95% de los judíos residen en los 25 países más desarrollados del mundo.
- Israel disfruta de un «desarrollo humano muy alto» según el *Informe sobre Desarrollo Humano de 2009*, publicado por la ONU. Ese año Israel ocupó el puesto 27 del mundo, mientras que en el *Informe 2007-2008* se situó en el 23.

- En 2009, más del 85% de la diáspora judía vivía en países con un nivel de vida superior al de Israel, según el Índice de Desarrollo Humano de Naciones Unidas.
- En 2009, casi el 82% de la población judía mundial vivía en Israel y en Estados Unidos.
- Muy por detrás de Israel y de Estados Unidos, destacan por su número las comunidades judías de Francia, Canadá, Reino Unido, Federación Rusa y Argentina.
- Desde 2006, Israel es el país con más judíos del mundo, duplicando su población judía en el último cuarto de siglo gracias a la inmigración.
- En 2009, algo más del 75% de los ciudadanos de Israel eran judíos; los demás son, en su mayoría, árabes. Las proyecciones demográficas prevén un progresivo aumento del porcentaje de población árabe en Israel.
- Por su condición de «Estado judío», Israel es un Estado peculiar, que debe esforzarse muy especialmente por reconocer y amparar todos los derechos de su numerosa minoría de ciudadanos no judíos.
- El reciente crecimiento demográfico de la población judía de Israel se ha hecho a costa de la drástica disminución de las comunidades judías de Rusia, de Ucrania y de otras nuevas naciones antes integradas en la extinguida URSS.
- Tras las últimas cuatro décadas casi ha desaparecido la población judía en África del Norte, se ha reducido a casi la mitad en África del Sur y a casi una cuarta parte en Iberoamérica.
- Desde la disolución de la URSS, a fines de 1991, hasta 2010, Alemania fue el país con mayor crecimiento relativo de judíos, al cuadruplicar su población gracias fundamentalmente a la inmigración judía procedente de países de la extinta URSS.

- Por comparación con el último decenio del siglo XX y los años iniciales de la primera década del XXI, se aprecia una tendencia decreciente en la emigración a Israel.
- Muy pocos judíos residentes en las naciones más desarrolladas del mundo emigran a Israel: quienes viven bien o muy bien en la diáspora no muestran excesivo interés por mudarse a Israel.
- En general, los judíos habitan en ciudades, gozan de un elevado nivel cultural y por su renta pertenecen a las clases medias, medias-altas o altas de sus respectivos países.
- Más de la mitad de los judíos del mundo viven en seis áreas metropolitanas situadas en torno a Tel Aviv, Jerusalén y Haifa, en Israel, y Nueva York, Los Ángeles y el sur de Florida, en Estados Unidos.
- En 2010, más de 300.000 judíos residían en las áreas metropolitanas de París (Francia) y de Be'er Sheva (Israel) y más de 200.000 en Filadelfia (EE. UU.), Chicago (EE. UU.), Boston (EE. UU.), San Francisco (EE. UU.) y Londres (Reino Unido).
- La mayoría de las comunidades judías de la diáspora tienen crecimiento negativo, a excepción de Alemania y de Australia, convertidos en países de inmigración.
- En general, crece el envejecimiento y la tasa de mortalidad en las comunidades judías de la diáspora.
- Ya muy numerosos (40, 50, 60% e incluso más, según los lugares), siguen creciendo en la diáspora los matrimonios mixtos (cónyuge no judío), muy proclives a asimilarse con el entorno, a perder la identidad psicológica judía y a educar a su prole en valores no específicamente judíos.

- Con un 42% de la población judía mundial en 2009, en Israel residía ese año sin embargo la mitad de los judíos menores de 15 años, proporción que seguirá aumentando.
- La mayor extensión de las familias judías israelíes, por comparación con las de la diáspora, ha compensado la reducción de casi todas las comunidades judías del resto del mundo.
- En general, la visión trascendente de la vida repercute positivamente en el crecimiento demográfico judío.
- Ilustra lo anterior la alta tasa de natalidad de los *haredim* ('temerosos de Dios'), mucho mayor que la de otros grupos judíos, especialmente por comparación con los no religiosos (con tasas de crecimiento muy pequeñas e incluso negativas). Crece, pues, la proporción de ortodoxos entre la población judía.

Como puede comprobarse, las nuevas tendencias configuraban hacia el 2010 una situación muy distinta a la de décadas anteriores. Preocupa en Israel la baja tasa de natalidad de la diáspora y la gran cantidad de matrimonios mixtos, así como la progresiva pérdida de los vínculos sentimentales con Israel. Por eso, las instituciones oficiales israelíes tratan de promover la educación judía en la diáspora (turismo y becas de estudio y de trabajo en Israel, promoción del estudio del hebreo, atracción de inversiones, etc.) con la ayuda de numerosas instituciones volcadas en dinamizar esa relación. Y también por eso la mera existencia de Israel representa, para quienes quieren hacer perdurar la cultura judía en el mundo, la garantía de supervivencia, el marchamo de autenticidad. Por todo ello, piensan que Israel debe ser lugar seguro.

8

Excepcional influencia en la historia universal

Geoestrategia, proyección política, económica y cultural

En este último capítulo abordaremos, sin entrar en demasiados detalles, el poso que el pueblo judío ha ido dejando en la historia universal. A estas alturas, tenemos ya una idea general de lo mucho que influyeron en los judíos las civilizaciones que les acogieron. Pero los judíos no se limitaron a recibir pasivamente cuanto les rodeaba, sino que, aceptando lo que pudo servirles y añadiendo sucesivas tradiciones, generaron un estadio cultural propio, repleto de manifestaciones. Entrados en el tercer milenio y acelerándose los cambios, disminuyendo el ya escaso peso demográfico de los judíos en el mundo y avanzando la globalización, para un creciente número de judíos han saltado las alarmas, multiplicándose las dudas y los interrogantes: ¿tenemos futuro?, ¿y nuestros descendientes?, ¿qué ocurrirá con Israel?, ¿sigue siendo razonable tratar de preservar nuestra identidad?, ¿qué será de nuestras milenarias tradiciones?

En las últimas décadas han proliferado los llamados *think tanks* (literalmente, 'depósitos de pensamiento', también denominados *fábricas de ideas* o *comités de expertos*), instituciones surgidas en los países anglosajones y extendidas después a otras naciones, dedicadas a estudiar la realidad o aspectos de la misma y a extraer de ella toda clase de consecuencias. En la actualidad, tanto en Israel como en la diáspora, un nutrido grupo de judíos bien preparados forman parte de instituciones multidisciplinares de carácter privado —algunas con ciertas conexiones públicas— volcadas en la investigación y en el estudio, según los casos, de la sociedad actual o de determinados aspectos de esta.

Entre las dedicadas a temas relacionados con la paz y la seguridad en Israel y Oriente Próximo, así como a la lucha contra el terrorismo, podríamos mencionar el Instituto Internacional para el Contraterrorismo (Herzliya, Israel), el Instituto de Estudios de Seguridad Nacional (Tel Aviv), el Instituto Judío sobre Asuntos de Seguridad Nacional (Washington) o el Centro Begin-Sadat de Estudios Estratégicos (Ramat Gan, Israel). El antisemitismo es especialmente tratado, por ejemplo, por el Instituto Stephen Roth (Tel Aviv). Y entre las que se interesan por los judíos y la sociedad civil destacan el Instituto de Planificación Política para el Pueblo Judío (Jerusalén) o el Instituto para la Investigación y Comunidad Judía (San Francisco).

En general, el propósito de estos centros no es alimentar la afición al pensamiento especulativo, sino ofrecer información precisa y ayuda experimentada a quienes, por oficio, deben tomar decisiones en Israel o en importantes instituciones judías (Congreso Judío Mundial, Organización Sionista Mundial, Liga Antidifamación, B'nai Brith International, Fundación Educativa Hillel, etc.). Esos especialistas no pretenden imponer por medios lícitos e ilícitos el dominio de los judíos en el mundo, como aseguraban *Los protocolos de los sabios de Sión*,

Con una historia tan compleja a sus espaldas, no es de extrañar que Israel —y el pueblo judío en general— sienta una cierta inseguridad. Israel intenta cubrir esas espaldas con un excelente ejército, que sólo será un parche si no alcanza acuerdos de paz duraderos con sus vecinos. Y eso depende de unos y de otros.

sino preservar la continuidad y la unión del pueblo judío, promover su identidad y prosperidad, y asegurar la conservación y el dinamismo de su milenario patrimonio cultural (entendido este en su más amplio sentido). El prestigio de las «fábricas de ideas» mencionadas es tan grande que, a veces, sus recomendaciones no tardan en convertirse en decisiones de gobierno.

¿Y qué transformaciones aprecian esos comités de expertos? ¿Son positivas, negativas o indiferentes para los judíos? Los informes sobre los cambios geopolíticos suelen enunciar las siguientes consecuencias: el derrumbe de la URSS provocó una emigración masiva de judíos especialmente a Israel, pero también a Estados Unidos y a Alemania; la hegemonía mundial de Estados Unidos conlleva un creciente peso internacional de los judíos, dada su influencia en ese país; la consolidación de la Unión Europea crea nuevas oportunidades de movilidad y de negocio para los judíos; la capacidad nuclear de países de mayoría islámica, como Pakistán, y el interés de Irán por contar con armas nucleares, pueden generar nuevas amenazas para Israel si los gobernantes de esas naciones adoptan políticas antiisraelíes; crece la influencia mundial de China y de India, países sin presencia física ni cultural judía.

En relación al conflicto árabe-israelí, algunos informes de las instituciones mencionadas señalan, entre otras, las siguientes consecuencias o manifestaciones: la continua atracción internacional y mediática del problema perjudica la imagen internacional de Israel y la vida de la diáspora, constituyendo un factor de generación o de intensificación de antisemitismo; como en todas partes, aumenta en los países árabes la facilidad de disponer de armamento no convencional (armas químicas y biológicas); la tradicional política proisraelí de Estados Unidos provoca suspicacias en numerosos países, incluidos algunos occidentales; y organizaciones internacionales como la ONU, influidas por determinados Estados miembros, muestran en algunas resoluciones o dictámenes prejuicios hacia Israel.

Los análisis de las tendencias sociales, ricos en observaciones, recalcan el rápido crecimiento demográfico de los países subdesarrollados, incluyendo los de mayoría musulmana, la caída de la natalidad en Europa y su demanda de inmigrantes, que pueden dar lugar a conflictos étnicos, y también el apoyo al fundamentalismo islámico que, según ciertos informes, se aprecia en un número cada vez mayor de inmigrantes musulmanes en Europa. Las nuevas tecnologías y el ciberespacio, por ejemplo, se consideran una oportunidad (grandes posibilidades de expansión económica y cultural, refuerzo de los vínculos entre Israel y la diáspora), pero también un riesgo (difusión del antisemitismo y de los fundamentalismos, facilidad para crear relaciones entre grupos terroristas).

Entre los cambios culturales, el creciente individualismo suele considerarse perjudicial para el pueblo judío al debilitar el compromiso de sus miembros con aspectos de su identidad colectiva; a veces también se critican determinados valores postmodernos (subjetivismo, escepticismo, secularización) que, por provocar, según se dice, un vacío vital, inducen a buscar sentido en el fundamentalismo religioso o en cultos exóticos alejados de las religiones monoteístas. Sin embargo, algunos informes constatan que el pluralismo cultural favorece el aprecio a las tradiciones judías, y que la tolerancia y el respeto al otro han contribuido al reconocimiento del sufrimiento judío en tiempos difíciles como el Holocausto, cuyo recuerdo se ha instituido oficialmente en varios países de Europa.

Los análisis globales subrayan la importancia de las religiones, destacando los esfuerzos de los papas Juan Pablo II y Benedicto XVI por acercar a cristianos y a judíos, a pesar de las discrepancias de la Iglesia católica hacia determinadas políticas israelíes relacionadas con el pueblo palestino; y se observa que las Iglesias evangélicas (sobre todo las protestantes fundamentalistas) manifiestan una actitud positiva hacia los judíos, al reconocer su intermediación en el cumplimiento del Evangelio. Preocupan, sin embargo, algunas tendencias que se aprecian en el mundo islámico: la confrontación tradicionalismo/modernidad y tribalismo/globalización, el crecimiento del fundamentalismo a costa de las interpretaciones moderadas de la religión musulmana, la interpretación religiosa que ciertas escuelas islámicas ofrecen del conflicto árabe-israelí, la oposición de los más extremistas al judaísmo como una primera etapa en la rivalidad con el cristianismo y el rechazo de los grupos islámicos radicales a valores consolidados en la civilización judeocristiana (autonomía de la mujer, democracia, libertad de expresión, tolerancia religiosa, etc.).

Los estudios sobre el antisemitismo moderno muestran las conexiones con el tradicional, añadiéndose nuevos argumentos o reclamos (negación del Holocausto, acabar con Israel) y disfrazándose a veces de antisionismo. Adalides de tales manifestaciones, se ha indicado a veces, son los fundamentalistas islámicos, además de grupos occidentales extremistas de izquierda y de derecha. No faltan movimientos antiglobalización que piensan que sus

Taglit-Birthright es un modo de concretar el deseo de intensificar las relaciones entre Israel y la diáspora. Mediante ese programa, jóvenes judíos del mundo entero visitan Israel sin coste alguno durante diez días. Desde su inicio en el 2000 hasta el 2010, más de 220.000 jóvenes se han beneficiado ya de este programa financiado por el Estado de Israel, por filántropos y por las comunidades participantes.

iniciativas forman parte de la lucha contra el dominio judío del mundo. Asimismo, ciertas instituciones judías sostienen que algunos medios de comunicación ofrecen información interesadamente partidista o sesgada del conflicto de Oriente Próximo. Se aprecia, además, que el antisemitismo contribuye a vigorizar la identificación de los judíos como tales y su solidaridad interna.

Por lo que a Israel respecta, los informes periódicos de los centros mencionados y de otros similares suelen resaltar la importancia de alcanzar ciertas metas o, en su caso, de perfeccionar las conseguidas: reforzar la seguridad (el país ya es una superpotencia nuclear), lograr cuanto antes la paz con los palestinos y con las naciones vecinas, mejorar la imagen mundial de Israel, intensificar sus vínculos con las comunidades judías de la diáspora, incentivar la natalidad de la población judía, fomentar el diálogo interconfesional, combatir los fundamentalismos religiosos, perfeccionar las instituciones educativas, impulsar la creatividad, aumentar los recursos humanos y económicos dedicados a la investigación y al desarrollo, promover las relaciones con las potencias emergentes (China, India, Brasil), aprovechar las nuevas tecnologías para luchar contra el antisemitismo y difundir la cultura judía, dar a conocer el Holocausto y mostrar al mundo la necesidad de contar con un Estado que los judíos consideren su hogar nacional y en el que puedan sentirse seguros.

El vigor de las religiones monoteístas: judaísmo, cristianismo e islamismo

Las grandes transformaciones que el mundo ha experimentado en las últimas décadas y sus posibles consecuencias han despertado el interés académico y atraído la atención de muchos medios de comunicación. Ya en 1950, el historiador británico Arnold Toynbee publicó *Guerra y civilización*, libro en el que enfatiza la importancia de la lucha armada en el nacimiento y el fin de una civilización. En 1989, el politólogo estadounidense Francis Fukuyama proclamó en su ensayo *El fin de la historia* y, tres años después, en un libro de título similar, que la historia, entendida como rivalidad entre ideologías, había terminado debido al triunfo de la democracia liberal tras el derrumbe de la URSS. El fin de la historia sería el término de las guerras y revoluciones y el comienzo de una nueva época, en la que los seres humanos se preocuparían principalmente de satisfacer sus necesidades mediante la actividad económica.

En 1993, el también politólogo estadounidense Samuel Huntington publicó en la revista estadounidense *Foreign Affairs* ('Asuntos exteriores') su artículo «El choque de las civilizaciones», ampliado en 1996 con el libro *El choque de civilizaciones y la reconfiguración del orden mundial*, en los que afirmaba que la lucha entre civilizaciones será la última fase en la evolución del conflicto en el mundo moderno. Acabado el marxismo, según Huntington, las nuevas fuentes de tensión internacional no serían de carácter económico o ideológico, sino fundamentalmente cultural. Mostrando su desacuerdo con las tesis del estadounidense, el 21 de septiembre de 1998, el entonces presidente de Irán, Mohammad Jatami, propuso en la 53.ª Asamblea General de la ONU emprender un «diálogo entre civilizaciones», que dio lugar a la proclamación del 2001 como Año de las Naciones Unidas del Diálogo entre Civilizaciones. Siguiendo esta senda, surgieron después nuevas iniciativas con distintos nombres (entre otras, la llamada *Alianza de civilizaciones*) para promover la paz en el mundo.

Esta insistencia en agrupar por civilizaciones tiene, desde luego, sólidas bases de referencia: ideas similares sobre la sociedad, la concepción del Estado, la organización económica, fases históricas y estéticas comunes, etc. Sin embargo, a veces las apariencias engañan o pueden hacer caer en la trampa de anteponer lo menos a lo más importante. Mucho más profundos y básicos que los valores o ideas compartidos por los miembros de una civilización son aquellos relacionados con nuestras concepciones fundamentales sobre el ser y el no-ser: ¿quiénes somos?, ¿cómo somos?, ¿por qué somos?, ¿de dónde venimos?, ¿adónde vamos?, ¿qué es la vida?, ¿qué es la muerte?, ¿seguiremos viviendo tras morir?, ¿existe y puede alcanzarse la felicidad?, ¿por qué sufrimos?, ¿cuál es el sentido de las relaciones con nuestros semejantes y con los demás seres de la naturaleza?, ¿hay seres superiores a nosotros? y, de ser así, ¿cuántos y cómo son?, ¿existen el bien y el mal? y, en caso afirmativo, ¿qué es bueno o malo y por qué?

En las próximas líneas abordaremos un asunto intrínseco al tema de este libro que, a pesar de su escaso trata-

Breve historia de los judíos

En la actualidad hay varias corrientes en el judaísmo. En las imágenes, judíos ortodoxos en la ciudad belga de Amberes y en el monte Merón (Galilea), Mordecai Kaplan, fundador del judaísmo reconstruccionista que reduce la religión a simple manifestación cultural, y sinagoga reformista con igual participación de mujeres y hombres.

miento público, aporta nuevos brillos al análisis y a la interpretación de la historia: quienes ofrecen respuestas similares a las preguntas antes formuladas constituyen, de hecho, grupos más homogéneos que los formados por los criterios habitualmente empleados para aglutinar a las personas en una u otra civilización. Dicho de otro modo: compartir las mismas ideas sobre las cuestiones más importantes que puede plantearse el ser humano tiene tales consecuencias en la vida y en la actuación de las personas que las pautas de agrupación que generan una clasificación en civilizaciones pasadas o presentes quedan, respecto a lo anterior, subordinadas a un plano secundario.

Por eso las creencias y valores compartidos por judíos, cristianos y musulmanes (independientemente de la época histórica en que hayan vivido) hacen de estos un grupo más homogéneo que el que pueda establecerse por cualquier característica o circunstancia (lazos de sangre, etnia, nacionalidad, lengua, costumbres, gustos, aficiones, etc.) que les una a los no creyentes inmersos en su misma civilización. En el 2010 se estima que el número de cristianos, musulmanes y judíos —incluyendo a los no practicantes habituales— ronda los 3.500 millones de personas.

¿Y qué es común al judaísmo, al cristianismo y al islamismo? De entrada, conviene recordar que han existido y existen numerosas relaciones históricas entre dichas religiones: el cristianismo nació y empezó a crecer entre judíos y estos han vivido siglos entre cristianos y musulmanes. Lo principal, sin embargo, son las creencias compartidas, aun siendo muchas e importantes las diferencias doctrinales entre las tres religiones. Y ¿cuáles son dichas creencias? La fundamental es el monoteísmo, la aceptación de que existe un único Dios, que es un Ser personal (no un astro o un ente similar), omnipotente y omnisciente, creador del cielo y de la tierra. Según las tres religiones monoteístas, el universo existe por causalidad (por voluntad divina) y no por casualidad, por azar o por simple determinación de la materia. El universo es, pues, un conjunto organizado y no un caos, por regirse por leyes establecidas por un Ser omnipotente que es su Causa última, su Creador, que obra por puro amor.

Ya avanzamos que también coinciden los tres monoteísmos en la concepción antropológica básica del ser humano, a quien se reconoce dignidad superior a otras criaturas de la naturaleza, por estar compuesto, por voluntad divina, de una parte espiritual (el alma) y de otra material (el cuerpo). Gracias a su racionalidad, el ser humano es por naturaleza religioso y puede comunicarse con Dios y con sus congéneres. De hecho, su fin principal es conocer y amar a Dios porque ha sido creado precisamente por y para Dios y sólo en Él encontrará la plena felicidad. Asimismo, judíos, cristianos y musulmanes comparten la creencia en la naturaleza trascendente del ser humano, cuya existencia se prolonga en una eternidad que rompe las barreras del tiempo. Las tres religiones monoteístas sostienen también que nuestra vida terrena constituye un período de prueba, tras el que habremos de dar cuenta a Dios de nuestras acciones.

Junto con lo anterior, conviene tener en cuenta que de la cosmovisión y de la antropología que comparten las religiones monoteístas se derivan importantísimas consecuencias, tanto en el planteamiento general de la existencia, como en el día a día. Resulta fundamental para los fieles de estas religiones conocer cuál es la voluntad divina para cada persona, con el objetivo de tratar de llevarla a cabo y dar sentido a la propia vida. Hace décadas, el historiador alemán Erwin Rosenthal recordaba en su obra *El pensamiento político en el islam medieval* que, ya en la Edad Media, tres de los más importantes filósofos que han tenido estas religiones coincidían en el sentido más profundo de la existencia humana: «Tomás de Aquino, Maimónides y Averroes están de acuerdo en que el conocimiento de Dios es la culminación de la búsqueda de la felicidad del hombre racional».

Pueden establecerse también otras relaciones entre las religiones monoteístas. Judío es Jesús, fundador del cristianismo y de la Iglesia, institución que reconoce la especial elección divina del pueblo judío y difunde el mensaje bíblico por el mundo entero. Los musulmanes, por su parte, admiten el origen divino de revelaciones reconocidas por las otras dos religiones monoteístas. Por eso, judíos y cristianos han sido tradicionalmente considerados por los seguidores de Mahoma pueblos protegidos (*dhimmíes*), garantizándoseles la libertad religiosa. Además, siguiendo el precedente judío, en el derecho islámico se produjo una mezcla de legislación religiosa, de reglamentación secular y de teología que aún subsiste. Y aunque el Corán contiene

Durante siglos los judíos han gozado de libertad religiosa entre musulmanes. Estos, actualmente, practican con libertad su fe tanto en los Estados de mayoría social cristiana como en Israel. Es lógico, pues, que cristianos y judíos puedan pedir un trato igual en todos los Estados musulmanes.

críticas a judíos y a cristianos, exhorta a los musulmanes a respetar a las «gentes del Libro» o «de la Escritura» (judíos y cristianos), a quienes anima a unir fuerzas en la creencia en el único Dios. El siguiente pasaje coránico (3: 64) constituye todo un alegato a favor del diálogo interreligioso: «¡Gente de la Escritura! Convengamos en una fórmula aceptable a nosotros y a vosotros, según la cual no serviremos sino a Alá, no Le asociaremos nada y no tomaremos a nadie de entre nosotros como Señor fuera de Alá».

De entrada, hay ya un amplio campo de entendimiento. Como afirmamos en el 2009 en el segundo volumen de nuestro libro *El pueblo judío en la Historia*, judíos, cristianos y musulmanes creen o entienden, con naturalidad y de forma parecida, conceptos intrínsecamente relacionados con el sentido existencial de los individuos y con la formación y la organización de las sociedades: Dios, sagrado, persona,

Desde el Concilio Vaticano II, la Iglesia católica ha iniciado un acercamiento a los judíos. En las imágenes Juan Pablo II y Benedicto XVI visitando la Sinagoga de Roma.

revelación, adoración, eternidad, creación, vida, bien, mal, ángel, profeta, fe, alma, cuerpo, muerte, juicio, cielo, infierno, vocación, acción, santidad, caridad, oración, dolor, penitencia, purificación, pecado, ayuno, fiesta, peregrinación, paz, igualdad, familia, fraternidad, responsabilidad y muchas otras nociones y devociones (por ejemplo, a los respectivos Santos Lugares de Jerusalén) designan realidades creídas, deseadas o vividas por los fieles monoteístas.

Esas creencias compartidas entre los fieles de las tres religiones monoteístas habrían de servir para profundizar en el respeto mutuo y en el diálogo. El distanciamiento que provocan las discrepancias no es más que «un genuino conflicto de familia», en palabras del teólogo cristiano alemán contemporáneo Karl-Josef Kuschel, en el que «cada uno piensa que él es quien más puramente ha conservado el patrimonio paterno y materno». Más profundas son las diferencias que separan a creyentes y no creyentes y, sin embargo, en muchos Estados, de forma habitual, creyentes, agnósticos y ateos (con planteamientos vitales completamente distintos) conviven a diario sin dificultades. Mayores son los lazos que unen a los fieles monoteístas.

Excelencia en las ciencias, en las técnicas y en las artes

En este último epígrafe del libro recordaremos algunas aportaciones de los judíos a la cultura universal. De entrada, no podemos obviar que hasta fines del siglo XVIII y principios del XIX —y en buena parte hasta hoy— la vida judía estuvo inseparablemente unida a la religión. Ya indicamos que, para las religiones monoteístas, el mundo es fruto de la causalidad y no un resultado casual. Al aceptar la regularidad de la naturaleza, el judaísmo admite la posibilidad de la ciencia, es decir, la ocasión de alcanzar, mediante la observación y el razonamiento, un conjunto de conocimientos sistemáticamente estructurados que sirvan para deducir principios y leyes generales. Estos, a su vez, según el judaísmo, acabarán conduciendo a su autor, el Creador.

Al valorar la aportación cultural judía debe tenerse en cuenta, de todos modos, que el nomadismo de los tiempos antiguos, el posterior aislamiento intencionado y el ulterior encierro forzado en los guetos limitaron los intercambios culturales. Y como ocurrió a todos los demás pueblos e instituciones, los judíos tuvieron también que esperar a la invención de la imprenta en el siglo XV para beneficiarse de la gran difusión del conocimiento a que dio lugar. Todo ello contribuye a entender la discontinuidad en el espacio y en el tiempo que puede observarse en las aportaciones judías más importantes.

Además, varios factores explican que unos focos culturales judíos hayan sido más brillantes que otros: demografía, facilidad de acceso a las fuentes del saber, libertad, organización y situación económica de las distintas comunidades, dinamismo de las civilizaciones que las acogieron, etc. La combinación de estos y de otros elementos explica que las principales aportaciones judías tengan —con dignas excepciones— una localización espacial y temporal concretas: Oriente Próximo durante los tiempos bíblicos, los territorios musulmanes y los reinos cristianos de la Península Ibérica a lo largo de la Edad Media, Alemania, Austria, Gran Bretaña y otras naciones europeas en el transcurso del siglo XIX y los países de residencia de las principales comunidades de la diáspora (Estados Unidos, algunas naciones de Europa occidental y central), además de Israel, durante los siglos XX y XXI.

Suele indicarse que la Biblia, por ser fuente de civilización y de culturas, ha sido la principal aportación del pueblo judío al saber universal. Según el judaísmo y el cristianismo, la Biblia fue inspirada por Dios, pero sus autores humanos pusieron en acción sus facultades para que en los textos sagrados se reflejara todo y sólo lo que Dios quería. Desde ese punto de vista, esos escritores son merecedores de elogio por su colaboración activa y es motivo de reconocimiento la fidelidad del pueblo judío en la transmisión del mensaje bíblico a lo largo de los siglos.

En su *Ensayo sobre el pensamiento hebreo* (1953), el filósofo francés Claude Tresmontant afirmaba que quien no acepte la idea de creación y todo lo que lleva consigo, por pura lógica debe prescindir del tiempo, de la idea de persona y de la idea de amor. Los libros bíblicos, al rechazar el dualismo de algunas civilizaciones antiguas, simplificaron la visión del mundo y el concepto de *mal*, que en la Edad Media sería definido como la «carencia de un bien debido». A su vez, las narraciones bíblicas muestran al ser humano como una criatura libre, independiente de todo determinismo.

Por su autoridad para conformar conductas, el Decálogo bíblico ha modelado de una u otra manera multitud de sociedades, extendiendo su influencia tanto a constituciones de numerosos países como a la Declaración Universal de Derechos Humanos de la Organización de las Naciones Unidas. La Biblia cristiana (Antiguo y Nuevo Testamento), la obra escrita más divulgada de la historia universal, ha sido y sigue siendo objeto de lectura

Según la Iglesia católica: «Dios es el Autor de la Sagrada Escritura porque inspira a sus autores humanos: actúa en ellos y por ellos. Da así la seguridad de que sus escritos enseñan sin error la verdad salvífica». Judíos son la práctica totalidad de los «autores humanos» que la Iglesia considera elegidos por Dios para escribir esos textos sagrados. Imagen de un fragmento del Códice de Alepo, manuscrito bíblico en hebreo fechado en el siglo X.

y/o de estudio de miles de millones de personas, que han acudido y siguen acudiendo a ella para conocer la voluntad divina, para aprender su mensaje y deleitarse en sus características o por pura curiosidad.

También se han beneficiado de la tradición bíblica las bellas artes (arquitectura, pintura, escultura, literatura, danza, fotografía, cinematografía, televisión, moda...). Ciertamente, la resistencia de muchos rabinos a las representaciones religiosas llevó a concentrar el arte judío en la decoración de sinagogas y de objetos litúrgicos. Pero no ocurrió igual con la Iglesia, libre para organizarse desde el Edicto de Milán (313) y necesitada durante siglos de ilustrar el mensaje cristiano para enseñar y conmover a sus fieles.

La combinación de la demanda eclesiástica y la genialidad de los autores que recibieron sus encargos ha generado la aparición de multitud de obras maestras de numerosos estilos arquitectónicos, pictóricos, escultóricos y de artes decorativas inspirados en temas bíblicos (la creación, el pecado original, el sacrificio de Isaac, la anunciación a María, *Ecce Homo*, crucifixión de Jesucristo, etc.), o en personajes judíos o presentes en las Escrituras (Adán y Eva, Abraham, Sara, Isaac, Jacob, Moisés, David, Isaías, Judit, Ester, Sansón, Job, Jonás y especialmente Jesucristo, así como María, José, Juan Bautista, Pedro, Pablo y los demás Apóstoles, etc.). Otro tanto cabe decir de numerosas figuras o motivos incorporados en obras artísticas como símbolos religiosos (la cruz, el buen pastor, la estrella, el cordero, la paloma, el pez, la viña, el tetramorfos, etc.).

Como en siglos anteriores, también en la actualidad los mejores artistas trabajan de vez en cuando para la Iglesia —que continúa siendo la institución con mayor demanda mundial de obra religiosa— o encuentran en temas judeocristianos inspiración para sus creaciones en las distintas disciplinas artísticas. La influencia de la Biblia se extiende a otros muchos campos. Así ocurre con tantos nombres bíblicos o judíos (por ejemplo, los mencionados en el párrafo anterior) que además de designar ciudades, calles, plazas y parques, siguen siendo elegidos cada año por millones de padres para sus hijos.

Cronológicamente, el siguiente gran foco cultural judío nos traslada a la Península Ibérica del Medievo. Tanto en sus territorios musulmanes como en sus reinos cristianos, los judíos encontraron ambientes adecuados para cultivar sus capacidades. En al-Ándalus, a excepción de los duros tiempos de intolerancia almorávide y almohade, se lograron condiciones suficientes para entablar un diálogo interreligioso que contribuyó a impulsar la creatividad judía. Los reinos cristianos ibéricos, por su parte, fueron los últimos de Europa occidental en expulsar a los judíos, tras hacerlo Inglaterra en 1290 y Francia en 1394 y después de las dificultades sufridas por los judíos en distintos territorios del Sacro Imperio Romano Germánico.

Gracias a las traducciones al castellano que principalmente los judíos hicieron de obras griegas y árabes y a sus posteriores versiones latinas concluidas por clérigos, muchos cristianos europeos se beneficiaron de magnos libros y tratados de la Antigüedad y de otros redactados por autores musulmanes, imprescindibles para explicar los resplandores de la Escolástica y del Renacimiento. Pero en el Medievo ibérico los judíos o los conversos al cristianismo de procedencia hebrea no se limitaron a traducir, también dejaron su propia impronta, como lo demuestran, entre otros humanistas y científicos, Salomón ibn Gabirol, Pedro Alfonso, Yehuda Halevi, Abraham ben Ezra, Maimónides, Benjamín de Tudela, Yehuda ben Moisés, Abraham y Yehuda Cresques, Josef Albo, Abraham Zacuto, etc.

Tras la expulsión de quienes profesaban el judaísmo, decretada en 1492 por Isabel de Castilla y Fernando de Aragón, y la ordenada en 1497 por Manuel I de Portugal, sólo quedaron en la Península Ibérica los judíos conversos al cristianismo y sus descendientes. Por la calidad de sus aportaciones han alcanzado renombre Fernando de Rojas, Juan de Ávila, fray Luis de León, Juan Luis Vives y Teresa de Jesús. Las sucesivas generaciones sefardíes sembrarían su buena o no tan buena semilla en otras tierras: unos introdujeron la imprenta y el teatro en Oriente Próximo y otros facilitaron decisivamente la práctica del judaísmo, como el ya mencionado Josef Caro, autor del *Shulján Aruj* ('La mesa servida'). No faltó en el siglo XVII el caso especial del filósofo holandés de origen sefardí Baruch Spinoza, cuyas ideas le valieron la excomunión de los rabinos.

La atracción por el movimiento ilustrado que mostraron en el siglo XVIII los filósofos alemanes Salomón Maimón y Moisés Mendelssohn ganó nuevos partidarios en la centuria siguiente, multiplicando la presencia de los judíos europeos —aunque algunos renegaran de su identidad judía— en campos tan variados como la filosofía (Karl Marx, Ferdinand Lasalle, Moisés Hess, Hermann Cohen, Moritz Lazarus), la literatura (Heinrich Heine), la economía (David Ricardo), la interpretación teatral (Rachel, Sara Bernhardt), la pintura (Camille Pissarro), la composición musical (Jacques Offenbach, Paul Dukas, Jacques Halevy), la dirección de orquesta (Julius Benedict, Michael Costa) y el virtuosismo instrumental (Antón Rubinstein).

La masacre del Holocausto no consiguió oscurecer la espectacular presencia judía (los que citaremos tienen al menos una abuela o un abuelo judíos, por parte materna o paterna) en la historia cultural del siglo XX. En las últimas décadas, multitud de judíos han recibido numerosos e importantes galardones por sus aportaciones en las más variadas ramas del saber. Por ser probablemente los más conocidos, haremos referencia a los premios Nobel: hasta 2010 los concedidos a personas de ascendencia judía —más del 20% del total, representando mucho menos del 1% de la población mundial—

fueron los siguientes (entre paréntesis, los otorgados hasta ese año por especialidad): 9 de la Paz (99), 13 de Literatura (107), 53 de Fisiología o Medicina (196), 47 de Física (188), 31 de Química (159) y 28 de Economía (67). Gracias a los hallazgos de muchos de los premiados y de otros muchos judíos que por razones de espacio no mencionaremos aquí, nuestra vida actual resulta más cómoda en múltiples aspectos y conocemos ya el modo de curar numerosas enfermedades.

Abundan las personalidades judías en las más diversas ramas del conocimiento. De origen centroeuropeo son afamados filósofos, psicólogos y sociólogos como Edmund Husserl, Max Scheler, Theodor Lessing, Edith Stein, Ernst Cassirer, Ludwig Wittgenstein, Otto Weininger, Franz Rosenzweig, Ernst Bloch, Martin Buber, Karl Popper, Hannah Arendt, Gershom Scholem, Max Horkheimer, Theodor W. Adorno, Walter Benjamin, Herbert Marcuse, Erich Fromm, Jürgen Habermas, Ernst Tugendhat y Victor Frankl; Sigmund Freud despuntó en medicina y Albert Einstein suele ser considerado el científico más importante del siglo XX.

No han faltado artistas judíos centroeuropeos. Literatos sobresalientes son Else Lasker-Schüler, Nelly Sachs, Peter Altenberg, Ludwig Fulda, Hugo Von Hofmannsthal, Rainer Maria Rilke, Paul Celan, Paul Heyse, Arthur Schnitzler, Jacob Wassermann, Janusz Korczak, Scholem Asch, Stefan Zweig, Emil Ludwig, Lion Feuchtwanger, Arnold Zweig, Franz Werfel, Ernst Toller, Max Brod, Kurt Tucholsky, Julian Tuwin, Joseph Roth, Itzjok Leibusch, Scholem Aleijem y el checo Franz Kafka. Cultivaron la música los compositores Gustav Mahler, Joseph Joachim, Julius Benedict, el inventor del dodecafonismo Arnold Schönberg y el director de orquesta Otto Klemperer. Max Liebermann, Lesser Ury y Joseph Oppenheimer se expresaron pintando y las innovaciones del productor Max Reinhardt abrieron nuevos cauces al teatro.

La comunidad judía francesa, receptora de inmigrantes, también ha demostrado gran vitalidad cultural. Así lo atestiguan filósofos como Henri Bergson, Émile Meyerson, Jacques Derrida y Emmanuel Lévinas o antropólogos como Émile Durkheim y Claude Lévi-Strauss. Entre los escritores ilustres se encuentran Marcel Proust, la novelista de origen ucraniano Irène Némirovsky, André Maurois y Max Jacob. Artistas de fama internacional son los pintores Chaïm Soutine, Mané-Katz, Marc Chagall e Yves Klein, el escultor Jacques Lipchitz y los multifacéticos Dora Maar y Christian Boltanski. A la música se han dedicado Yves Montand y Georges Moustaki, a la representación mímica Marcel Marceau y al cine Simone Signoret, Anouk Aimée, Jean-Pierre Aumont y Roman Polanski.

En las tierras del Imperio ruso o en las integradas en la desaparecida URSS han nacido, entre otros judíos ilustres, el filósofo Lev Schestov, el político y teórico revolucionario Lev Trotsky, el filólogo Ludwig Zamenhof, el psicólogo Lev Vygotsky, los literatos Boris Pasternak, Vasili Grossman, Isaac Babel, Osip Mandelstam, Ilyá Ehrenburg y muchos más, como los poetas ejecutados el 12 de agosto de 1952 en una de tantas purgas estalinistas. Entre los grandes pintores rusos se encuentran El Lissitzky, Isaac Levitan, Sonia Delaunay y Léon Bakst. Y mientras que a la dirección cinematográfica se consagraron Sergei Eisenstein y Dziga Vertov, se dedicaron al violín David Oistrakh y su hijo Igor, al violonchelo Natalia Gutman y al *ballet* Ida Rubinstein y Maya Plisetskaya.

Británicos son el filósofo Isaiah Berlin; los escritores Isaac Rosenberg, Louis Golding, Phillip Guedalla y Arthur Koestler; el escultor Jacob Epstein; el pintor Lucian Freud; Brian Epstein, que lanzó a The Beatles al estrellato; los directores de orquesta Michael Costa y George Solti; los actores Peter Sellers y Jeremy Irons; y las cantantes Marianne Faithfull y Amy Winehouse. Judíos europeos de renombre son igualmente los escritores

Victor Klemperer, Ana Frank, Imre Kertesz, Danilo Kis, Max Aub, Primo Levi y Alberto Moravia; los fotógrafos Robert Capa (Andrei Friedmann) y László Moholy-Nagy, también pintor, como el cotizado Amedeo Modigliani; y Bruno Zevi, reputado arquitecto y crítico de arte.

No faltan judíos israelíes acreditados en sus respectivos campos, como el pintor Avigdor Arikha, el violinista Itzhak Perlman, el violonchelista Matt Haimovitz y los escritores Schmuel Iosef Agnon, Amos Oz y David Grossman; sudafricano es el también escritor Dan Jacobson; islandés, el compositor y pianista Vladimir Ashkenazy; indio, el escultor Anish Kapoor... Algunos judíos iberoamericanos han destacado en los ámbitos de la política y la economía y otros en el terreno artístico. Entre los literatos se encuentran los argentinos Alberto Gerchunoff, Samuel Eichenbaum y Juan Gelman, el colombiano Jorge Isaacs, los chilenos Gabriela Mistral y Ariel Dorfman, el brasileño Moacyr Scliar y el costarricense Samuel Rovinski. Músicos aplaudidos son el compositor chileno León Schidlowsky, el director de orquesta argentino Daniel Barenboim, el también humorista Daniel Rabinovich (miembro de Les Luthiers), el cantautor uruguayo Jorge Drexler, así como el cantante y compositor argentino Ariel Rot y su hermana, la actriz de nombre artístico Cecilia Roth.

La numerosa comunidad judía norteamericana, vivificada con la savia de la inmigración europea, cuenta con multitud de figuras de fama internacional: el físico Robert Oppenheimer, el antropólogo Franz Boas, el lingüista Noam Chomsky; escritores de estilos y públicos variados como Norman Mailer, Herman Wouk, Alvin Toffler, Gertrude Stein, Arthur Miller, Susan Sontag, Jerome David Salinger e Isaac Asimov; los pintores Man Ray, Max Weber, Mark Rothko, Roy Lichtenstein y Sol LeWitt; los escultores George Segal y Leonard Baskin; los arquitectos Louis Khan, Richard Meier, Frank Gehry y Daniel Libeskind. Como hizo en su tiempo Levi Strauss, Ralph

Lauren y Calvin Klein se han dedicado a la moda, mientras Helena Rubinstein optó por fundar lo que acabó siendo una multinacional de la belleza.

La presencia judía en el mundo del cine norteamericano se extiende a todos los campos, incluyendo la producción (los hermanos Warner, Samuel Goldwyn, William Fox, Louis Mayer) y la dirección (Otto Preminger, Ernst Lubitsch, Billy Wilder, Fred Zinnermann, Milos Forman, Stanley Kubrick, Richard Lester, Tim Burton, Mel Brooks, John Landis, los hermanos Joel y Ethan Coen, Oliver Stone, Norman Jewison, Steven Spielberg, Woody Allen, etc.). Actrices de ascendencia judía son, por ejemplo, Lauren Bacall, Judy Holliday, Bette Midler, Goldie Hawn, Winona Ryder, Debra Winger y Gwyneth Paltrow; y, entre otros muchos actores, los hermanos Marx, Jerry Lewis, Billy Crystal, Walter Matthau, Paul Newman, Tony Curtis, Michael Landon, Mel Brooks, Kirk y Michael Douglas, Dustin Hoffman, Richard Dreyfuss, Harrison Ford, Sean Penn y Adrien Brody.

En la historia de la ilustración y la animación son referencia obligada los nombres de Will Eisner, difusor de la novela gráfica, y otros creadores de personajes familiares e impulsores de técnicas novedosas como los hermanos Fleischer (Betty Boop, Popeye), Leon Schlesinger (Bugs Bunny), los cofundadores del estudio de animación UPA (United Productions of America) David Hilberman y Zachary Schwartz (Mister Magoo), Jerry Siegel y Joe Shuster (Superman), Bob Kane y Bill Finger (Batman), Matt Groening (Los Simpsons), Arlene Klasky y Gábor Csupo (producción de Los Simpsons, Rugrats, Duckman), etc.

La música es otra actividad cultivada por los judíos norteamericanos. Algunos han trabajado en el ámbito empresarial o como cazatalentos (los hermanos Chess, Norman Granz, Jerry Wexler, Bill Graham). Otros han dirigido orquestas (André Previn) o han alcanzado la maestría en la interpretación instrumental (Arthur Rubinstein, Jascha Heifetz, Gregor Piatigorsky, Benny Goodman, Yehudi Menuhin, Isaac Stern, Leon Fleisher, Kenny G). Cantantes judíos célebres son Neil Diamond, Neil Sedaka, Carly Simon, Michael Bloomfield, Carole King, Bob Dylan, Paul Simon, Art Garfunkel, Leonard Cohen, Billy Joel, Lou Reed, Barbra Streisand, Barry Manilow, Lenny Kravitz, Michael Bolton, Alanis Morissette y Paula Abdul.

Numerosas composiciones instrumentales, canciones y musicales son obra de judíos estadounidenses como George Gershwin, Aaron Copland, Richard Rodgers (*Sonrisas y lágrimas*), Alan Jay Lerner y Frederick Loewe (*My fair lady*), Richard y Robert Sherman (*Mary Poppins*), Jerry Herman (*Hello, dolly!*), Edgar Yipsel Harburg y Harold Arlen (*El mago de Oz*), Fred Ebb y John Kander (*Cabaret*), Sheldon Harnick y Jerry Bock (*El violinista en el tejado*), Stephen Sondheim y Leonard Bernstein (*West side story*), Howard Ashman y Alan Menken (*La bella y la bestia*), Jacques Levy y Steve Margoshes (*Fame*) y muchos otros.

Además, judíos de distintas nacionalidades han formado parte o pertenecen a exitosos grupos musicales, a veces combinando o continuando su carrera con actuaciones en solitario de alta calidad. Entre esos músicos y cantantes se encuentran Jake y Zeke Carey (The Flamingos), Joey Ramone (Los Ramones), Zal Yanovsky (The Lovin' Spoonful), Peter Green (Fleetwood Mac), Hillel Slovak (Red Hot Chili Peppers), Mark y su hermano David Knopfler (Dire Straits), Marty Balin, Jorma Kaukonen y Spencer Druden (Jefferson Airplane), Chris Stein (Blondie), David Bryan (Bon Jovi), Susana Hoffs (The Bangles), Joey Kramer (Aerosmith), Saul Hudson o Slash, como también se le llama (Guns'n Roses, Velvet Revolver), Gouldman, Lol Crème y Kein Godley (10CC), Steve Katz, Bobby Colomby, Jerry Weiss, Randy Brecker y Fred Lipsuis (Blood, Sweat and Tears), Donald

Breve historia de los judíos

JUAN PEDRO CAVERO COLL

Fagen (Steely Dan), Adam Duritz (Counting Crows), Trevor Rabin (Yes), Jason Kay (Jamiroquai), Adam Green (The Moldy Peaches), etc.

También la historia de la informática y de las tecnologías de la información y la comunicación cuenta con destacadas personalidades judías. Bastan los ejemplos de John von Neumann, pionero de la informática; John Kemeny, coinventor de la primera versión del lenguaje BASIC; George B. Dantzig, creador de la programación lineal; Norbet Wiener, fundador de la cibernética; Richard Bellman, inventor de la programación dinámica; Paul Benioff, Richard Feynman y David Deutsch, padres de la computación cuántica; Leonard Adleman, inventor de la criptografía RSA y de la computación por ADN; Paul Baran, Leonard Kleinrock y Robert Kahn, copartícipes del desarrollo de Internet; Norman Abramson, director del pionero sistema de redes ALOHAnet; Sergey Brin y Larry Page, coinventores del buscador Google; Mark Zuckerberg y Dustin Moskovitz, cofundadores de la red social Facebook; y Richard M. Stallman, uno de los mayores impulsores del movimiento del *software* libre (iniciador del sistema operativo GNU/Linux).

La presencia judía se extiende también al mundo del deporte. Algunos judíos son dueños de asociaciones deportivas, otros representantes y muchos practican deporte de alto nivel individualmente o en equipos de distintas disciplinas (quizá uno de los más famosos sea el futbolista inglés David Beckham). Según el profesor estadounidense George Eisen, hasta el 2010 el número de medallas olímpicas obtenidas por judíos fueron 165 de oro, 124 de plata y 112 de bronce. Uno de esos condecorados es el nadador estadounidense Mark Spitz, que durante lustros mantuvo su condición de deportista con más medallas de oro (7) ganadas en Juegos Olímpicos. Y marginándonos del debate de considerar o no como deporte el ajedrez, dejamos al menos constancia de la alta calidad y del gran número de judíos ajedrecistas, como el estadounidense Bobby Fischer y los rusos Mikhail Botvinnik y Gary Kasparov.

Cada una a su manera, la inmensa mayoría de las personas mencionadas han contribuido a la gran tarea de mejorar nuestro modo de vivir. En el capítulo sobre el Holocausto incluimos una cita del libro de Adolf Hitler *Mi lucha*, que ahora, ampliándola, transcribimos de nuevo:

> Todo lo que admiramos en este mundo —la ciencia, el arte, la habilidad técnica y la inventiva— es el producto creador de un número reducido de naciones únicamente y en su origen quizá de una sola raza. La existencia misma de la cultura depende de aquellas naciones. Si las mismas pereciesen, se llevarían consigo a la fosa toda la belleza de esta tierra. Si dividiésemos a la raza humana en tres categorías —fundadores, conservadores y destructores de la cultura— sólo la estirpe aria podría ser considerada como representante de la primera categoría.

El contraste total entre el ignominioso texto que acabamos de reproducir y la realidad de la vida reafirma nuestro convencimiento de que, en condiciones adecuadas, cualquier persona puede contribuir de mil modos al milenario proceso de creación cultural. Qué acierto emplear los propios talentos en esa magna labor.

Epílogo

Desde su aparición hace aproximadamente cuatro milenios, la descendencia física y espiritual de Abraham ha conservado el patrimonio del patriarca a lo largo de generaciones, con más o menos fidelidad. El contacto con multitud de culturas, el correr del tiempo, el nomadismo de las primeras centurias, el subsiguiente sedentarismo, la posterior dispersión espacial, las etapas históricas de libertad, de segregación voluntaria o forzada, la sucesión o conjunción de unos acontecimientos agradables y de otros tremendamente duros y, en resumen, la vida tan intensamente vivida, han generado un nuevo patrimonio de experiencias únicas que muchos judíos desean conservar y revitalizar.

Por la importancia de las aportaciones judías a la formación de las dinámicas civilizaciones occidental e islámica, tal empeño debería contar con más partidarios. Al fin y al cabo, valores que han vertebrado la existencia del pueblo judío han servido también para estructurar y dar consistencia a modos de vida que siguen extendiéndose por todos los continentes. Por comparación con épocas pasadas, resulta evidente que en la actualidad los modos de transmisión han cambiado. Pero la savia es la misma. Elemento fundamental de esa energía es la concepción trascendente del ser humano y la existencia de un Ser supremo, cuyo recuerdo, en tantas ocasiones, se actualiza más en tiempos de dolor y muerte que durante los destellos de pasajeras distracciones.

A nuestro parecer, la simple erudición histórica carece de sentido. Tratando de mantener la imparcialidad y el respeto a la libertad de pensamiento, hemos procurado en este libro reflejar los hechos tal y como han sucedido, ofreciendo diferentes interpretaciones de los mismos cuando las había. Pero también hemos escrito con el deseo de que el conocimiento de lo ocurrido —bueno o malo— contribuya a resolver cuestiones importantes y candentes pendientes aún de solución. Como otras, la historia de los judíos puede ayudar a comprender el presente, extraer lecciones del pasado e intentar no caer en los mismos errores en el futuro. De ese modo, algunas de las etapas que hemos recordado o enseñanzas de sus protagonistas podrían servir para perfilar o adoptar planes de acción.

Al escribir estas líneas pensamos en todas aquellas personas que, por su raza, credo, sexo, enfermedad, forma de pensar, costumbres, nacionalidad y otras circunstancias, son marginadas o sufren discriminación. No podemos negar los peligros que entrañan el racismo, los nacionalismos excluyentes, los materialismos, los fundamentalismos religiosos, los totalitarismos y otras ideologías que atentan contra la dignidad de las personas. Deberíamos, pues, seguir esforzándonos por cumplir individual y socialmente la Declaración Universal de Derechos Humanos aprobada y proclamada por la Asamblea General de las Naciones Unidas el 10 de diciembre de 1948, poco después del fin del Holocausto y de la Segunda Guerra Mundial.

En un mundo globalizado como el nuestro, en el que las nuevas tecnologías permiten a un creciente número de personas disfrutar de los recursos naturales como nunca antes se había conseguido, además de comunicarnos unos con otros con tanta facilidad, conviene esforzarnos más por conocernos y respetarnos. Ayudará a hacerlo ponerse en el lugar del que tiene miedo y de quien está oprimido, y para eso hay que saber qué ha ocurrido y por qué. Además de servir para multiplicar la cooperación mutua, desearía que estos anales contribuyan a un creciente aprecio al pueblo judío y a remediar para siempre la compleja situación de Oriente Próximo. El correr del tiempo ha demostrado que problemas muy difíciles tienen solución. Pues cuanto antes se resuelvan los actuales, mejor.

Bibliografía

Bibliografía general

Attali, Jacques. *Los judíos, el mundo y el dinero. Historia económica del pueblo judío*. Buenos Aires: Fondo de Cultura Económica de Argentina, 2005.

Ben-Sasson, Haim Hillel. *Historia del pueblo judío* (3 vols.). Madrid: Alianza Editorial, 1991.

Cavero, Juan Pedro. *El pueblo judío en la historia* (2 vols.). Lulu, 2008.

De Lange, Nicholas. *El pueblo judío*. Barcelona: Folio, 1989.

Dubnow, Simón. *Manual de historia judía*. Buenos Aires: Sigal, 1977.

Eban, Abba. *Legado: la civilización y los judíos*. Madrid: Sheva, 1987.

Fast, Howard. *Los judíos. Historia de un pueblo*. Vitoria-Gasteiz: La Llave, 2002.

JOHNSON, Paul. *La historia de los judíos*. Barcelona: Ediciones B, 2004.

KELLER, Werner. *Historia del pueblo judío*. Barcelona: Omega, 1994.

SUÁREZ, Luis. *Los judíos*. Barcelona: Ariel, 2003.

BIBLIOGRAFÍA ESPECÍFICA

BEINART, Haim. *Los judíos en España*. Madrid: Mapfre, 1993.

BENITO RUANO, Eloy. *Los orígenes del problema converso*. Madrid: Real Academia de la Historia, 2001.

BEN-TOR, Amnon (coord.). *La arqueología del antiguo Israel*. Madrid: Ediciones Cristiandad, 2004.

CAHILL, Thomas. *El legado de los judíos*. Madrid: Debate, 2000.

CARO BAROJA, Julio. *Inquisición, brujería y criptojudaísmo*. Barcelona: Círculo de Lectores, 1996.

Catecismo de la Iglesia Católica. Madrid: Asociación de Editores del Catecismo, 1993.

CENTRAL BUREAU OF STATISTICS, *Statistical Abstract of Israel 2008*. Israel: CBS, 2008.

—, *Statistical Abstract of Israel 2009*. Israel: CBS, 2009.

DAWIDOWICZ, Lucy Schildkret. *The War Against the Jews, 1933-1945.* Nueva York: Bantam Books, 1976.

DOMÍNGUEZ ORTIZ, Antonio. *Los judeoconversos en la España moderna.* Madrid: Mapfre, 1993.

DWORK, Debórah y VAN PELT, Robert Jan. *Holocausto. Una historia.* Madrid: Algaba Ediciones, 2004.

FERRARI, Silvio. *El espíritu de los derechos religiosos.* Barcelona: Herder, 2003.

FRIEDLÄNDER, Saul. *El Tercer Reich y los judíos (1939-1945): los años del exterminio.* Barcelona: Galaxia Gutenberg, 2009.

GOLDENSOHN, Leon. *Las entrevistas de Núremberg.* Madrid: Taurus, 2004.

GOLDHAGEN, Daniel Jonah. *Los verdugos voluntarios de Hitler. Los alemanes corrientes y el Holocausto.* Madrid: Taurus, 1998.

HERZL, Theodor. *El Estado judío.* Barcelona: Riopiedras, 2004.

HILBERG, Raul. *La destrucción de los judíos europeos.* Madrid: Akal, 2005.

ISRAEL, Jonathan Irvine. *La judería europea en la era del mercantilismo, 1550-1750.* Madrid: Cátedra, 1992.

KARADY, Victor. *Los judíos en la modernidad europea.* Madrid: Siglo XXI de España Editores, 2000.

KUSCHEL, Karl Joseph. *Discordia en la casa de Abraham*. Estella (Navarra): Verbo Divino, 1996.

LOMBA, Joaquín. *La raíz semítica de lo europeo*. Madrid: Akal, 1997.

MASALHA, Nur. *Políticas de la negación. Israel y los refugiados palestinos*. Barcelona: Ediciones Bellaterra, 2005.

MÉCHOULAN, Henri (dir.). *Los judíos de España. Historia de una diáspora (1492-1992)*. Madrid: Trotta, 1993.

NETANYAHU, Benzion. *Los orígenes de la Inquisición*. Barcelona: Crítica, 1999.

PALESTINIAN CENTRAL BUREAU OF STATISTICS, *Palestine in Figures 2007*. Ramala (Palestina): Palestinian National Authority, 2007.

— *Palestine in Figures 2008*. Ramala (Palestina): Palestinian National Authority, 2008.

PÉREZ, Joseph. *Los judíos de España*. Madrid: Marcial Pons, 2005.

PONTIFICIA COMISIÓN BÍBLICA. *La interpretación de la Biblia en la Iglesia*. Madrid: PPC, 2000.

ROMERO, Elena y MACÍAS, Uriel. *Los judíos de Europa. Un legado de 2000 años*. Madrid: Alianza Editorial, 2005.

SARCINELLI, Franco. *Vida y muerte en los campos de concentración y de exterminio*. Barcelona: Editorial De Vecchi, 1973.

SATZ, Mario. *El judaísmo. 4.000 años de cultura*. Barcelona: Montesinos, 1987.

SHAHAK, Israel. *Historia judía, religión judía*. Madrid: Antonio Machado Libros, 2003.

SOGGIN, Jan Alberto. *Nueva Historia de Israel. De los orígenes a Bar Kochba*. Bilbao: Desclée De Brouwer, 1999.

TSUR, Jacob. *El sionismo. La epopeya de un pueblo*. Madrid: Aguilar, 1980.

VALDEÓN, Julio. *Cristianos, musulmanes y judíos en la España medieval*. De la aceptación al rechazo. Valladolid: Ámbito, 2004.

VIDAL-NAQUET, Pierre. *Los judíos, la memoria y el presente*. México: Fondo de Cultura Económica, 2002.

WISTRICH, Robert. *Hitler y el Holocausto*. Barcelona: Mondadori, 2002.

ZAFRANI, Haim. *Los judíos del Occidente Musulmán. Al-Ándalus y el Magreb*. Madrid: Mapfre, 1994.

SP
909.04924 C381

Cavero Colchagüi, Pedro.
Breve historia de los judios
Park Place ADU CIRC
06/12